远·宏·说·法
YUANHONGSHUOFA

学法辨是非　知法明荣辱　用法止纷争

# 法佑少年

胡远宏◎著

中国民主法制出版社
2016·北京

**图书在版编目（CIP）数据**

法佑少年/胡远宏著．--北京：中国民主法制出版社，2016.5

（远宏说法）

ISBN 978-7-5162-1162-5

Ⅰ.①法… Ⅱ.①胡… Ⅲ.①未成年人保护法—中国—通俗读物 Ⅳ.①D922.183-49

中国版本图书馆CIP数据核字（2016）第079733号

**图书出品人：** 刘海涛
**出版统筹：** 陈晗雨
**责任编辑：** 庞从容　程王刚
**责任校对：** 姚丽娅

---

**书名/** 法佑少年
**作者/** 胡远宏　著

---

**出版·发行/** 中国民主法制出版社
**地址/** 北京市丰台区玉林里7号（100069）
**电话/**（010）63292534　63057714（发行部）　63055259（总编室）
**传真/**（010）63056975　63292520
**http：**//www.npcpub.com
**E-mail：** flxs2011@163.con
**经销/** 新华书店
**开本/** 16开　787毫米×1092毫米
**印张/** 18.75　**字数/** 300千字
**版本/** 2016年7月第1版　2016年7月第1次印刷
**印刷/** 三河市航远印刷有限公司

---

**书号/** ISBN 978-7-5162-1162-5
**定价/** 38.00元

# 前　言

党的十八届四中全会作出的《中共中央关于全面推进依法治国若干重大问题的决定》提出："实行国家机关'谁执法谁普法'的普法责任制，建立法官、检察官、行政执法人员、律师等以案释法制度，……"

虽然律师以案释法制度的建立目前还处于起步阶段，但作为本书作者来说，律师以案释法这件事情，自本律师1990年通过全国律师资格统考取得律师资格证书，经考核合格执业后就开始做了。特别是自2007年以来，本律师在江西省萍乡市《城市周刊》主笔创办的"远宏说法"普法专栏，在国际互联网上创办的"远宏说法"普法网站，在中国民主法制出版社出版的"远宏说法"普法系列丛书，均以以案释法的方式进行普法。

中国民主法制出版社2011年6月出版的"远宏说法"系列丛书第1卷《百姓与法》和2013年1月出版的"远宏说法"系列丛书第2卷《有法有天》，经新华书店在全国发行后，受到广大读者的关注。有的地方普法办积极推荐《百姓与法》作为"六五"普法宣传教育参考书籍；《法制日报》、上海市人民检察院官方微博等媒体对《有法有天》进行了宣传推介。本书作为"远宏说法"系列丛书第3卷，取名为"法佑少年"，寓法律保护未成年人之意。

本书参照我国《中华人民共和国未成年人保护法》[1]（以下简称《未成年人保护法》）的体系，将全书分为总则篇、家庭保护篇、学校保护篇、社会保护篇、司法保护篇五部分，共120篇。总则篇阐述了13个法律问题，家庭保护篇阐述了11个法律问题，学校保护篇阐述了15个法律问题，社会保护篇阐述了24个法律问题，司法保护篇阐述了57个法律问题。

本书具有如下特点。

（1）本书对我国未成年人保护法律体系进行全面系统的宣传。目前，我国对未成年人保护已经形成了以宪法为保障，以《未成年人保护法》与《预防未成年人犯罪法》为核心，以《民法通则》《侵权责任法》《婚姻法》《收养法》《继承法》《教育法》《义务教育法》《残疾人保障法》《反家庭暴力法》《刑法》《刑事诉讼法》等法律为内容，以司法解释、行政法规、部门规章、地方性法规

〔1〕 本书中涉及的基本法律名称，均采用简称。

为有益补充的比较完善的法律体系。本书将上述法律法规中有关未成年人保护的规定分门别类放在各个部分进行阐述，内容全面、覆盖面广，基本上囊括了我国现行未成年人保护法律体系的全部内容，堪称未成年人保护的通俗法律全书。

（2）本书通篇采用以案释法的方式。书中所举的案例或所述的生活情景，都是从近年来与未成年人保护密切相关的众多素材中精选出来的，有的在报纸、杂志、网络上刊登过，有的选自人民法院的生效判决书，有的是本律师自己经办过的未成年人案件。特别是近年本律师从江西转上海执业，本书在继续宣传江西的同时注重宣传上海的成功做法，如：上海市闸北区将未成年人保护工作依法纳入《上海市闸北国民经济和社会发展第十二个五年规划纲要》，将未成年人保护工作纳入每个年度计划，将相关经费纳入本级政府预算；上海市杨浦区辛灵中学在对义务教育阶段行为偏差、学习困难的青少年进行特殊教育方面作出成绩；上海市徐汇区科技幼儿园坚持保育教育双管齐下，促进幼儿体质、智力、品德等方面和谐发展的做法；等等，均通过以案释法的方式进行宣传推广。

（3）本书适合具有基本阅读能力的所有公民阅读。未成年人的保护工作关系重大、情况复杂多变、涉及人数众多，是一项非常艰巨的系统工程，需要全社会共同来承担。依照《未成年人保护法》第六条的规定：“保护未成年人，是国家机关、武装力量、政党、社会团体、企业事业组织、城乡基层群众性自治组织、未成年人的监护人和其他成年公民的共同责任。……”首先，本书适合在国家机关、武装力量、政党、社会团体、企业事业组织、城乡基层群众性自治组织工作的人员阅读，以便帮助他们更好地承担依法保护未成年人的责任；其次，本书适合未成年人的监护人和其他成年公民阅读，以便帮助他们更好地履行监护人义务或者承担依法保护未成年人的社会责任；最后，本书更适合具有基本阅读能力的未成年人阅读，以便帮助他们从小知道自己享有哪些权利并懂得依法保护自己的合法权益。

本律师自2011年5月获得中共中央宣传部、中华人民共和国司法部授予的“2006—2010年全国法制宣传教育先进个人”荣誉称号以来，在“远宏说法”中更加注重未成年人保护的普法工作。本书凝聚了本律师花甲之年前后数年的心血，是本律师在未成年人保护方面普法活动的结晶，是“远宏说法”系列中的第3卷。本律师希望在本书出版发行后，将有更多的未成年人成为“远宏说法”及《法佑少年》的受益者。

胡远宏

2016年2月18日

# 目　　录

## 总则篇

## 家庭保护篇



## 学校保护篇

## 社会保护篇

## 司法保护篇

# 总则篇

# 宪法为保障　两法为核心

## ——我国未成年人保护法律体系

暑假里的一天，高中一年级学生张陆和王山在一起学习《预防未成年人犯罪法》，张陆想起读初中时政治老师讲过，一个人犯了罪就要受到刑法的处罚，于是对王山说："与犯罪有关的法就是刑法，《预防未成年人犯罪法》就是未成年人刑法。"王山听了说："不对吧，这里说的是预防未成年人犯罪，又不是规定未成年人犯罪，怎么是未成年人刑法呢?"张陆说："不是刑法，那么你说是什么法，难道是民法?"王山说："这个我也说不清楚。"

实际上，《预防未成年人犯罪法》既不是刑法，也不是民法，在中国特色社会主义法律体系中，《预防未成年人犯罪法》和《未成年人保护法》都属于社会法的范畴。

中国特色社会主义法律体系的构成由在宪法统领下的七个法律部门构成，这七个法律部门分别是：（1）宪法相关法；（2）民法商法；（3）行政法；（4）经济法；（5）社会法；（6）刑法；（7）诉讼与非诉讼程序法。宪法是我国的根本大法，是制定其他法律的依据。其他各个法律部门都调整着特定的社会关系，如民法是平等主体之间的法律；刑法是惩治犯罪的利器；诉讼法是进行诉讼过程中的程序法；等等，在这些法律中或多或少都有关于未成年人的行为规范。社会法是调整劳动关系、社会保障、社会福利和特殊群体权益保障等方面的法律规范。未成年人属于特殊群体，《未成年人保护法》和《预防未成年人犯罪法》，是专门调整未成年人保护工作的社会法。此外还有大量的司法解释、行政法规、部门规章等都对未成年人权益保护作出了规定。

目前，我国对未成年人保护已经形成了以宪法为保障，以《未成年人保护法》与《预防未成年人犯罪法》为核心，以《民法通则》《侵权责任法》《婚姻法》《收养法》《继承法》《教育法》《义务教育法》《残疾人保障法》《反家庭暴力法》《刑法》《刑事诉讼法》等法律为主要内容，以司法解释、行政法规、部门规章、地方性法规为有益补充的比较完善的法律体系。

我国《宪法》第四十六条第二款明文规定："国家培养青年、少年、儿童在品德、智力、体质等方面全面发展。"同时，《宪法》第四十九条还特别申明，儿童受国家的保护以及禁止虐待儿童。这些都为未成年人保护提供了宪法保障。

《未成年人保护法》与《预防未成年人犯罪法》是我国未成年人保护史上里程碑式的两部法律。前者于1991年9月4日由全国人大常委会通过，内容涉及家庭保护、学校保护、社会保护、司法保护四个主要方面，是指导未成年人保护与未成年人犯罪预防的纲领性法律。尤其值得称道的是，这部法律专门设立了"司法保护"一章，明文规定了"对违法犯罪的未成年人，实行教育、感化、挽救的方针，坚持教育为主、惩罚为辅的原则"。2006年12月29日全国人大常委会对《未成年人保护法》进行了全面修订，分为七章七十二条。而1999年6月28日通过的《预防未成年人犯罪法》分为八章五十七条，对预防未成年人犯罪的教育、未成年人不良行为的预防、未成年人严重不良行为的矫治、未成年人对犯罪的自我防范、未成年人重新犯罪的预防及法律责任等几个方面作了详细规定。2012年10月26日，全国人大常委会又对《预防未成年人犯罪法》第四十五条第二款进行了修改。迄今，《未成年人保护法》与《预防未成年人犯罪法》仍然是我国未成年人保护法律体系中的核心法律。

在家庭保护方面，《民法通则》规定了未成年人的民事权利能力、民事行为能力和监护制度；《婚姻法》规定了未成年人被抚养的权利、非婚生子女享有与婚生子女同等的权利；《收养法》规定了被收养的未成年人的权利；《反家庭暴力法》规定了未成年人的监护人应当以文明的方式进行家庭教育，依法履行监护和教育职责，不得实施家庭暴力。

在学校保护方面，《教育法》《义务教育法》规定了未成年人受教育的权利、未成年人父母或其他监护人的教育配合义务，规定了学校、教师在未成年人教育工作中的法定义务。

在社会保护方面，《劳动法》规定了禁止使用童工，《残疾人保障法》规定，"普通小学、初级中等学校，必须招收能适应其学习生活的残疾儿童、少年入学"。

在司法保护方面，《刑法》规定了侵害未成年人权益的各种犯罪及其刑罚，规定了刑事责任年龄和"已满十四周岁不满十八周岁的人犯罪，应当从轻或者减轻处罚"。《刑法》中不少条款将对未成年人保护落到了实处。《刑事诉讼法》规定了对未成年人刑事案件的办案方针、原则、总体要求及特殊保护的措施。

大量的司法解释、行政法规、部门规章等都对未成年人的权益保护作出了规定。如《最高人民法院关于贯彻执行〈中华人民共和国民法通则〉若干问题的意见》《最高人民法院关于适用〈中华人民共和国婚姻法〉若干问题的解释（一）》《最高人民法院关于适用〈中华人民共和国婚姻法〉若干问题的解释（三）》《最高人民法院关于审理未成年人刑事案件具体应用法律若干问题的解释》《最高人民法院关于审理未成年人刑事案件的若干规定》，最高人民检察院下发的《人民检察院办理未成年人刑事案件的规定》《最高人民法院、最高人民检察院、公安部、司法部关于办理少年刑事案件建立相配套工作体系的通知》《中央综治委预防青少年违法犯罪工作领导小组、最高人民法院、最高人民检察院、公安部、司法部、共青团中央关于进一步建立和完善办理未成年人刑事案件配套工作体系的若干意见》等司法解释。国务院及部委发布的其内容直接涉及未成年人保护的有关行政法规及部门规章，主要有《公安机关办理未成年人违法犯罪案件的规定》《未成年犯管教所管理规定》等。

# 未出生的胎儿　不属未成年人

## ——未成年人的定义

丁秀兰的丈夫秦某在交通事故中不幸死亡，丁秀兰此时已怀有八个月的身孕。秦某有一笔数目可观的遗产。处理完秦某的丧事后，秦某的亲属开始商量遗产继承的问题。丁秀兰的哥哥说，妹妹丁秀兰腹中未出生的胎儿是未成年人，应该与其他继承人一样继承秦某的遗产。丁秀兰哥哥的话正确吗？

《未成年人保护法》第二条规定："本法所称未成年人是指未满十八周岁的公民。"本条是关于未成年人定义的规定。

未成年人是相对于成年人而言的，对于未成年人的标准，各国的规定不尽相同。联合国在拟定《联合国少年司法最低限度标准规则》时，曾对未成年人的概念有过争论，但最终没有作出统一的规定，只是规定："未成年人，系指按照各国法律制度，对其违法行为可以以不同于成年人的方式进行处理的儿童或少年。""未成年人的年龄限度取决于各国本身的法律制度。"美国规定未满 18 周岁的公民为未成年人；日本规定未满 20 周岁的公民为未成年人；印度规定男性未满 16 周岁、女性未满 18 周岁的公民为未成年人；等等。许多国家都是以生理年龄作为界定未成年人的标准，但对具体年龄的规定不尽一致，多数国家都是以未满 18 周岁作为未成年人的标准。

我国《未成年人保护法》将未满 18 周岁的公民定义为未成年人，遵循了国际上通行做法。从出生之日起至未满 18 周岁的公民都是未成年人，其中包括了多个年龄段。其一般分为：乳儿期（从出生到满 1 周岁）、婴儿期（从 1 周岁到 3 周岁）、学龄前期（从 3 周岁到 6 至 7 周岁）、学龄初期（从 6 至 7 周岁到 11 至 12 周岁）、少年期（从 11 至 12 周岁到 14 至 15 周岁）、青年期（从 14 至 15 周岁到 18 周岁）。未成年人的标准只有一个，即已经出生且未满 18 周岁。未成年人不仅包括普通的未成年人，还包括残疾的未成年人、违法犯罪的未成年人；不仅包括男性未成年人，也包括女性未成年人；不仅包括在校学习的未成年学生，还包括按照国家规定从业的已满 16 周岁不满 18 周岁的未成年职工。

我国《未成年人保护法》对未成年人的界定，表明未成年人的前提是中国公民。《宪法》第三十三条规定："凡具有中华人民共和国国籍的人都是中华人民共和国公民"。《国籍法》第四、五、六条规定：父母双方或一方为中国公民，本人出生在中国或出生在外国，具有中国国籍；父母无国籍或国籍不明，定居在中国，本人出身在中国，具有中国国籍。按照《国籍法》的规定，要取得中国国籍，前提是已经出生。

出生必须满足两个条件：一是"出"，即脱离母体从母体中出来；二是"生"，即从母体中出来后是活的，能够独立呼吸。显然，胎儿既没有出，也没有生，不满足这两个条件。因为胎儿还没有出生，所以其还没有取得中国国籍，也就不是中国公民，更谈不上是《未成年人保护法》中所称的未成年人。我国《民法通则》从民事权利能力角度规定了胎儿不是民事主体。《民法通则》第九条规定："公民从出生时起到死亡时止，具有民事权利能力，依法享有民事权利，承担民事义务。"

由此可见，丁秀兰哥哥的话是不正确的，丁秀兰腹中未出生的胎儿不是未成年人，不是民事主体。但是，根据《继承法》的规定，分割遗产的时候应该保留丁秀兰腹中胎儿的份额，待胎儿出生后，他（她）就是未成年人了，就可以作为民事主体继承其父亲的遗产了。

# 始于出生终于死亡　不受年龄大小限制

## ——未成年人的民事权利能力

李晓萱在市教育局组织的儿童绘画比赛中获得一等奖。市教育局下属的一家美术杂志社闻讯后即来信表示，他们将出一期儿童作品专刊，希望李晓萱能寄来几幅作品供他们挑选。李晓萱的父亲李志收信后给杂志社寄去了女儿的三幅作品，但之后一直没有回音。第二年6月，李志在该杂志社的期刊上发现有李晓萱的两幅作品但没有给李晓萱署名，便立即找到杂志社，质问为何不通知他作品已被选用，而且既不支付稿酬也不署名。该杂志社称，李晓萱年仅8岁，还是未成年人，还不能享有著作权，因此没必要署名，也没有必要支付稿酬。该杂志社的说法符合法律规定吗?

本案涉及著作权的归属，著作权属民事权利，归根结底，就是未成年人能否享有民事权利。而未成年人能否享有民事权利，是由未成年人的民事权利能力决定的。

民事权利能力，是民事法律赋予民事主体从事民事活动，从而享受民事权利和承担民事义务的资格。对公民的民事权利能力从何时开始具有，世界各国的民事立法有不同的规定，但归纳起来主要有两类：第一类是从公民出生时开始；第二类是从受孕时开始。

我国《民法》关于公民民事权利能力开始具有的时间，规定在《民法通则》第九条中。该条规定："公民从出生时起到死亡时止，具有民事权利能力，依法享有民事权利，承担民事义务。"根据该条规定，我国公民的民事权利能力始于出生，终于死亡，公民享有民事权利能力的时间与其生命的存续时间是完全一致的。《民法通则》第十条又规定"公民的民事权利能力一律平等"。这就是说，公民无论在年龄、性别、民族、教育程度、财产状况方面存在什么差别，都平等地享有民事权利，承担民事义务。

对公民出生时间的确认依据，最高人民法院在1988年1月26日通过的《最高人民法院关于贯彻执行〈中华人民共和国民法通则〉若干问题的意见

(试行)》第一条提出："公民的民事权利能力自出生时开始。出生的时间以户籍证明为准；没有户籍证明的，以医院出具的出生证明为准。没有医院证明的，参照其他有关证明认定。"这一司法解释，对解决在审判实践中遇到的公民的出生时间问题如何准确认定是具有重要意义的。

公民的民事权利能力始于出生、终于死亡，不受公民年龄大小的限制，此为公民的一般民事权利能力。这就是说，不管未成年人的年龄多小，不管未成年人是否有能力进行民事活动，都享有民事权利。就是刚刚出生的婴儿，尽管还不能进行任何民事活动，但已经是一个公民了，同样可以享有民事权利，承担民事义务。

此外，还有公民的特殊民事权利能力。所谓公民的特殊民事权利能力，是指受公民年龄限制的民事权利能力。如《婚姻法》第六条规定："结婚年龄，男不得早于二十二周岁，女不得早于二十周岁，晚婚晚育应予鼓励。"这条规定是对公民结婚的民事权利能力的限制。再如，我国法律还规定，公民参加劳动的民事权利能力，一般应在16周岁以上。法律规定公民的特殊民事权利能力，立法目的在于保障公民的健康成长。

公民死亡是公民民事权利能力终止的法定事由。公民死亡后，就不再有从事民事活动、参加民事法律关系的可能性和必要性，不必再保留其民事权利能力。公民死亡的方式有自然死亡和宣告死亡两种。无论何种方式，只要公民死亡的事实发生，其民事权利能力便终止。

民事权利能力是公民享有权利的前提和基础。在我国，任何公民都具有民事权利能力，杂志社认为李晓萱不能被称为作者、没有著作权的解释是不正确的。杂志社依法应在李晓萱的作品上署上其姓名，并向其支付稿酬。

# 十岁以上受限制　十岁以下无能力

## ——未成年人的民事行为能力

2014年3月，钟世佳因父亲病逝，携妻赶回外地老家料理父亲的丧事，留其时年16周岁的儿子钟晓亮一人在家。一天，钟晓亮与同为16周岁的同学单勇一同逛街，看到一影院贴着台湾一歌星将于次日到该市演出的海报，非常想看，无奈两人身上带的零花钱根本就买不起门票。在回家途中，钟晓亮无意中瞥见个体户赵彬的废品回收站，上面挂着收购旧家用电器的招牌，便主动上前询问收购价，然后钟晓亮要单勇帮他把家里的一台旧彩色电视机搬来卖掉，单勇迟疑地问道："你爹妈知道了该咋办?"钟晓亮毫不在乎地说："他们知道了最多骂我一顿，何况我家已经买了液晶大彩电，这台旧电视机已派不上用场了。"两人就搬来旧电视机到赵彬的废品回收站去卖，赵彬听钟晓亮讲这电视机是他家淘汰不要的，也就未追问是否征得了家长的同意，便以60元的价格买下，为避免钟晓亮事后反悔，赵彬还要求钟晓亮在买卖协议上签字，并要单勇作为证人签了字。数日后，钟晓亮的父母从老家返还，得知此事后立即表示反对，要求赵彬退还电视机，赵彬称这台电视机是钟晓亮主动卖给他的，且有单勇在场作证，因而拒绝退还电视机，双方协商无果，钟世佳遂诉至法院，要求法院确认钟晓亮与赵彬签的买卖协议无效，并要求赵彬退还电视机。

本案中，钟晓亮与赵彬签的买卖协议是否有效，存在以下两个观点。第一种观点认为：钟晓亮与赵彬签的买卖协议是合法有效的。因为双方在签合同时是合法、自愿的，钟晓亮又已满16周岁，且有证人单勇的签字，所以所签合同应是有效的。第二种观点认为：钟晓亮与赵彬签的买卖协议是无效的。钟晓亮是16周岁的未成年人，没有任何劳动收入，其并非完全民事行为能力人，而属于限制民事行为能力人，因而，他只能进行与自己的年龄、智力相适应的民事活动，其他民事活动应由其父母代理或征得父母同意，由于在本案中钟晓亮未经其父母同意，所以合同无效。

本案应该如何处理?

我国《民法通则》第十二条第一款规定："十周岁以上的未成年人是限制民事行为能力人，可以进行与他的年龄、智力相适应的民事活动；其他民事活动由他的法定代理人代理，或者征得他的法定代理人的同意。"限制民事行为能力是一种介于完全民事行为能力和无民事行为能力之间的民事行为能力。限制民事行为能力也就是公民的民事行为能力受到一定的限制，既不是完全有民事行为能力，也不是完全没有民事行为能力，而是在一定的范围内有民事行为能力。十周岁以上的未成年人可以进行与他的年龄、智力相适应的民事活动，在这个范围内，他的民事活动就是有效的。

限制民事行为能力人进行的民事活动是否与之年龄、智力相适应，这可以从行为与本人生活相关联的程度，本人的智力能否理解其行为，并预见相应的法律后果，以及行为标的数额等方面认定。我国法律进一步明确规定，限制民事行为能力人订立的合同，经法定代理人追认后，该合同有效，但纯获利益的合同或与之年龄、智力、精神健康状况相适应而订立的合同，不必经法定代理人追认。

具体到本案，钟晓亮卖电视机的行为是不是有效呢？钟晓亮系年仅 16 周岁的未成年人，没有任何劳动收入，不符合《民法通则》第十一条规定的"十六周岁以上不满十八周岁的公民，以自己的劳动收入为主要生活来源的，视为完全民事行为能力人"的规定，属于典型的限制民事行为能力人，因而，他只能进行与自己的年龄、智力相适应的民事活动，其他民事活动应由其父母代理或征得父母同意。钟晓亮趁父母外出之时擅自将家中电视机这一贵重物品当作废旧物品卖出，这显然与其年龄、智力状况不相适应。并且，该买卖协议事后也没有得到钟世佳夫妇的追认，相反，遭到钟世佳夫妇的反对和拒绝。由于该买卖协议未经法定代理人的追认，且钟晓亮与赵彬的签约行为与其年龄、智力不相适应，所以该买卖合同无效。

法院经审理后认为，钟晓亮属于限制民事行为能力人，其擅自签买卖协议卖电视机这一行为虽然是双方自愿的，又有同为限制民事行为能力人的单勇的签字，但这种行为与其年龄、智力状况不相适应，且事后未经其父母追认，所以依法认定该买卖合同无效。判决赵彬返还钟世佳电视机，钟世佳返还赵彬现金 60 元。

对不满十周岁的幼童，《民法通则》确定为无民事行为能力人，因为这种人的心智很不成熟，应该由他的法定代理人代理民事活动。尽管如此，他们购买一些零星小物件如铅笔、作业本、小玩具之类的活动，并不因其无民事行为能力而无效。此外，仅为他们带来利益，而不会带来任何负担的法律行为（如赠与）之效果，他们也可以接受。

# 生存发展等项权利　未成年人平等享有

## ——未成年人权利保护

2012年7月18日，“中国乡村儿童大病医保公益基金”在北京举行了项目启动新闻发布会，这个公益项目采用公益基金与保险公司、地方政府合作的模式，目标是为中国所有的国家级贫困县的6—16岁的儿童，基金会缴纳每人75元的保费，就能在新农合范围之外获得一份保额为20万元的大病保险，最让人感动的是，这份保险不限病种，甚至会面向已患病的儿童。“病发得治，重病得医”。大病医疗，正是儿童享有生存权的有力保障。

《未成年人保护法》第三条规定：“未成年人享有生存权、发展权、受保护权、参与权等权利，国家根据未成年人身心发展特点给予特殊、优先保护，保障未成年人的合法权益不受侵犯。”“未成年人享有受教育权，国家、社会、学校和家庭尊重和保障未成年人的受教育权。”“未成年人不分性别、民族、种族、家庭财产状况、宗教信仰等，依法平等地享有权利。”本条是关于未成年人权利的规定。根据本条规定，保护未成年人权利主要从两个方面进行：一是权利的保护范围；二是未成年人平等享有权利。

从权利的范围方面看，本条第一款规定未成年人享有生存权、发展权、受保护权和参与权四项重要权利。1989年，联合国大会通过了《儿童权利公约》，规定了对儿童权利保护的普遍标准。1991年全国人大常委会批准了该公约。国际社会通常将《儿童权利公约》中的权利概括为四大类：生存权、发展权、受保护权和参与权。我国《未成年人保护法》中规定的生存权、发展权、受保护权和参与权四项权利是对《儿童权利公约》四类权利的接受。这四项权利具有强烈的宣示意义。值得一提的是，《儿童权利公约》规定，“儿童是指十八岁以下的任何人”，即该公约中的儿童概念与我国未成年人的概念是相同的。

生存权是指未成年人享有其固有的生命权、健康权和获得基本生活保障等权利，包括未成年人享有生命、医疗保障、国籍、姓名、获得足够食物、拥有一定住所以及获得其他基本生活保障的权利。生存权不仅指个人的生命在生理意义上得到延续的权利，而且指一个国家、民族及其人民在社会意义上的生存得到保障的权利；不仅包含人们的生命安全和基本自由不受侵犯、人格尊严不受凌辱，还包括人们赖以生存的财产不遭掠夺、人们的基本生活水平和健康水平得到保障和不断提高。

发展权是指充分发展未成年人全部体能和智能的权利，包括未成年人有权接受正规和非正规的教育，有权享有促进其身体、心理、精神、道德等全面发展的生活条件。发展权是生存权的延伸，是个人权利和集体权利的综合。作为个人权利，发展权是指国际人权文书确认的各种权利的总和，即每个人和所有人有权参与、促进并享受经济、政治、文化和社会的发展。作为集体人权，则是指各国特别是发展中国家在经济、政治、文化、社会等方面获得进步与发展的权利。

生存权和发展权是首要的人权，也是享有其他人权的基础；没有生存权和发展权，其他一切人权均无从谈起。

受保护权是指不受歧视、虐待和忽视的权利，包括保护未成年人免受歧视、剥削、酷刑、暴力或者疏忽照料，以及对失去家庭和处于特殊困境中的未成年人的特别保护。

参与权是指参与家庭和社会生活，并就影响他们生活的事项发表意见的权利。成年人应尊重未成年人的看法。

本款中“国家根据未成年人身心发展特点给予特殊、优先保护”实际上表达的就是未成年人优先原则。在世界各国中，我国未成年人人数是最多的，明确规定给予未成年人特殊、优先保护有着非常重要的意义：首先是确立了一种理念，在所有涉及未成年人的活动中，都应以未成年人的最大利益为首要的考虑；其次也有利于与世界接轨，促进国际合作，充分展示我国在儿童、未成年人保护方面取得的成就。

本条第二款规定，受教育权是未成年人的一项权利。所谓受教育权，是指公民通过学校和其他教育设施和途径，学习科学文化知识和专业技能，提高文化素质、政治素质和业务水平的权利。未成年人正处于成长阶段，其最大的任务是上学接受教育。如果在未成年人阶段没有受到很好的教育，将会对其将来的发展产生极大的负面影响。受教育权对于未成年人而言意义重大，需要国家、社会、学校和家庭给予充分重视，尊重和保障未成年人的受教育权。

本条第三款是对未成年人平等地享有权利的规定。未成年人平等地享有权利，不仅是在未成年人与成年人平等地享有权利意义上讲的，而且也包括未成年人之间平等地享有权利，如女性未成年人与男性未成年人平等地享有权利，少数民族未成年人与汉族未成年人平等地享有权利，信仰宗教的未成年人与不信仰宗教的未成人平等地享有权利，等等。

# 残疾父母判决离婚　八月婴儿谁来监护

## ——对未成年人的监护

王小小是江苏省镇江市镇江新区姚桥镇一名8个月大的男婴，他的父亲王强今年33岁，视力一级残疾；母亲张红今年28岁，智力二级残疾。两人没有工作，靠低保和补助度日。因家庭贫困，两人产生了矛盾。2014年7月，王强向镇江市开发区法院提出离婚申请。经审理，法院依法判决准予离婚。

按照法律规定，哺乳期的子女应该跟随母亲，但张红是无民事行为能力人，无法担任王小小的监护人。而王强是视力一级残疾人，他的妹妹和母亲也有视力残疾，他们无力照顾一个婴儿。而王小小的外祖父母年迈多病，也都无力抚养。据此，法院想到了民政局，并就该想法征求了王小小父母的意见，两人都希望能够得到社会救助，为小小找到可靠的监护人。

监护是民法的重要制度，它是为了监督和保护无民事行为能力人和限制民事行为能力人的合法权益而设置的一项民法法律制度。监督和保护人简称为监护人，受到监督和保护的人称为被监护人。

设立监护制度，不仅是为了保护被监护人的利益，弥补他们民事行为能力上的不足，使他们的民事权利能力得到实现，而且也是稳定社会秩序的需要。监护制度设立后，在被监护人给其他人造成损害时，法律将要求监护人承担责任，因此监护人要对被监护人的行为予以有效的约束和管教，防止他们发生违法行为，从而维持社会稳定。

哪些人可作为未成年人的监护人呢?《民法通则》第十六条对此作出了规定。首先是未成年人的父母。父母与子女的关系最密切，对未成年人的监护职责由未成年人的父母承担最合适，最有利于保护未成年人的合法权益，有利于未成年人的健康成长。因此，只要未成年人的父母在，又有监护能力，对未成年人的监护职责就应由其父母承担。但本案中王小小被判决离婚的父母均为残疾人，没有监护能力。

未成年人的父母已经死亡或者没有监护能力的，由下列人员中有监护能力的人担任监护人：（1）祖父母、外祖父母；（2）兄、姐；（3）关系密切的其他亲属、朋友愿意承担监护责任，经未成年人的父母的所在单位或者未成年人住所地的居民委员会、村民委员会同意的。未成年人的祖父母、外祖父母，成年的兄、姐，都是未成年人的近亲属，他们与未成年人的关系密切，依法负有监督和保护未成年人的义务。因此，在未成年人的父母已经死亡或者没有监护能力的情况下，有监护能力的祖父母、外祖父母，成年的兄、姐应该承担起对未成年人的监督和保护的职责。关系密切的其他亲属、朋友没有监督保护未成年人的法定义务，因此，他们作为监护人必须有两个条件：一是本人自愿承担监护职责；二是经有关单位的同意。也就是说，对近亲属以外的公民要求作为监护人的，法律上既鼓励，又有一定的限制，其目的在于有利于未成年人的健康成长。如果上面提到的这些人对担任监护人有争议，可由未成年人的父母所在单位或者未成年人的住所地的居民委员会、村民委员会在未成年人的近亲属中指定。当事人对指定不服，可以通过诉讼程序，由人民法院裁决。而本案中王小小的上列相关人员中也没有可以担任监护人的人选。

未成年人在没有上面提到的监护人的情况下，由未成年人的父母所在单位或者未成年人住所地的居民委员会、村民委员会或者民政部门担任监护人。

对于何种情况下才能由民政部门担任未成年人监护人、如何变更未成年人的监护人为民政部门等问题，当时的法律并没有作出明确详细的规定。为了帮助王小小，法院联系了镇江市民政局，将王小小的情况告知对方，并就法院准备直接指定由该局担任王小小监护人的想法与其进行了交流。镇江市民政局在了解了王小小的情况后，认为应该由民政部门担任王小小的监护人，同意由法院直接指定其担任王小小的监护人。

后来，本案由镇江开发区法院适用特别程序进行审理，并判决指定由镇江市民政局担任王小小的监护人。判决生效后，王小小已由镇江市民政局下属的镇江市社会福利院代为抚养。

# 父母被撤销监护权　民政局担任监护人

## ——实施《关于依法处理监护人侵害未成年人权益行为若干问题的意见》的首个典型案例

2015年2月4日，全国首例由民政部门申请撤销父母作为孩子监护人资格的案件在徐州市铜山区人民法院公开开庭审理。因受害女童小玲（化名，2004年10月出生）的父亲、被告邵某在监狱服刑，其委托代理人到庭参加了诉讼，而小玲的母亲王某经法院传唤未出庭，法院依法进行了缺席审理。

据了解，这起由铜山区民政局作为原告，向法院申请撤销法定监护人监护权案件，也是2014年12月18日由最高人民法院、最高人民检察院、公安部、民政局四部门联合颁布，并于2015年1月1日正式实施《关于依法处理监护人侵害未成年人权益行为若干问题的意见》（以下简称《意见》）以来的首个典型案例。《意见》规定，被申请人性侵害、出卖、遗弃、虐待、暴力伤害未成年人，严重损害未成年人身心健康的；将未成年人置于无人监管和照看的状态，导致未成年人面临死亡或者严重伤害危险，经教育不改的；拒不履行监护职责长达六个月以上，导致未成年人流离失所或者生活无着的等七种情形之一，人民法院可以判决撤销其监护人资格。对有权提起申请撤销监护人资格的单位和个人，则规定为：未成年人的其他监护人、关系密切的其他亲属、未成年人住所地的村（居）民委员会、民政部门及其设立的未成年人救助保护机构、妇联、关工委等。

铜山区检察院发现上述可以撤销监护人资格的情形后，书面建议区民政局向法院申请撤销监护人资格。

法院经过庭审认为：被申请人邵某对其女儿实施了性侵害犯罪，并长期虐待、暴力伤害未成年人，严重侵害未成年人的权益，其监护权依法应予撤销。被申请人王某长达8年从未看望照顾过未成年人且音讯全无，亦从未承担过抚养费用，王某对被监护人极度不负责任，也间接导致了其女儿长期受到其父亲的虐待和伤害而不为人知。且在被告知被申请人邵某的侵害行为后长达8个月的时间里，仍以没有抚养能力为由拒绝接回小玲抚养。为避免未成年继续受到侵害，二人均不宜再担任小玲的监护人。

法院还认为，小玲 2 岁起即与其外祖父母、舅、姨等亲属分离，多年未共同生活，缺乏感情沟通。外祖父母年事已高，经济能力有限，且其均明确表示不同意抚养小玲。小玲现已年满 10 周岁，有表达其意愿的能力，其不同意与外祖父母共同生活。综合考量其近亲属的身体状况、经济条件与未成年人的生活情感联系及未成年人的意愿，法院认为未成年人小玲的近亲属均不宜作为监护人。

法院还认为，法院在受理本案后，依据民政局的申请，指定张女士为未成年人小玲的临时照料人，张女士虽与小玲没有任何亲属关系，无抚养义务，但出于对未成年人的关爱之情，在两年间无偿照顾小玲的生活，与小玲建立了一定的感情基础，并主动要求承担起监护责任，其行为值得肯定。但考虑到张女士还有 3 岁的亲生女儿需要抚养，家庭经济负担较重，而未成年人的监护职责不仅仅是吃饱穿暖、生活照料，更应注重未成年人的安全、教育、成长、发展诸多因素。小玲身体、精神都受到巨大伤害，没有享受正常的教育，修复弥补受害女童，是法庭重要考虑，需要社会各界共同努力的情形。张女士作为个人，会面临困难和问题，故张女士亦不宜作为小玲的监护人。

法院综合认为，本案小玲已无合适人员和其他单位担任其监护人，根据《意见》第三十六条之规定，应指定民政部门担任其监护人。且从对未成年人“特殊”“优先”保护原则和未成年人最大利益原则出发，由申请人铜山区民政局取得未成年人小玲的监护权，有利于更好地保护未成年人的生存权、受教育权、医疗保障权等权利，更有利于小玲的身心健康。

合议庭经过庭审、合议后作出了判决，支持了申请人铜山区民政局的申请，撤销被申请人邵某、王某对女儿小玲的监护权，指定徐州市铜山区民政局为小玲的监护人。由于该案适用民事诉讼特别程序，一审终审，因此判决立即生效。

铜山区民政局则当庭表示，鉴于小玲在张女士家生活已经安定，考虑目前采取在张女士家寄养、助养的方式安排她今后的生活，并视情况给予张女士一定的补助，同时协调有关部门尽快为小玲办理户口迁移、入学等事宜，确保小玲生活尽快步入正轨，健康成长。

# 思想道德教育是重点　提倡与反对旗帜鲜明

## ——对未成年人进行教育

每一个民族都有一个传奇，每一个人都有一个属于自己祖国的梦。我是中国人，我的中国梦——实现中华民族的伟大复兴。尽管说我的梦想有点夸张，有点遥远。可谁又能怀疑我的这个梦？毕竟每个国人心中都有和我同样的中国梦，只是有的人没有明说而已。

经过了改革开放，中国的经济突飞猛进，一跃成为世界上第二大经济大国。但是我国的居民幸福指数仍然不高，尤其是城乡贫富差距日益扩大。再加之，西方各国纷纷对中国采取敌对的态度，对中国敬而远之。中国虽想成为负责任的大国，却困难重重。

我没有更加伟大的目标和魄力，我的现实就是我是一名中国人，就应该有所担当，我的梦想很遥远却又很现实。我的中国梦就是全体华夏儿女的共同心声——实现中华民族的伟大复兴。虽说任重而道远，只要我们共同努力，一定就会实现。

这是萍乡市组织的少年儿童“我的中国梦”主题作文比赛中，某小学一位六年级学生所写的作文中的几段文字。萍乡市以多种方式加强未成年人理想道德教育，组织的少年儿童“我的中国梦”主题作文比赛，是该市未成年人理想道德教育的有效方式之一。

《未成年人保护法》第四条规定：“国家、社会、学校和家庭对未成年人进行理想教育、道德教育、文化教育、纪律和法制教育，进行爱国主义、集体主义和社会主义的教育，提倡爱祖国、爱人民、爱劳动、爱科学、爱社会主义的公德，反对资本主义的、封建主义的和其他的腐朽思想的侵蚀。”本条是关于对未成年人进行教育的规定。

《教育法》规定，国家在受教育者中进行爱国主义、集体主义、中国特色社会主义的教育，进行理想、道德、纪律、法治、国防和民族团结的教育。目前，我国18岁以下的未成年人有近4亿人，他们是祖国未来的建设者，是中国特色社会主义事业的接班人。培养和造就千千万万合格建设者和接班人，既是一项长远的战略任务，又是一项紧迫的现实任务，我们要从确保党的事业后继有人和社会主义事业兴旺发达的战略高度，从全面建成小康社会和实现中华民族伟大复兴的全局高度，从树立和落实科学发展观，坚持以人为本、执政为民的高度，抓好未成年人的教育问题。

对未成年人进行教育，不仅仅是家庭的责任，而且是国家、社会、学校、家庭的共同责任。对未成年人应进行全面的教育，包括理想教育、道德教育、文化教育、纪律和法制教育。理想教育侧重于使未成年人树立远大理想，胸怀中国特色社会主义事业和中华民族的伟大复兴。道德教育侧重于培养未成年人良好的道德品质，使广大未成年人具有高尚品德和社会公德。文化教育侧重于帮助和引导未成年人掌握基本的科技文化知识。纪律和法制教育侧重于使未成年人养成纪律意识，形成法制观念，自觉守法。

对未成年人进行教育时要突出重点：思想道德教育。在对未成年人进行理想教育、道德教育的过程中，必须坚持正确的方向，坚持进行爱国主义、集体主义和社会主义的教育。未成年人思想道德建设的主要任务是：（1）从增强爱国情感做起，弘扬和培育以爱国主义为核心的伟大民族精神。深入进行中华民族优良传统教育和中国革命传统教育、中国历史特别是近现代史教育，引导广大未成年人认识中华民族的历史和传统，了解近代以来中华民族的深重灾难和中国人民进行的英勇斗争，从小树立民族自尊心、自信心和自豪感。（2）从确立远大志向做起，树立和培育正确的理想信念。进行中国革命、建设和改革开放的历史教育与国情教育，引导广大未成年人正确认识社会发展规律，正确认识国家的前途和命运，把个人的成长进步同中国特色社会主义伟大事业、祖国的繁荣富强紧密联系在一起，为担负起建设祖国、振兴中华的光荣使命做好准备。（3）从规范行为习惯做起，培养良好道德品质和文明行为。大力普及“爱国守法、明礼诚信、团结友善、勤俭自强、敬业奉献”的基本道德规范，积极倡导集体主义精神和社会主义人道主义精神，引导广大未成年人牢固树立心中有祖国、心中有集体、心中有他人的意识，懂得为人做事的基本道理，具备文明生活的基本素养，学会处理人与人、人与社会、人与自然等基本关系。

对未成年人进行教育必须旗帜鲜明地提倡与反对。由于未成年人是祖国的未来，关系重大，同时未成年人尚未成熟，容易受外界的影响，因此在对未成年人进行教育时必须明确提倡爱祖国、爱人民、爱劳动、爱科学、爱社会主义的良好公德，坚决反对资本主义的、封建主义的和其他腐朽思想的侵蚀。

# 尊重人格适用特点　教育与保护相结合

## ——保护未成年人工作的原则

原告之母桑银环从媒体和宣传广告得知，陶斯中心是一家对青少年在个体成长中所暴露的不良行为习惯及心理症结进行辅导的专业机构后，于2012年2月23日与陶斯中心签订委托书，委托陶斯中心对张晶晶进行15天封闭辅导和教育，并交纳6500元辅导费，委托书上将张晶晶化名为“张晶”。张晶晶在陶斯中心的训练过程中，受到基地教官虐待，包括面壁罚站三夜二天，不准吃饭，不准休息，不准上厕所，捆绑在一长约2米的木棒上站军姿，罚跑等。某市电视台女性频道将张晶晶母亲、妹妹及其他亲属对张晶晶的介绍和劝告（张晶晶以前是一个好学上进、爱好音乐的孩子，后来沉迷网络，夜不归宿，不尊重长辈等），家庭环境，寻找张晶晶并将其送入陶斯中心的经过，张晶晶在陶斯中心被迫接受所谓“特殊训练”包括上述虐待行为的全过程制作成节目《残酷救赎》，在《女人故事》栏目中播出。节目广告词是“沉迷网络，厌学离家出走。她的花季即将坠入黑暗，记录一种特殊的教育方式，探求一条灵魂拯救之路”。节目的记者在述评中真实介绍了张晶晶被迫接受特殊教育的过程和陶斯中心的教育方式，并在一定程度上对陶斯中心的教育方式提出质疑。节目清晰地再现张晶晶及其母亲、妹妹、部分亲属的影像，家庭环境，陶斯中心的环境及张晶晶接受特殊教育的过程，仅在张晶晶影像的近镜头中对其眼部作了马赛克处理，只要是稍微熟悉张晶晶的人均能辨认出节目中的“张晶晶”就是张晶晶。节目中将桑银环化名“桑金环”，根据张晶晶在陶斯中心的化名“张晶”，又随意将张晶晶化名为“张晶晶”，正好与张晶晶的真实姓名一致。陶斯中心是徐蓝卒创办的，训练场地租赁某县一学校的场所，与学校用围墙隔离，无任何办学、经营证照。张晶晶于2012年4月2日至9月15日在医院多次治疗，治疗以外伤转感染、胃炎、急性淋巴结炎等病症为主，未见明显精神障碍，用去医疗费3782.36元。

原告张晶晶于2012年8月6日向人民法院提起诉讼，要求被告徐蓝卒、某市电视台女性频道（以下简称女性频道）因共同侵犯其名誉权而公开赔礼道歉并赔偿其损失。原告的诉讼请求能得到人民法院的支持吗?

《未成年人保护法》第五条规定：“保护未成年人的工作，应当遵循下列原则：(一）尊重未成年人的人格尊严；(二）适应未成年人身心发展的规律和特点；(三）教育与保护相结合。”本条是关于对未成年人保护的原则的规定。

保护未成年人的工作应当遵循的第一条原则是“尊重未成年人的人格尊严”。这一原则不仅是从保护未成年人的人格权角度讲的，更多的是从尊重未成年人独立人格的尊严，使未成年人的自尊心不受伤害、个人价值不被贬低的角度讲的。根据《宪法》的规定，任何人的人格尊严都应该得到尊重。强调尊重未成年人人格尊严是一项在保护未成年人工作中的工作原则，具有现实针对性。未成年人是一个相对于成年人在生理、心理、智力、社会政治经济地位等方面都处于弱势的群体。未成年人在生理上还处于发育阶段，在体力等方面与成年人尚有一定差距，容易受到疾病和来自他人的侵害。未成年人的心理和智力还没有发育成熟，对事物的辨别能力差，对社会还没有形成全面的认识。未成年人在经济上一般没有稳定、独立的经济收入，并不拥有一定的个人财产，需要依附于成年人。处于弱势的未成年人，其人格尊严更容易被忽视，实践中不尊重未成年人的人格尊严的情形屡屡发生。在保护未成年人时，也要注意尊重未成年人的人格尊严。

保护未成年人的工作应当遵循的第二条原则是“适应未成年人身心发展的规律和特点”。我国现有法律中很多关于保护未成年人的规定都是这一条原则，特别是《未成年人保护法》更是如此。

保护未成年人的工作应当遵循的第三条原则是“教育与保护相结合”。开展未成年人保护工作，不能片面地只讲保护，忽略教育；也不能忽视保护，只讲教育。保护和教育作为未成年人保护工作的两个主旋律，相互结合、相辅相成，不可偏颇。

鉴于本案被告违反了《未成年人保护法》第五条规定的原则和其他相关法律的规定，侵犯了未成年人张晶晶的合法权益。人民法院经审理后判决如下：(1）涉案节目立即停止播出，并不得以任何形式传播。(2）被告女性频道、徐蓝卒在女性频道《女人故事》栏目播出向原告张晶晶赔礼道歉、消除影响的公告。播出的内容应事先经人民法院审查同意，播出的形式是在女性频道播出《女人故事》时在荧屏下方插播文字，每期《女人故事》不少于3次，播出的期数不得少于3期；女性频道如不自动履行上述行为，则由人民法院拟定道歉公告，在与女性频道节目覆盖范围相当的电视台播出，费用由女性频道负担。（3）女性频道赔偿张晶晶精神抚慰金6000元，徐蓝卒赔偿5000元，并相互承担连带责任。

此外，徐蓝卒创办的陶斯中心因无证经营，被有关部门依法取缔。

# 任何组织以及任何个人都有保护未成年人责任

## ——保护未成年人是全社会的共同责任

某乡团委书记想找某乡乡长汇报一下未成年人保护的工作，并希望乡政府为未成年人保护工作拨点经费。可是，约了几次，某乡乡长老是说工作忙，没有时间听汇报。好不容易等到乡长在办公室看报纸，团委书记走进了乡长办公室，刚开口，乡长就说保护未成年人的工作由团委或妇联抓一抓就可以了，政府没有这个职责，也没有精力去管；说到经费，乡长不耐烦地说，目前乡上财政状况比较紧张，哪儿还有钱给未成年人搞活动，你们自己想办法解决吧。某乡乡长的这个说法正确吗?

某乡乡长的这个说法肯定是错误的。《未成年人保护法》第六条规定："保护未成年人，是国家机关、武装力量、政党、社会团体、企业事业组织、城乡基层群众性自治组织、未成年人的监护人和其他成年公民的共同责任。""对侵犯未成年人合法权益的行为，任何组织和个人都有权予以劝阻、制止或者向有关部门提出检举或者控告。""国家、社会、学校和家庭应当教育和帮助未成年人维护自己的合法权益，增强自我保护的意识和能力，增强社会责任感。"本条是关于保护未成年人是全社会共同责任的规定。

未成年人的保护工作关系重大、情况复杂多变、涉及人群广泛，是一项非常艰巨的系统工程，需要全社会共同来承担。

国家机关在未成年人保护工作中起着主导作用，其承担非常重大的责任。我国国家机关分为权力机关、行政机关、司法机关等。权力机关有责任制定有关未成年人保护的法律、地方性法规，并对法律、地方性法规的执行情况进行监督。行政机关是权力机关的执行机关，它包括国务院和地方各级人民政府。国务院即中央人民政府。国务院可以制定未成年人保护的行政法规，向全国人大常委会提交未成年人保护的法律草案。国务院的有关机构，如教育部、民政部、公安部、司法部、劳动和社会保障部、文化部等，直接管理未成年人，在某些方面保护未成年人。国务院负责协调这些部门的工作。地方各级人民政府也应根据需要，采取组织措施，协调有关部门做好未成年人的保护工作。

除起草法律草案、制定行政法规和采取措施外，《未成年人保护法》还规定了各级人民政府的一些其他职责，如国务院和地方各级人民政府领导有关部门应将未成年人保护工作纳入国民经济和社会发展规划以及年度计划，相关经费纳入本级政府预算。又如对保护未成年人有显著成绩的组织和个人，各级人民政府和有关部门应当给予奖励。

检察机关在检控涉及未成年人权益的刑事案件中有着保护未成年人的职责，其中包括检控犯罪、打击侵犯未成年人的犯罪行为、保护未成年人，以及未成年人涉嫌犯罪的，检察机关有职责采取有关措施保护未成年人等。人民法院在审理涉及未成年人权益的各类案件中有着保护未成年人的职责。

此外，武装力量、政党、社会团体、企业事业组织、城乡基层群众性自治组织、未成年人的监护人和其他成年公民都有保护未成年人的责任。为充分和及时地保护未成年人的合法权益，对于侵犯未成年人合法权益的行为，任何组织和个人都有权予以劝阻、制止或者向有关部门提出检举或者控告。为提高未成年人自我保护意识，国家、社会、学校和家庭应当教育和帮助未成年人，使其增强自我保护的意识和能力。实践中很多例子都说明了未成年人自我保护意识和能力增强了，会在很大程度上减少受侵害的机会、减轻受侵害的程度。国家、社会、学校和家庭应当教育和帮助未成年人知法、懂法，维护自身合法权益，同时也要增强未成年人的社会责任感。

因此，乡人民政府依法承担着保护未成年人的责任，乡长应该协调本乡各部门做好未成年人保护工作，乡政府应将未成年人保护工作纳入本乡经济和社会发展规划以及年度计划，相关经费纳入本级政府预算，并应当对保护未成年人有显著成绩的组织和个人给予奖励。某乡乡长应该认真学习《未成年人保护法》，努力增强运用法治思维和法治方式做好乡政府工作的能力。

# 纳入规划计划预算　保障经费搞好协调

## ——对未成年人保护的政府责任

上海市闸北区将未成年人保护工作纳入《上海市闸北国民经济和社会发展第十二个五年规划纲要》，提出：“优化儿童的生存和发展环境，尊重儿童的主体意识和参与权利。完善儿童健康保健网络，加强儿童心理健康监测、辅导和评估。关注来沪流动儿童的生存、教育和发展。”同时，该区还将未成年人保护工作纳入年度计划，将相关经费纳入本级政府预算。

《未成年人保护法》第七条规定：“中央和地方各级国家机关应当在各自的职责范围内做好未成年人保护工作。”“国务院和地方各级人民政府领导有关部门做好未成年人保护工作；将未成年人保护工作纳入国民经济和社会发展规划以及年度计划，相关经费纳入本级政府预算。”“国务院和省、自治区、直辖市人民政府采取组织措施，协调有关部门做好未成年人保护工作。具体机构由国务院和省、自治区、直辖市人民政府规定。”本条是关于政府责任的规定。

国家机关是依法设立的、由国家财政予以保障的、管理国家各项事务的组织，未成年人保护工作是国家机关职责的重要组成部分，国家机关有义务做好未成年人保护工作，未成年人保护工作的真正落实也离不开国家机关。根据《宪法》和有关法律的规定，我国国家机关从横向上可分为国家权力机关、行政机关、司法机关；从纵向上可分为中央、省级、设区市级、县级及乡镇级五级，各级国家机关都有相应的保护未成年人的职责。

国家权力机关，即各级人民代表大会及其常委会，承担制定法律、地方性法规，监督法律、地方性法规的实施等职责。全国人大及其常委会制定了《未成年人保护法》，并根据实际情况，及时地进行了修订。全国人大及其常委会还制定了很多涉及未成年人保护的法律，包括《宪法》《刑法》《民法通则》《婚姻法》《收养法》《教育法》《义务教育法》《母婴保健法》《妇女儿童权益保护法》《反家庭暴力法》《刑事诉讼法》《预防未成年人犯罪法》等。

很多省、自治区、直辖市的人大常委会都制定了有关未成年人保护的地方性法规。

行政机关即国务院和各级人民政府。其主要职能是制定有关未成年人保护的行政法规、地方政府规章和其他规范性文件，发布有关未成年人保护的行政决定、命令；编制未成年人事业发展计划，并将其纳入全国和地方国民经济和社会发展规划及年度计划中；在各自行政区域范围内保证有关未成年人法律、法规、规章的实施及政府决定、命令的执行，组织、协调政府部门、下级地方政府切实做好未成年人保护工作等。各级政府部门在各自职责范围内做好未成年人保护工作。

各级检察机关的职责是依照《刑法》《刑事诉讼法》《预防未成年人犯罪法》《未成年人保护法》等法律规定，在检控有关涉及未成年人的犯罪时，履行其保护职责。在办理未成年人犯罪案件中，应照顾未成年人身心发展特点，尊重他们的人格尊严，可根据需要设立专门机构或者指定专人办理；讯问未成年犯罪嫌疑人，询问未成年证人、被害人，应当保证有监护人；对羁押的未成年人，应当与成年人分别关押等。

各级法院在审理涉及未成年人的案件时，有责任保护未成年人的合法权益，如未成年人的合法权益受到侵犯，依法向人民法院提起诉讼的，人民法院应当依法及时审理，并考虑未成年人生理、心理特点和健康成长的需要，根据具体情况依法保障未成年人的合法权益：依法为未成年人提供法律援助和司法救助；审理继承案件和离婚案件涉及未成年子女抚养问题的，要依法保护未成年人的继承权、受遗赠权，听取未成年子女的意见；在办理未成年人犯罪和涉及未成年人权益保护案件中，应照顾未成年人身心发展特点，尊重他们的人格尊严，可根据需要设立专门机构或者指定专人办理；讯问未成年犯罪嫌疑人，询问未成年人、被害人，应当保证有监护人在场等。

国务院和地方各级人民政府在未成年人保护工作中起着重要的组织和协调作用，主要体现在三个方面：第一是领导有关部门做好未成年人保护工作；第二是将未成年人工作纳入国民经济和社会发展规划及年度计划中；第三是将有关未成年人保护工作的经费纳入本级政府预算。上海市闸北区人民政府将未成年人保护工作纳入国民经济和社会发展规划，将未成年人保护工作纳入每个年度计划，将相关经费纳入本级政府预算，是依法行政的体现。

# 协助政府做好工作　维护儿童合法权益

## ——对未成年人保护的社会团体职责

2012 年 10 月 13 日是中国少年先锋队建队 63 周年纪念日，江西省萍乡市安源区安源小学在学校开展了以“铭记光荣传统，争做‘四好少年’”为主题的庆祝建队日活动。

活动中，大队辅导员对少年队员们进行了革命传统教育，告诉大家，安源是中国少年先锋队的诞生地。早在 1922 年 4 月，安源的少年儿童在安源路矿工人俱乐部的领导下，组织起来，并于次年正式成立儿童团；儿童团员们从小接受党的教育，听从党的指挥，他们的年龄为 8—15 岁。党的目的是训练这些儿童，使他们成为独立有作为的人，分配给他们的主要任务就是站岗、放哨、为工人俱乐部送文件、传递消息。当时安源儿童团的组织机构严密，纪律严明。安源儿童团在革命的生涯中，几起几落，由当初的七八个人发展到 1926 年的 350 多人。不少少年儿童经过儿童团的培养，从安源走向了井冈山，走向了延安，走向了新中国的重要岗位。

被誉为中国的“保尔”的吴运铎创作的《在安源的日子里》中写道：“1926 年，北伐军到安源，工人俱乐部办起了学校，我又进学校读书了。这时，又成立了儿童团，团长叫杨世桥，我是东区儿童团的宣传委员。”在安源路矿工人运动纪念馆，目前还陈列着一根长 90 厘米、宽 6 厘米、两头呈三角形的红布带和一个红袖章。它就是当年儿童团团员所佩戴的标志，和今天的红领巾一样，它曾经激励了许多少年儿童参加革命。

历史证明，安源儿童团开创了中国共产党领导下的中国少年儿童组织运动的先河，成为中国少年先锋队的先驱组织，安源因而成为中国少年先锋队诞生的摇篮。大队辅导员勉励全体少先队员“铭记光荣传统，争做‘四好少年’”，长大后成为中国特色社会主义事业的建设者和接班人。

安源小学的少年先锋队组织主动开展的适合少年特点的、有利于少年健康成长的具有知识性、趣味性的活动，实际上是在协助政府做好未成年人保护工作，促进少年儿童健康成长，维护未成年人的合法权益。

《未成年人保护法》第八条规定：“共产主义青年团、妇女联合会、工会、青年联合会、学生联合会、少年先锋队以及其他有关社会团体，协助各级人民政府做好未成年人保护工作，维护未成年人的合法权益。”本条是关于社会团体职责的规定。

社会团体在未成年人保护工作中有着独特的地位和其他任何组织不可替代的帮助、保护和协助保护的作用。我国经合法登记的各种全国性和地方性社会团体数以千计，其活动宗旨和组织形式千差万别，承担帮助、保护和协助各级人民政府做好未成年人保护工作职责的社会团体主要有共产主义青年团、妇女联合会、工会、青年联合会、学生联合会、少年先锋队等，它们与未成年人的关系相当密切，这些社会团体除了要协助各级人民政府做好未成年人保护工作、维护未成年人的合法权益外，还应该有主动开展适合青少年特点的，有利于青少年健康成长的具有知识性、趣味性的各类活动以及帮助未成年人遵纪守法的职责。

共产主义青年团，简称共青团，是中国共产党领导下的先进青年群体，是党联系广大青年的桥梁和纽带，同时也是未成年人保护组织中最主要的社会团体。共青团的任务是团结和教育广大青年积极投身于社会主义现代化建设，它具有广泛的代表性和先进性，有着严格的章程和健全的制度。其在未成年人保护工作中起着非常重要的协助作用，主要有：（1）参与未成年人保护立法工作，向立法机关提出立法建议，参与国家有关未成年人工作方针政策的制定；（2）积极创造条件，为未成年人参加文化、娱乐、体育活动以及参与社会民主监督提供机会；（3）积极引导未成年人学习马克思主义，学习科学文化知识，帮助他们树立远大理想和形成良好品德，成为有理想、有道德、有文化、有纪律的社会主义建设者和接班人；（4）依法维护未成年人的合法权益，同各种侵犯未成年人合法权益的行为作斗争等。

少年先锋队简称少先队，是中国共产主义青年团领导下的少年先锋队组织，是党团结、教育广大少年儿童的桥梁和纽带。在众多的社会团体中，少年先锋队是唯一全部由未成年人参加的全国性少年组织，是未成年人自己的组织。少年先锋队的主要任务和主要作用是通过各种集体活动，团结、教育少年儿童，培养他们成为爱祖国、爱人民、爱劳动、爱科学、爱社会主义，有理想、有道德、有纪律、有文化的社会主义新人。少年先锋队为中国儿童事业的发展作出了巨大贡献。

除了共产主义青年团、妇女联合会、工会、青年联合会、学生联合会、少年先锋队之外，我国还有一些社会团体有帮助、保护和协助保护未成年人的职责。这些社会团体有关心下一代工作委员会、残疾人联合会、律师协会等。

# 依法表彰奖励先进　国家行政机关职责

## ——对未成年人保护的组织和个人表彰和奖励的规定

近年来，萍乡市坚持选派政法工作者到学校担任法制副校长，积极推进了和谐平安校园建设，全市预防未成年人违法犯罪工作在江西省全省综治考评中一直位居前列。2013 年 6 月 27 日，萍乡市市直学校法制副校长表彰暨聘任仪式在市会议中心举行。会上表彰了 2010—2012 年市直学校优秀法制副校长，选聘了 13 名政法工作者为 2013—2015 年新一轮市直学校法制副校长。会上，市有关部门领导同志向受表彰和新受聘的法制副校长分别颁发了荣誉证书和聘书。

实施法制副校长聘任制度，是创新学校管理模式的有益探索，能积极引导和促进学校素质教育与法制教育有机结合，对维护未成年人合法权益，增强未成年人法制观念和自我保护意识，营造有利于未成年人成长的社会环境具有重要意义。而对保护未成年人有显著成绩的优秀法制副校长给予表彰和奖励是有法律根据的。

《未成年人保护法》第九条规定："各级人民政府和有关部门对保护未成年人有显著成绩的组织和个人，给予表彰和奖励。"

奖罚分明是中华民族的优良传统，奖励不仅能够鼓励先进、弘扬正气，而且能对平庸者产生激励，对落后者进行鞭策。奖励与处罚并举在我国很多法律中都有体现。

国家奖励，是指各级人民政府和有关部门为了表彰先进、激励后进，充分调动人们的积极性和创造性，依照法定条件和程序，对作出突出贡献、有显著成绩或者模范遵纪守法的组织和个人给予物质或者精神奖励的一种行政行为。国家奖励包括表彰和奖励，表彰主要是精神奖励，如通报表扬、给予荣誉称号；奖励一般是给予一定的奖金、经费等。

实施表彰、奖励的主体是国家行政机关，包括各级人民政府和行政主管部门。在实践中，进行未成年人保护表彰和奖励主要由各地各级未成年人保护办公室联合有关行政主管部门及人大、法院、检察院相关部门开展。有些表彰和奖励由团委、律协等社会团体作出，有的由其他社会组织作出。

受表彰和奖励的对象是在开展未成年人保护工作中有显著成绩的组织和个人，其范围是比较广泛的，包括国家机关及其工作人员、社会团体及其工作人员、企事业单位、普通公民等。所谓显著成绩，是指热爱未成年人保护工作，认真执行国家有关未成年人保护法律法规，模范履行职责，具有奉献精神，积极为未成年人办实事、解决难事、做好事，表现突出，工作有成效，社会评价高等。实践中，具体称号有保护未成年人先进集体、保护未成年人先进公民、保护未成年人优秀公民等。

国家在进行表彰和奖励工作时，需要注意一些原则：依法表彰、奖励，实事求是；奖励与受奖行为相当；精神奖励和物质奖励相结合；程序民主、公正、及时等。萍乡市有关部门对保护未成年人有显著成绩的优秀法制副校长给予表彰和奖励是符合上述原则的。

# 家庭保护篇

# 创造良好家庭环境　履行监护抚养义务

## ——父母的责任和义务

2012年12月8日北京时间凌晨，2012年诺贝尔文学奖获得者、中国作家莫言在瑞典学院发表文学演讲，主题为“讲故事的人”。莫言在演讲中首先深情地回忆自己的母亲。他说：

我是我母亲最小的孩子。

我记忆中最早的一件事，是提着家里唯一的一把热水壶去公共食堂打开水。因为饥饿无力，失手将热水瓶打碎，我吓得要命，钻进草垛，一天没敢出来。傍晚的时候我听到母亲呼唤我的乳名，我从草垛里钻出来，以为会受到打骂，但母亲没有打我也没有骂我，只是抚摸着我的头，口中发出长长的叹息。

我记忆中最痛苦的一件事，就是跟着母亲去集体的地里拣麦穗，看守麦田的人来了，拣麦穗的人纷纷逃跑，我母亲是小脚，跑不快，被捉住，那个身材高大的看守人扇了她一耳光，她摇晃着身体跌倒在地，看守人没收了我们拣到的麦穗，吹着口哨扬长而去。我母亲嘴角流血，坐在地上，脸上那种绝望的神情令我终生难忘。多年之后，当那个看守麦田的人成为一个白发苍苍的老人，在集市上与我相逢，我冲上去想找他报仇，母亲拉住了我，平静地对我说：“儿子，那个打我的人，与这个老人，并不是一个人。”

我记得最深刻的一件事是一个中秋节的中午，我们家难得的包了一顿饺子，每人只有一碗。正当我们吃饺子时，一个乞讨的老人来到了我们家门口，我端起半碗红薯干打发他，他却愤愤不平地说：“我是一个老人，你们吃饺子，却让我吃红薯干。你们的心是怎么长的?”我气急败坏地说：“我们一年也吃不了几次饺子，一人一小碗，连半饱都吃不了！给你红薯干就不错了，你要就要，不要就滚!”母亲训斥了我，然后端起她那半碗饺子，倒进了老人碗里。

我最后悔的一件事，就是跟着母亲去卖白菜，有意无意地多算了一位买白菜的老人一毛钱。算完钱我就去了学校。当我放学回家时，看到很少流泪的母亲泪流满面。母亲并没有骂我，只是轻轻地说："儿子，你让娘丢了脸。"

……

莫言讲的母亲的故事，让我们懂得，良好、和睦的家庭环境，母亲对未成年儿子的监护和抚养，将影响儿子的一辈子。正是这位善良、宽容、诚信的中国母亲，言传身教，养育了中国首位诺贝尔文学奖获得者。

《未成年人保护法》第十条规定："父母或者其他监护人应当创造良好、和睦的家庭环境，依法履行对未成年人的监护职责和抚养义务。""禁止对未成年人实施家庭暴力，禁止虐待、遗弃未成年人，禁止溺婴和其他残害婴儿的行为，不得歧视女性未成年人或者有残疾的未成年人。"本条是关于监护人监护职责、抚养义务以及监护人禁止性行为的规定。

家庭是孩子成长过程中最重要的因素，父母或其他监护人对未成年人心理、性格和人格的影响是决定性的，未成年人的心理和行为往往带着家庭的影子。根据国内外多项调查显示，父母经常吵架、家庭生活不协调的未成年人，特别是父母离婚后生活在单亲家庭的孩子，学习差、有心理问题的比例较高。

家庭环境包括家庭结构、家庭成员之间的关系、家庭生活方式三个方面。其中良好的家庭生活方式包括以下几个方面：（1）树立良好家风；（2）严格规范的家庭生活制度；（3）勤劳节俭的生活作风；（4）整洁的家居环境。

家庭环境对监护人履行监护义务和实施家庭教育起着基础性的作用。和谐的家庭环境能使监护人更好地履行监护义务和有效地实施家庭教育；反之，则很难达到家庭保护的目的。创造良好、和睦的家庭环境，对未成年人的成长是一种积极的助力和催化剂，特别有助于未成年人形成完整健康的人格。

根据有关法律和司法解释的规定，父母或其他监护人应承担如下职责：（1）保护被监护人的身体健康；（2）照顾被监护人的生活；（3）管理和保护被监护人的财产；（4）代理被监护人进行民事活动；（5）对被监护人进行管束和教育；（6）在被监护人合法权益受到侵害或者与人发生争议时，代理其进行诉讼；（7）承担因不履行监护职责，致使被监护人实施侵权行为而给他人造成损害的赔偿责任。

父母或者其他监护人依法履行对未成年人的监护职责和抚养义务时，禁止实施以下行为。

1. 家庭暴力

2015 年 12 月 27 日第十二届全国人民代表大会常务委员会第十八次会议通过、2016 年 3 月 1 日起施行的《反家庭暴力法》第二条规定：“本法所称家庭暴力，是指家庭成员之间以殴打、捆绑、残害、限制人身自由以及经常性谩骂、恐吓等方式实施的身体、精神等侵害行为。”第十二条规定：“未成年人的监护人应当以文明的方式进行家庭教育，依法履行监护和教育职责，不得实施家庭暴力。”

2. 虐待、遗弃

虐待儿童，指对儿童有义务抚养、监督及有照料权的人，作出的足以对儿童的健康、生存、生长发育及尊严造成实际的或潜在的伤害行为，包括各种形式的躯体和（或）情感虐待、性虐待、忽视及对其进行经济性剥削。遗弃是指对于年老、年幼、患病或者其他没有独立生活能力的家庭成员，负有赡养、抚养、扶养义务而拒不履行法定义务的行为。遗弃是以不作为的方式出现的，即应为而不为，致使家庭成员的合法权益遭受侵害。

3. 溺婴和其他残害婴儿的行为

《婚姻法》规定，禁止溺婴、弃婴和其他残害婴儿的行为。溺婴泛指一切剥夺婴儿生命的行为，不仅仅指父母用水溺杀自己的婴儿的行为；而且，用手扼死、用绳索勒死、活埋、闷死、饿死或冻死等行为都属于溺婴。

4. 歧视

未成年人不分性别、民族、种族、家庭财产状况、宗教信仰等，依法平等地享有权利。《公民权利和政治权利国际公约》规定，每一儿童应有权享受家庭、社会和国家为其未成年地位给予的必要保护措施，不因种族、肤色、性别、语言、宗教、国籍或社会出身、财产或出生而受任何歧视。

今天的物质生活比莫言的少年时代丰富多了，但无论贫穷与富裕，作为未成年人的父母和其他监护人，仍然应该像莫言的母亲那样，为未成年人创造良好的家庭环境和言传身教的良好教育，尊重未成年人的人格，教育未成年人不必冤冤相报，任何时候都要诚实守信。若天下父母都能如此，社会就和谐了！

# 品行良好方法适当　教育影响未成年人

## ——家庭教育影响最大

一个读高中二年级的17岁男孩张伟经常穿表哥的旧衣服，觉得很正常，这是张先生夫妇从小教育孩子的结果。虽然家里经济条件不错，但张先生从不给孩子买什么名牌衣服。有时是朋友的孩子穿过的衣服拿过来穿，更多的是穿表哥的旧衣服。时间久了，有时张伟自己都会对他表哥说："你这件衣服什么时候不穿就可以给我了。"朴素，不攀比，这是难得的品质。

张先生很重视孩子的精神生活，努力让孩子成为一个有责任心、有爱心的人。张伟小的时候，楼道里的灯坏了，张先生就会带着张伟去物业反映，然后告诉张伟，这盏灯坏了，会有许多人进出不方便，这是大家的事情，也是每个人的事，我们都要做个有责任心的人。到公园看到有人摘花，张先生会上前阻止，通过自己的言行，让孩子明白，不仅自己不损坏公物，还要有勇气制止别人的不良行为。

在这种家庭教育的熏陶下，张伟的集体荣誉感就特别强。寝室里有同学卫生分数不好，他就动员大家一起帮助这个同学，他说："这样整个寝室的卫生评比才不会落后。"

张先生说："光读书好，其他不好也不行。否则大学要你，女朋友不要你；即使女朋友要你，社会也不要你。"他希望他的张伟将来是个大学要、女朋友要、社会也要的人。

《未成年人保护法》第十一条规定："父母或者其他监护人应当关注未成年人的生理、心理状况和行为习惯，以健康的思想、良好的品行和适当的方法教育和影响未成年人，引导未成年人进行有益身心健康的活动，预防和制止未成年人吸烟、酗酒、流浪、沉迷网络以及赌博、吸毒、卖淫等行为。"本条是关于家庭教育的规定。

家庭教育，是指在家庭生活中，由父母或者其他监护人自觉地、有意识地根据社会需求和未成年人身心发展的特点，通过自己的言传身教和家庭生活实践，对未成年人施以一定教育影响的社会活动。

家庭是社会的细胞，是人才成长的摇篮。家庭是孩子的第一所学校，父母是孩子的第一任教师，无论从家庭教育的内容来看，还是从家庭教育与学校教育、社会教育的关系来看，家庭教育在整个教育中都起着十分重要的作用。未成年人在独立生活之前约有三分之二的时间在家庭中度过，他们的生活习惯、性格、道德品质及基本的行为方式的形成受家庭教育环境影响最大。从社会学的角度看，家庭教育是人类从自然的人发展为社会的人，实现人类社会化的必由之路。从教育学角度看，家庭教育对于人的德智体美劳等各种素质的形成和发展起着全面的作用，尤其对于人的思想品德及个性的形成和发展，起着“形塑”的决定性作用。

实施家庭教育有一定的前提条件，一般来说包括如下三个方面：（1）关注未成年人的生理、心理状况和行为习惯。未成年人生长期大致包括以下几个阶段：新生儿期、婴儿期、幼儿期、童年早期、童年中期、少年期（童年后期）、青年初期。未成年人具有显著的生理、心理特征和行为习惯。只有掌握了未成年人的特殊性，才能真正做到因材施教。（2）父母或者其他监护人要有健康的思想、良好的品行。监护人应以身作则，正人先正己，注重言传身教。（3）采取适当的方法。虽然家庭教育的方法相对于学校教育更加灵活多样，有相机而教的特点，但仍然有一定的模式可以遵循。父母或者其他监护人应当根据未成年人的生理、心理状况和行为习惯找到适合未成年人的家庭教育方法。归纳起来，家庭教育的方法可以包括：环境熏陶法、说服教育法、模仿榜样法、挫折磨炼法、行为训练法、鼓励启示法、表扬奖励法、批评惩罚法、社会实践法等。

张先生正是以健康的思想、良好的品行言传身教，采取环境熏陶法教育影响自己的儿子。张伟将来肯定可以成为一个“大学要、女朋友要、社会也要”的人。

# 学习家庭教育知识　提供家庭教育指导

## ——造就合格的父母

2007 年 8 月，江西省南昌市教育局和南昌市妇女联合会共同主办建立了“南昌市网上家长学校”。该学校以“为国教子，以德育人”为办学宗旨，追求“关爱每一位孩子，关注每一个家庭，关心每一所学校”的办学理念，实现“一切为了孩子，为了一切孩子，为了孩子一切”的办学目标，达到“家长的益友，孩子的良师，学校的助手”的办学效果。学校运用现代网络技术，整合优质教育资源，突破时空交流界限，为学生家长打造家庭教育平台。多年来，该学校建设努力突出四大功能：一是父母教子的课堂。它通过“父母课堂”“专家在线”等方式帮助家长系统学习家庭教育知识，更新家庭教育观念，掌握科学的家庭教育方法；二是专家服务的窗口。它通过预约见面咨询、语音视频咨询、嘉老师热线、手机短信咨询等方法，使每一个家长都能和各位专家、专业指导老师零距离接触，得到他们有针对性的具体建议、辅导与指点；三是三方（学校、家庭、社会）互动的平台。它是全市开展家庭教育的宣传展示平台、学习提高平台、工作活动平台。它通过“学子乐园”等栏目，帮助学生培养良好的学习习惯，改进学习方法；四是家、校联系的桥梁。它通过网络短信的形式实现家庭、学校在第一时间沟通，使每一个家长都能与学校老师及时联系。

《未成年人保护法》第十二条规定：“父母或者其他监护人应当学习家庭教育知识，正确履行监护职责，抚养教育未成年人。”“有关国家机关和社会组织应当为未成年人的父母或者其他监护人提供家庭教育指导。”本条是关于父母或者其他监护人应当学习家庭教育知识和有关国家机关及社会组织提供家庭教育指导的规定。

一方面，父母或者其他监护人应当学习家庭教育知识。科学研究表明，家庭对孩子的影响程度，尤其是非智力因素培养，是超过集体教育机构的。也就是说，社会环境相同，学校环境相同，学生年龄相同，由于所受家庭教育不同，其结果就会不同。专家们认为，其原因主要是家长的素质不同，从而造成孩子智力因素与非智力因素的差异。长期以来，我们的社会一直十分重视教师素质的提高，但是，孩子生活中最重要的人，也是孩子的第一任教师和终身教师——父母，却缺少专门培训，因而在我国的家庭教育中存在许多薄弱环节。

当前，我国许多家庭教育中都存在问题，只有通过加强对家长的教育，帮助他们提高对家庭教育的认识，促使他们掌握家庭教育的基本理论和基础知识，才能从根本上解决这一问题。家长对孩子进行家庭教育，是一种专门知识，而且这种专门知识又因为社会时尚的变化而不断变化，不断被注入新的内容。要想教育好孩子，关键在于提高家长的自身素质，提高家庭教育的水平。

只有通过学习各种家庭教育知识，才能成为合格的家长。合格的家长应具备以下素质：（1）良好的道德修养，事事处处发挥榜样作用。家长首先自己能够做到，凡事都为孩子作出表率，用榜样和人格的力量教育孩子。（2）掌握一定的科学文化知识。家长应学习一些生理学、心理学和教育学的有关知识，结合孩子的实际情况加以灵活运用。（3）科学的教育方式。要爱之有度，要热情耐心，要鼓励帮助，要严格要求。（4）树立正确的成才观。把孩子培养成什么样的人，是家长必须正确对待的问题。“望子成龙”“望女成凤”是每一位家长美好的意愿，但更应关注未成年人的生理、心理状况和行为习惯，以健康的思想、良好的品行和适当的方法教育来影响未成年人，引导未成年人进行有益身心健康的活动。家长应以素质教育的思想培养孩子，即要教孩子会做人、会求知、会做事、会创造、会健体、会劳动。（5）做到家庭教育与学校教育的和谐统一。家庭教育和学校教育是教育孩子的两个不同的教育环境，内容和方式有很大差别，但其最终目的是一致的。家长在进行家庭教育的同时，要及时了解孩子在学校的生活、学习等方面的表现，认真听取老师对孩子各方面的评价，并认真如实地向老师介绍孩子在家庭中的表现，帮助老师全面了解孩子。这样家庭、学校双方及时沟通，有利于做好孩子的教育工作。

另一方面，有关国家机关和社会组织应当为未成年人的父母或者其他监护人提供家庭教育指导。家庭教育指导是提高广大家长自身素质和家庭教育水平的一种成人教育，是终身教育的一部分。家庭教育指导的主体是有关国家机关和社会组织。家庭教育指导的对象是未成年人的父母及其他监护人。

家庭教育指导要以人的发展为本，遵循孩子身心发展的规律、家庭教育规律，满足家长自身的需求和社会发展的要求，进行整体规划、全面实施。大力发展“家长学校”是推进家庭教育指导的重点工作之一。“家长学校”的主要任务有：向家长宣传党和政府有关教育工作的政策和方针；传授教育孩子的科学知识和一般教育理论；交流探讨教育子女的经验和方法；帮助家长了解学校的教改情况和教育意图；认识教育子女是公民应尽的义务和责任；为子女树立良好的榜样；等等。江西省南昌市教育局和妇女联合会共同主管的“南昌市网上家长学校”提供的服务是符合《未成年人保护法》及其有关规定的。

# 接受九年义务教育　既是权利又是义务

## ——接受义务教育的权利和义务

南南是一名 13 岁的初中二年级女学生，成绩优良，很受老师和同学喜欢。但南南的父亲一直认为，女孩子读那么多书没用，只要上了六年级，会识千来个字，会做加减乘除运算就行了。因而在南南小学毕业后，父亲就想让南南辍学跟着自己做生意。虽然由于南南执意要读完初中，加上村干部的干预，父亲勉强让南南读完了初中一年级，但到了初二，南南的父亲无论如何不肯再供她上学。南南的班主任劝南南父亲说，每个公民都有接受义务教育的权利，应该让南南上完初中接受完九年义务教育。但南南的父亲反驳说：既然是权利那就完全可以不行使，义务教育是学校的义务，不是学生的义务，也不是家长的义务。南南父亲的话对吗？

南南父亲的话看似理直气壮，但实际上他错误地理解了法律的规定。适龄未成年人接受义务教育，既是一项权利，也是一项义务。《宪法》第四十六条规定，中华人民共和国公民有受教育的权利和义务。《义务教育法》第四条规定：“凡具有中华人民共和国国籍的适龄儿童、少年，不分性别、民族、种族、家庭财产状况、宗教信仰等，依法享有平等接受义务教育的权利，并履行接受义务教育的义务。”可见，接受义务教育，对适龄未成年人本人来说，既是一项权利，也是一项义务。南南要求读完初中，既是行使自己享有的接受义务教育的权利，也是履行自己接受义务教育的义务。如果某适龄未成年人自己懒惰不读完初中辍学，那是他没有履行法定的义务，这种行为也是违法的。

父母有保证未成年人接受义务教育的义务。《义务教育法》规定，国家实行九年义务教育制度。义务教育是国家统一实施的所有适龄儿童、少年必须接受的教育，是国家必须予以保障的公益性事业。实施义务教育，不收学费、杂费。《未成年人保护法》第十三条规定：“父母或者其他监护人应当尊重未成年人受教育的权利，必须使适龄未成年人依法入学接受并完成义务教育，不得使接受义务教育的未成年人辍学。”可见，使适龄未成年人依法入学接受并完成义务教育是父母或者其他监护人必须履行的义务。这里的“完成义务教育”，是指包括小学阶段六年、初中阶段三年的全部九年义务教育，仅仅完成其中一部分，不能算作完成了义务教育。父母或者其他监护人使接受义务教育的未成年人辍学的行为，更是没有履行法定义务的违法行为。

父母或者其他监护人对其适龄的被监护人的义务教育权利的保障负有基本的义务有：（1）为入学提供保障。《义务教育法》规定，凡年满6周岁的儿童，其父母或者其他法定监护人应当送其入学接受并完成义务教育；条件不具备的地区的儿童，可以推迟到7周岁。适龄儿童、少年因身体状况需要延缓入学或者休学的，其父母或者其他法定监护人应当提出申请，由当地乡镇人民政府或者县级人民政府教育行政部门批准。适龄儿童、少年的父母或者其他法定监护人无正当理由未依照本法规定送适龄儿童、少年入学接受义务教育的，由当地乡镇人民政府或者县级人民政府教育行政部门给予批评教育，责令限期改正。（2）为完成学业提供保障。义务教育是一个入学—学习—毕业的完整过程，父母或者其他监护人保障适龄未成年人受教育权的义务必须在全部过程中得到体现。

义务教育对父母或者其他监护人来说是一种法定义务。父母或者其他监护人必须保障适龄未成年人完成义务教育。因此，这就要求父母或者其他监护人做到以下两点：（1）为适龄未成年人提供接受义务教育的物质保障。父母或者其他监护人应在免杂费、免课本费、补助寄宿生生活费之外为适龄未成年人提供完成义务教育所需的充足物质保障。（2）转变观念。破除“重男轻女”“读书无用”等落后思想，着眼于适龄未成年人德智体等全面发展，使他们成为有理想、有道德、有文化、有纪律的社会主义建设者和接班人。

总之，学校有为未成年人提供义务教育的义务；对父母或者其他监护人来说，让被监护人接受和完成义务教育是一种法定义务；对适龄未成年人来说，接受并完成义务教育既是权利又是义务。南南父亲受“重男轻女”“读书无用”等落后思想的影响，说接受义务教育不是学生的义务，也不是家长的义务，显然是错误的。南南父亲必须履行法定义务，让南南完成九年义务教育。

# 父母在作出有关决定时应尊重未成年人知情权

## ——未成年人的参与权

曾经有一项调查显示“留守儿童是当下中国最容易受伤害的人”。留守儿童的父母外出打工，往往不经孩子同意就把他们寄居在某人家，委托某人充当临时监护人。“我不喜欢姑姑，姑姑很凶，她打我。”一次采访留守儿童时，莲花县荷塘乡的10岁的小卫告诉记者，她希望爸爸妈妈早点把她从姑姑家接走。面对这种情况，小卫可以说“不”吗？

《未成年人保护法》第十四条规定：“父母或者其他监护人应当根据未成年人的年龄和智力发展状况，在作出与未成年人权益有关的决定时告知其本人，并听取他们的意见。”本条是关于父母或者其他监护人在作出与未成年人有关的决定时应当尊重未成年人知情权和参与权的规定。

因为要承担监护职责，所以父母或者其他监护人必然要作出与未成年人权益有关的决定。这种决定权实质上是监护权的具体体现，归纳起来有两个方面：一是无民事行为能力或限制行为能力的未成年人在从事民事活动、诉讼时要由其父母或者其他监护人全部或部分代理；二是父母或者其他监护人在对未成年人进行监督、教育和保护时要尽职尽责，选取妥善方案。

履行监护职责以尊重未成年人权利为基础。父母或其他监护人应当充分意识到未成年人与自己在法律面前是平等的，行使监护权时应当尊重未成年人的主体地位，把握未成年人成长的规律，调动未成年人的主观能动性和积极性。父母或其他监护人应充分尊重未成年人的知情权。

未成年人的知情权，是指未成年人寻求、接受与自身权益有关的消息的自由。未成年人享有知情权的前提条件包括两个方面。

1. 是否与未成年人年龄、智力状况相适应

这可以从三个方面认定：（1）与未成年人生活相关联的程度；（2）未成年人的智力能否理解，并预见相应的后果；（3）标的数额等方面。

2. 是否与未成年人权益有关

只有决定涉及未成年人的人身、财产或其他合法权益时，未成年人才享有知情权。在中国几千年的历史上，家长制一直都是以上对下的，即父母在上、孩子在下，孩子基本没有自己的人格、自己的权利，那时候孩子是没有话语权的。在当今社会，我们必须立足于和谐家庭的基本思想，重新构建家长与子女的关系。父母或其他监护人履行监护职责应以尊重未成年人权利为基础，父母或其他监护人应当充分意识到未成年人与自己在法律面前是平等的。通过让未成年人享有知情权，塑造他们独立的人格并促进家庭关系的和谐与稳定。

如果监护人忽视未成年人的知情权，包办一切，会产生许多负面影响，如子女容易产生依赖心理。依赖是心理断乳期的最大障碍。依赖心理主要表现在没有主见、缺乏自信、处事优柔寡断，遇事希望父母或师长为自己作决定。依赖性强的学生喜欢和独立性强的同学交朋友，希望在他们那里找到依靠，找到寄托。具有依赖性格的未成年人，如果得不到及时纠正，发展下去有可能形成依赖型人格障碍。他们往往内心缺乏安全感，时常感到恐惧、焦虑、担心，很容易产生焦虑和抑郁等情绪反应，影响身心健康。对子女过度专制的家长一味否定孩子的思想，时间一长，孩子容易形成“父母对，自己错”的思维模式，走上社会也觉得“别人对，自己错”，造成社会适应期的“水土不服”。这种教育方式剥夺了子女独立思考、独立行动、增长能力、增长经验的机会，妨碍了子女独立性的发展。

小孩要表达、要说话，父母或者其他监护人要有这种意识，要去听孩子们的表达，他们的想法是什么，充分给孩子们话语权，实际上是给孩子们参与权。这就意味着把未成年人当成民主的实体、社会人来看了。说得大一点，它是为民主社会培养民主种子，小孩从小就要学会自我表达，只要他（她）一出生，就要有表达的权利，成年人的社会就要尊重他（她），这是具有深远意义的权利。

依照《未成年人保护法》的规定，父母因外出务工或者其他原因暂时不能履行对未成年人的监护职责的，应当明确委托有监护能力的其他成年人代为监护，委托监护时要听取有表达意愿能力的未成年人子女的意见。本案中的小卫，面对父母作出委托“凶”且“打”她的姑姑充当监护人这样的与未成年人权益有关的决定时，依法可以说“不”。

# 父母包办娃娃亲　没有法律约束力

## ——不得为未成年人订立婚约

柳梅与何坚同住一个村子，他们的父亲是老战友，他们的母亲是小学的同班同学，两家的关系非常密切。柳梅与何坚从小就在一起玩耍，可以说是青梅竹马。眼看着两个人慢慢地长大了，在他们初中毕业的时候，两家的父母决定给他们订个亲，让两家的关系更近一步。于是两家办了酒席对村民们宣布了这个消息。柳梅与何坚转眼高三毕业了，何坚学理，考上了成都理工大学，柳梅学文，考上了南昌大学。四年的大学生活对双方改变很多，不在一个城市，身边有了新的朋友、同学，两个人即使是假期回家待在一起，也感觉生疏了许多。而柳梅在南昌，慢慢地喜欢上了一个同班的男孩，两个人恋爱了。柳梅跟家里说了这个情况，家里父母死活不同意，说这让他们的脸以后往哪里搁？都订婚好几年了，何坚家里还等着毕业后正式结婚呢！但是柳梅决心已下，一定要自己选择自己的幸福与归宿，于是与家里的关系闹得很僵，两个家庭之间也因为这件事产生了裂痕。柳梅对此很苦恼，一边是自己追求幸福的权利，一边是自己的亲生父母与一直对自己疼爱有加的何坚的父母。她不知道以后的路该怎么走。

类似柳梅与何坚这样的娃娃亲，在我国尤其是农村地区，作为一种习俗还时有出现。娃娃亲经常在子女长大后引起纠纷。那么，法律对于这种父母为未成年子女订立的婚约持一种怎样的态度呢？其效力如何？

《未成年人保护法》第十五条规定：“父母或者其他监护人不得允许或者迫使未成年人结婚，不得为未成年人订立婚约。”本条是关于防止未成年人早婚的规定。

婚姻，是男女双方以永久共同生活为目的，以夫妻的权利义务为内容的合法结合。结婚是一种法律行为，必须符合法律规定的结婚条件。结婚条件包括结婚的实质要件和形式要件，凡欠缺结婚要件的男女结合，都不具有婚姻的法律效力。

结婚的实质要件是，婚姻当事人以及双方之间的关系必须符合法律规定的结婚条件。它包括结婚的必备条件和禁止条件两种：（1）结婚的必备条件，又称积极条件，是指结婚双方当事人必须具备的不可缺少的条件。我国结婚的法定条件有三：一是男女双方完全自愿。二是达到法定结婚年龄，男不得早于22 周岁，女不得早于 20 周岁。三是符合一夫一妻制。（2）结婚的禁止条件，我国结婚的法定禁止条件有二：一是禁止一定范围的血亲结婚；二是禁止患有一定疾病的人结婚。

结婚的形式要件，是指婚姻成立的法定程序或方法，这是婚姻取得社会承认的方式。依我国《婚姻法》的规定，结婚登记是我国公民结婚的法定形式要件，即婚姻成立的法定程序。《婚姻法》规定，要求结婚的男女双方必须亲自到婚姻登记机关进行结婚登记。

父母或者其他监护人允许或者迫使未成年人结婚，不但违反了结婚的实质要件中的婚姻自由原则和法定婚龄的要求，也不符合结婚的形式要件的要求；其属于无效婚姻。

同时，父母或者其他监护人允许或者迫使未成年人结婚会造成如下弊端：（1）不利于未成年人身心健康成长。未成年人正处在生理和心理发育的重要阶段。未成年人早婚会使未成年人过多考虑两性问题，破坏整个身心发育平衡。（2）影响未成年人的正常学习。未成年人早婚会分散未成年人的精力，使学习成绩下降。有的未成年人因此过早地中断学业，丧失了接受教育的机会。（3）给生活造成混乱。早婚未成年人一般缺乏家庭责任感，不会关心对方，不会料理家务。突如其来地要他们承担家庭重任，会给他们造成巨大的心理压力，不利于未成年人成长。（4）导致早育。未成年人早育现象，将严重影响少女的身体健康。据有关资料表明，早育会增加产期母婴的死亡率。青春期怀孕，孕妇易患高血压、心脏病、风湿热等多种并发症；同时，在分娩时又易出现软产道裂伤、产后出血、胎盘早剥等产时并发症，导致母婴死亡率增高。有了子女后，未成年人父母本身身心发育还不健全，更谈不上知道如何教育和抚养子女。（5）家庭不稳定。家庭稳定需要双方心智的成熟和一定物质条件的保障。未成年人缺乏对婚姻生活的心理准备，也没有谋生的手段和固定的经济来源，因此家庭关系脆弱，容易导致家庭破裂。

上述案例中的娃娃亲属于包办婚姻的形式之一。所谓包办婚姻，是指父母或者其他监护人违反婚姻自由原则，强制、干涉子女婚姻的行为。其特征在于父母或者其他监护人侵犯了当事人的婚姻自主权。柳梅应该拿起法律武器，向父母、何坚和何坚的父母表明自己的态度，勇敢地去追求自己的幸福。

# 被监护人的侵权行为　监护人承担赔偿责任

## ——委托监护

吕强的父母因外出打工，为了有利于孩子的学习成长，父母与其姑妈吕芬商量将吕强托付给吕芬，双方为此还签订有一书面协议，协议约定：吕强住在吕芬家里，由吕芬负责安排上学、照顾生活；吕强的父母对吕芬的管教不得有怨言；吕强的父母每月付给吕芬500元。

兰晖与吕强均为8岁儿童，同在一所小学上学。2013年3月23日，兰晖与吕强两人下课后游戏时，吕强扔一石头打中兰晖的左眼。老师发现后当即将兰晖送往医院治疗。经诊治，兰晖左眼失明，需换装假眼，共花医疗费用等5万余元。兰晖的父亲向吕强的姑妈要求赔偿，吕芬则表示无力承担，拒绝支付兰晖的医疗费用。于是兰晖的父亲作为法定代理人代理兰晖将吕芬诉至法院。

法院在本案审理过程中，存在两种不同意见：一种意见认为吕强的父母的监护责任不能因委托他人履行监护职责而免除，应由吕强的父母承担责任，吕芬不应承担责任；另一种意见认为吕强的父母虽为吕强的监护人，但其已将监护职责全部委托给了吕芬，吕芬应承担起监护责任。本案应如何处理呢？

《未成年人保护法》第十六条规定："父母因外出务工或者其他原因不能履行对未成年人监护职责的，应当委托有监护能力的其他成年人代为监护。"本条是关于委托监护的规定。

留守儿童问题已经成为大家普遍关注的社会问题，因此必须找到妥善方法解决这一问题，委托监护是解决这一问题的主要途径。

委托监护是一项民法制度，是指监护人委托他人代行监护的职责。《最高人民法院关于贯彻执行〈中华人民共和国民法通则〉若干问题的意见（试行）》中规定："监护人可以将监护职责部分或者全部委托给他人。因被监护人的侵权行为需要承担民事责任的，应当由监护人承担，但另有约定的除外；被委托人确有过错的，负连带责任。"

从上述规定不难看出，委托监护具有如下特征。

（1）委托监护是一种双方的民事法律行为，须有监护人委托与被委托人接受委托的意思表示一致才能成立。监护权转移应该有监护人与受托人口头的或者书面的协议，双方意思表示一致才能发生法律效力，同时口头协议还应有第三人证明。

（2）被委托人应为有监护能力的成年人。成年人是指18周岁以上具有完全民事行为能力的人。监护能力是指实际具有对未成年人履行监督保护职责的能力。《最高人民法院关于贯彻执行〈中华人民共和国民法通则〉若干问题的意见（试行）》概括地对监护能力进行了说明：认定监护人的监护能力，应当根据监护人的身体健康状况、经济条件，以及与被监护人在生活上的联系状况等因素确定。

（3）委托人可以将监护职责部分或者全部委托给他人。这要视双方约定的内容而定。

（4）监护人承担民事责任。一般来说，未成年人是无民事行为能力人或限制行为能力人，并不是民事责任承担的主体。原则上，因被监护人的侵权行为需要承担民事责任的，应当由监护人承担。

（5）受托人确有过错的，负连带责任。如果受托人确有过错，被侵权人可以要求监护人和受托人双方或者任何一方承担民事责任，这种请求权及于民事责任的全部。当事人之间的约定原则上不能对第三人发生效力。在监护人或受托人承担了民事责任后，监护人和受托人存在如下内部关系：监护人对被侵权人承担了全部责任的，可以要求受托人在其过错范围内予以补偿；受托人承担了全部责任的，可以要求监护人在受托人过错范围以外予以补偿。

（6）监护权转移不消灭监护人资格，不是监护人资格的转移。如果允许监护人通过委托的形式变更监护人，不仅使法律规定的监护设立方式失去了意义，更主要的是动摇了监护人的确定的基础——本人的信赖。所以，委托监护不具有变更监护人的作用。

本案中，吕强的父母与吕芬之间关于委托监护的协议，约定由吕芬代行全部监护职责，因此吕芬应依约对吕强行使监护的职责。但在此情况下，受托人吕芬并不是监护人，也就是说，受托人并不能依照委托监护协议来取得监护资格。委托监护的约定是一种合同关系，合同当事人之间的约定原则上不能对第三人发生效力，所以，吕强的父母与吕芬之间的约定不能对抗第三人。吕强虽被寄养在吕芬家中，但其父母仍是法定监护人，吕强父母的监护责任不因委托他人履行监护职责而免除。我国《民法通则》第一百三十三条规定：“无民事行为能力人、限制民事行为能力人造成他人损害的，由监护人承担民事责任”。因此吕强的父母应对吕强造成的损害承担民事责任，作为监护人不能以其与受托人之间有关承担责任的约定为抗辩事由，而主张免除责任或拒不承担责任，吕芬在本案中不应直接承担赔偿责任。兰晖的父亲作为法定代理人可以代理兰晖申请人民法院追加吕强的父母为被告，由吕强的父母对吕强造成的损害承担民事责任。吕芬只在另有约定的情况下承担赔偿责任或者在其本人确有过错的情况下负连带责任。

# 非婚生与婚生　享有同等权利

## ——非婚生未成年子女的被抚养权

原告汪小婧与被告钟大林于2005年5月在深圳某舞厅相识，后双方交往甚密，同年12月未经政府部门登记便以夫妻名义同居生活。同居期间共生育两女。长女珍珍2006年12月出生，次女媛媛2008年5月出生。之后，双方常因家庭经济问题发生口角，互不谅解。2011年3月原告起诉到法院要求解除与被告的非法同居关系，同年7月双方经法院调解解除非法同居关系，长女珍珍由被告抚养，次女媛媛由原告抚养，双方互不支付子女抚养费。不久，被告钟大林又结识一女青年，两人常常外出不归，对女儿珍珍不管不问。2012年1月被告准备结婚，私自将女儿珍珍送养他人。原告得知后，要求被告将女儿领回，被告声称，“女儿由我抚养，我是她的监护人，我有权送养他人，任何人无权干涉。”原告无奈，于同年4月，诉至法院请求自己抚养女儿珍珍，但要求被告支付两子女的抚养费，被告在其辩称中同意由原告抚养珍珍，但不同意支付子女抚养费。被告将女儿珍珍私自送养他人和不支付子女抚养费的做法合法吗?

非婚生子女，是指在受胎期间或出生时，其生父母无婚姻关系的子女；未婚男女或已婚男女与别人发生不正当性行为所生的子女。

西方文化思想的进入使一些人对传统观念的认知发生变化，再加上劳动人口的流动数量激增，使得国家对社会的调控能力也随之减弱，非婚生子女的现象在我国日呈增加的趋势。虽然非婚生子女的出生往往是其父母不负责任的结果，是非法婚姻的产物，但是孩子本身并没有任何过错。因此，非婚生子女仍然是由亲生父母尽抚养义务。

我国《婚姻法》第二十五条规定：“非婚生子女享有与婚生子女同等的权利，任何人不得加以危害和歧视。”“不直接抚养非婚生子女的生父或生母，应当负担子女的生活费和教育费，直至子女能独立生活为止。”这一规定的含义是：（1）非婚生子女的合法权益受法律保护，对非婚生子女，任何人不得歧视和危害；（2）非婚生子女的生父和生母负有抚养教育非婚生子女的义务，对于拒不履行抚养义务的生父或生母，非婚生子女有权要求他们给付抚养费；（3）非婚生子女有赡养和扶助生父母的义务，当非婚生子女的生父母年老生活困难，丧失劳动能力时，非婚生子女应履行赡养父母的义务；（4）非婚生子女与生父母间有相互继承遗产的权利，非婚生子女继承生父母遗产的应继份额与婚生子女相同，不能由于他们是非婚生子女，在分配父母遗产时，份额少于婚生子女或者根本否认非婚子女的继承权。

非婚生子女与生母之间的权利义务关系基于分娩的事实而产生，一般无须加以特别的证明，非婚生子女按生母的婚生子女对待。非婚生子女与生父之间的关系，一般可由生父表示认领，亦可通过生母提出的证据或其他人证、物证加以证明。

本案原、被告2005年12月未办结婚登记手续以夫妻名义同居生活，按照最高人民法院1989年发布的《关于人民法院审理未办结婚登记而以夫妻名义同居生活案件的若干意见》（以下简称《意见》）和1994年2月1日民政部发布的新的《婚姻登记管理条例》以及1994年4月4日发布的《最高人民法院关于适用新的〈婚姻登记管理条例〉的通知》的规定，对本案原、被告双方应认定为非法同居关系，对所生子女珍珍和媛媛，被告并没有否认是自己的亲生子女，因此可认定为原、被告双方的非婚生子女。非婚生子女享有与婚生子女同等的权利，被告应负担两子女的抚养费。同时，根据《意见》第九条："解除非法同居时，双方所生的非婚生子女，……一方将未成年的子女送他人收养，须征得另一方的同意。"被告私自将女儿珍珍送养他人显然无效，原告有权要求变更抚养。被告不自觉履行抚养义务，并将女儿送养他人，如果强行将女儿珍珍判归被告抚养，不利于子女的身心健康和成长。

综上所述，非婚生子女与婚生子女同样享有一切身份上、财产上的权利和义务。一审法院根据《最高人民法院关于人民法院审理离婚案件处理子女抚养问题的若干具体意见》有关变更子女抚养关系的规定，判决变更女孩珍珍由原告抚养，被告每月支付两子女抚养费各400元。判决后，双方都没有上诉。

# 收养关系依法成立　养子女等同于亲生

## ——收养关系的法律效力

罗田新夫妇原在部队工作，结婚多年，仍未生育，便领养了战友桂喜尚未满月的第二个女儿为养女，取名罗小莉，并依法办理了收养登记。后罗田新夫妇带着罗小莉转业回到家乡杭州。罗田新夫妇对罗小莉视为掌上明珠，疼爱有加，三口之家十分和睦。2011 年，罗小莉 14 岁时，养母病故。2013 年，罗田新与危中兰结婚，从此，家中充满了矛盾和冲突。危中兰有两个与前夫所生的儿子，他们对罗小莉和继父有抵触情绪，经常借故欺辱罗小莉，危中兰也恶语相加，想赶走罗小莉。为使爱女心灵免受创伤并缓和家庭矛盾，罗田新曾将罗小莉送至其舅舅家暂住，但接回家后，家中矛盾日益加剧。迫不得已，2014 年初罗田新邀请战友桂喜夫妇，共商解决办法。此时，罗小莉知道了自己的生身父母，但对养父的感情远比生父母亲切、深厚。双方商定，桂喜夫妇暂将罗小莉带回四川读书，过一两年，待罗田新做好危中兰的思想工作，再接回来。为保证罗小莉在当地读书，桂喜将其户口迁至四川，并改姓桂。罗小莉起初不愿回四川，但考虑到自己的养父在家中的处境，便同意了，并要求养父尽早将其接回。

罗小莉走后，罗田新念念不忘养女，常背着危中兰寄钱，通信仍以父女相称。2014 年春，罗田新患病住院。住院期间，罗田新一再要求单位领导，务必将女儿罗小莉接回来，渴望能见爱女一面。但当罗小莉赶回杭州时，罗田新已病故。危中兰以罗小莉不是罗田新女儿为由，不让其参与丧事，不允许其继承遗产。罗田新单位领导多次找到危中兰做调解工作，指出罗小莉确属罗田新的养女，她有权参加丧事，继承遗产。危中兰不听调解，单位领导便为罗小莉聘请了律师，诉至法院，要求确认养女身份，继承遗产。

本案是一起涉及收养关系法律效力的纠纷。

收养关系一经合法成立，即发生法律效力。收养关系的效力，是因收养关系的成立而引起的法律后果的总称。我国《收养法》第二十三条规定："自收养关系成立之日起，养父母与养子女间的权利义务关系，适用法律关于父母子女关系的规定；养子女与养父母的近亲属间的权利义务关系，适用法律关于子女与父母的近亲属关系的规定。”“养子女与生父母及其他近亲属间的权利义务关系，因收养关系的成立而消除。”根据上述法律规定，收养关系的法律效力体现在以下几个方面。

一是养父母与养子女间形成法律拟制的父母子女关系，他们之间的权利义务适用法律关于父母子女关系的规定。具体而言：（1）养父母对不能独立生活的养子女有抚养教育的义务，对于未成年的养子女有管教和保护的责任；（2）成年养子女对于养父母有赡养扶助的义务；（3）养父母与养子女互为第一顺序法定继承人，相互间有继承遗产的权利；（4）养子女可以随养父或者养母的姓氏。

二是养子女与养父母的近亲属间形成相应的拟制血亲关系，他们之间的权利义务，适用法律关于子女与父母的近亲属关系的规定。养子女与养父母的父母之间形成拟制的祖孙关系，与养父母的子女之间形成养兄弟姐妹关系，与养父母的兄弟姐妹之间也形成拟制的旁系血亲关系。

三是养子女与生父母及其近亲属间的权利义务关系，因收养关系的成立而消除。生父母对已送养的子女不再承担抚养教育的义务，也不再享有要求被送养的子女赡养和扶助的权利，他们之间也不得以法定继承人的身份继承对方的遗产。与此同时，养子女与生父母一方的祖父母、外祖父母以及兄弟姐妹间原有的权利义务关系也随之消除。但养子女与其自然血亲间的血缘关系是客观存在的事实，并不因收养关系的成立而消灭，因此，有关禁止近亲结婚的规定，仍适用于养子女与其直系血亲和三代以内旁系自然血亲的亲属。

在本案中，罗田新夫妇在罗小莉未满月时将其收养，并依法办理了收养登记。罗田新再婚后，虽然家庭关系紧张，罗小莉曾到其舅舅家暂住，甚至后来由生父母将其带回四川读书，将其户口迁至四川，并改姓桂。但上述事实均不能否定罗田新与罗小莉间既存的养父女关系，因为双方并无解除收养关系的协议，也无解除收养关系的判决。罗小莉作为罗田新的养女，她有权参加丧事，也有权继承其养父罗田新的遗产。

# 孤女依法维权　继承父亲遗产

## ——维护未成年人的法定继承权

丁娇是安徽省安庆市一个命运多舛的小女孩，4 岁时母亲张萍因脑癌离开了人世；9 岁时父亲丁德群因肝癌撒手而去，从此，丁娇便成为一个孤儿。她和年迈的外公张伯荣、外婆吉文兰艰难度日，尽管生活困苦，但小丁娇成绩优异。为了继承父母留下的遗产，两年来年幼的孤女竟然迎来了两场官司，最终在律师的帮助下，维护了自己的合法权益。

2006 年 9 月，丁娇的外婆吉文兰在整理衣物时，无意中发现了一个小本子，记录的内容是丁娇的父亲丁德群生前有 12 笔存款，共计 118000 元，后经过查询得知这 118000 元的存款中，丁德群在生前已经提取了 53000 多元，还剩 64000 多元在丁娇的父亲丁德群死后，被分别转存到丁娇爷爷丁圣连的名下。为了切实保护丁娇的合法继承权，在要求对存款分割无果的情况下，2006 年 12 月，丁娇在律师的代理下，由她的外公张伯荣、外婆吉文兰作为法定监护人，一纸诉状将爷爷丁圣连、奶奶汪章兰告上法庭，要求继承父亲丁德群遗留下的存款。

第一场官司打完后，又经多方查证：丁娇的父亲丁德群 2002 年 3 月，在妻子张萍去世 20 天后，就在安徽省安庆市红旗小区买了一套 78.44 平方米的住房。而房子的钥匙却在丁娇的爷爷手上。根据法律规定，丁娇对父亲留下的房产当然有权继承，而丁娇的爷爷、奶奶家住城郊，自家的房屋很宽敞，却坚持霸占该房产。为了继承房产，丁娇再次委托律师向法院提起诉讼。

两案应如何处理？小丁娇的诉讼请求能不能得到法院的支持呢？

《继承法》第五条规定：“继承开始后，按照法定继承办理；有遗嘱的，按照遗嘱继承或者遗赠办理；有遗赠扶养协议的，按照协议办理。”本案中，由于丁娇的爸爸、妈妈生前没有遗嘱和遗赠，所以应当按照法定继承处理。

关于法定继承人的范围，《继承法》第十条规定：“遗产按照下列顺序继承：第一顺序：配偶、子女、父母。第二顺序：兄弟姐妹、祖父母、外祖父母。继承开始后，由第一顺序继承人继承，第二顺序继承人不继承。没有第一顺序继承人继承的，由第二顺序继承人继承。……”第十三条规定：“同一顺序继承人继承遗产的份额，一般应当均等。对生活有特殊困难的缺乏劳动能力的继承人，分配遗产时，应当予以照顾。……”本案中，丁娇作为爸爸、妈妈的女儿，当然是合法的法定继承人之一并且在继承遗产时应予以照顾。

关于遗产的范围，《继承法》第三条规定：“遗产是公民死亡时遗留的个人合法财产，包括：（一）公民的收入；（二）公民的房屋、储蓄和生活用品；（三）公民的林木、牲畜和家禽；（四）公民的文物、图书资料；（五）法律允许公民所有的生产资料；（六）公民的著作权、专利权中的财产权利；（七）公民的其他合法财产。”

本案中，丁娇的父亲丁德群和母亲张萍生前的存款（储蓄）64000多元及78.44平方米的住房，依法应当认定为遗产，依法进行继承分割。

2007年1月26日，安徽省安庆市迎江区人民法院作出了判决，由丁娇继承其父遗产共计60000多元。

2007年8月20日，安徽省安庆市迎江区人民法院作出判决，丁德群遗留的房产，由丁娇继承50平方米，丁娇的爷爷、奶奶继承28.44平方米。

# 自己有钱自己赔　自己无钱父母赔

## ——未成年人的侵权责任

周末，初中三年级学生肖小冬放学骑车回家，边骑车边听流行音乐，前面就是交叉路口，正听着流行音乐的肖小冬没注意到，前面有两个相互追逐的四五岁小男孩突然跑了出来，肖小冬急忙刹车，但还是把其中的一个小男孩撞倒在地。肖小冬赶紧把小男孩抱起送到附近诊所，虽然伤势不重，但也造成了小男孩右小腿骨折，小男孩的父母闻讯也赶到了诊所，并且支付了医疗费6000元。小男孩父母要求肖小冬赔偿医疗费，肖小冬说，自己还是个学生，没有那么多钱。小男孩父母说："你没钱，你父母有钱，应该由你父母来赔，赶紧叫你父母过来，否则你别想回去。"肖小冬没有办法，只好给父母打电话，不一会儿，肖小冬的父母赶过来了，不知道怎么才好。谁应当承担未成年人的侵权责任？

我们平日里经常会像肖小冬这样"闯祸"。那么"闯祸"之后应该怎么办呢？因为肖小冬和小男孩都是未成年人，这件事双方的父母都要承担相应的责任。首先，肖小冬边骑自行车边听歌，过交叉路口没有尽到应有的注意义务，撞倒小男孩，造成小男孩骨折的损害事实，构成法律上的侵权，应当承担主要责任。

但法律规定，因被监护人的侵权行为需要承担民事责任的，应当由监护人承担。肖小冬的父母是肖小冬的监护人，因此应由肖小冬父母承担肖小冬应承担的责任，同时因为小男孩的父母也没有尽到看管小男孩的监护责任，疏忽管理放任小男孩在公共场所活动，导致小男孩在岔路上玩耍被撞伤，也应承担一部分责任。因此，双方各负一定责任，应该由双方分摊6000元医疗费。具体比例由双方协商，协商不成可由法院判决。《民法通则》第一百三十三条规定："无民事行为能力人、限制民事行为能力人造成他人损害的，由监护人承担民事责任。监护人尽了监护责任的，可以适当减轻他的民事责任。""有财产的无民事行为能力人、限制民事行为能力人造成他人损害的，从本人财产中支付赔偿费用。不足部分，由监护人适当赔偿，但单位担任监护人的除外。”

那么，父母可以用子女的财产来赔偿吗？未成年人损坏他人财产或者造成他人人身伤害，原则上应该由未成年人进行赔偿。如果未成年人有自己的财产，比如别人赠送的钱，那么父母就可以用未成年人的钱来支付赔偿的费用；如果未成年人没有自己的财产，或者财产不够进行赔偿的，那么父母就应当用家中的钱来赔偿。但如果是单位担任未成年人的监护人的，包括未成年人的父、母所在单位，未成年人住所地的村民委员会或居民委员会以及民政部门，那么即使未成年人闯祸给他人造成了损害，他人也不能要求这些单位进行赔偿，只能自己承担损失。这个时候，受害人不能怪法律不公，只能怨自己运气不好啰！

# 学校保护篇

# 坚持正确办学方向　全面实施素质教育

## ——全面贯彻国家的教育方针

中国中学名校、江西省优秀重点中学萍乡中学，百余年来培养出了包括4名两院院士和36名具有少将以上军衔的将军在内的6万余名优秀学子，遍布五洲四海、大江两岸。萍乡中学始终坚持正确的办学方向，全面贯彻教育方针，实施素质教育，大力倡导教育科研，坚持不懈地开展教育改革，教育质量和办学水平不断提高。学校高考成绩长盛不衰，历年来稳居全市第一，全省前茅，培养了众多北大、清华学子及少年大学生。学校特色活动独树一帜，率先在江西中小学中开展无线电测向运动，成为除北京市外唯一的一所“青少年科技俱乐部基地”的学校……，这里的学生，在全国乃至世界的舞台上绽放光芒：有中央电视台“三星智力快车”周冠军，有国家级发明小能手，也有在日本岗山纵论世界环保的科技小星，还有第29届北京奥运会火炬手……这些，都是该校全面贯彻国家的教育方针的结果。

《未成年人保护法》第十七条规定：“学校应当全面贯彻国家的教育方针，实施素质教育，提高教育质量，注重培养未成年学生独立思考能力、创新能力和实践能力，促进未成年学生全面发展。”本条是关于学校对未成年学生进行教育的方针政策、实施手段、培养目标的规定。

所谓教育方针，是国家在一定时期根据国情，借鉴国际教育发展的经验，适应社会政治、经济和科技发展及受教育者发展的需要，为实现教育目的而提出的教育工作发展的总方向或教育工作的基本指导思想。我国的教育方针在《教育法》第五条中有全面的表述，具体为：“教育必须为社会主义现代化建设服务、为人民服务，必须与生产劳动和社会实践相结合，培养德、智、体、美等方面全面发展的社会主义建设者和接班人。”

教育必须为社会主义现代化建设服务、为人民服务，这是我国教育工作的总任务。教育必须与生产劳动和社会实践相结合，这是培养德、智、体、美等方面全面发展的社会主义建设者和接班人的根本途径。培养德、智、体、美等方面全面发展的社会主义建设者和接班人，这是教育培养的目标。学校对未成年人的教育是基础教育，对未成年人的个人发展有着重要影响。学校应当全面贯彻国家的教育方针，为国家培养德、智、体、美等方面全面发展的社会主义建设者和接班人。

素质教育是指依据教育方针和“以人为本”的指导原则，以全面提高公民素质为宗旨，以促进学生德、智、体、美等方面全面发展为目标，为学生体魄健全发展、为社会和谐发展服务的教育。素质教育是针对我国目前教育工作中片面强调应试教育的倾向提出的，其最根本的要求就是让学生德、智、体、美等方面全面发展。

提高教育质量是我国未成年人教育的一项基本任务。对教育质量的理解必须要全面：第一，教育质量必须是全面发展的质量，即在德、智、体、美等方面全面发展的质量，不仅仅是指智一个方面的质量。必须在提高智育质量的同时，全面提高其他方面的质量，使学生全面地得到发展。第二，教育质量必须是全体学生的质量，不仅仅是少数重点学校和尖子学生的质量。

教育质量是一个动态的概念，不同的时期、不同的背景下，对教学质量的具体理解有所不同。我国《未成年人保护法》将实施素质教育和提高教育质量放在一起，要求我们对教育质量的理解必须在素质教育的背景下进行，必须改变过去在应试教育模式下的教育质量观念。

未成年人的培养目标突出了未成年人教育基础性和全面性的特点，具有很强的针对性。在国家教育方针的统领下，学校培养未成年人的目标可以分为两个层次：第一是具体培养目标，是培养未成年学生独立思考能力、创新能力和实践能力。学生的独立思考能力、创新能力、实践能力的培养是相互联系的，他们是促进未成年学生全面发展的重要条件。第二是总体培养目标，即促进未成年学生全面发展。全面发展是我国教育方针的重要内容，它体现了素质教育的质量标准。所谓全面发展的教育，就是指促使未成年人在德、智、体、美等有关诸方面获得一定水平全面发展的教育。实施素质教育是为了促使学生在德、智、体、美等方面全面发展。

今天的萍乡中学，在坚持“劳、谦、坚、实”的校训，坚持“以德求得，因材育才”的办学理念和“立足新起点，开拓新思路，落实新举措，实现新突破，创造新辉煌”的工作要求下，正在创全面发展之优，示素质教育之范，建设绿色校园、书香校园、人文校园、活力校园、和谐校园、法治校园、幸福校园，以务实的脚步、不懈的追求，向着“现代化、高质量、有特色、全市领航、全省一流、全国知名、人民满意”的办学目标大步前进。

# 不得歧视问题学生　不得违规开除学生

## ——禁止歧视未成年学生

小王、小陈、小刘是邻居，分别就读于某初中二年级、某初中三年级、某小学五年级。三人平时关系非常要好，经常结伴逃学出去玩耍，由于小陈、小刘的父母都忙于工作，无暇过问孩子的学习情况；小王的父母则对其过于溺爱，百依百顺，因此三人逃学的现象越来越严重，导致成绩大幅度滑坡。小王素来骄纵，平时经常欺负同学、顶撞老师，已经受过警告处分却仍无悔改，加上期末考试成绩不及格，校方遂决定将他开除。小陈在中考模拟考试当中名列年级末尾，经校方"研究决定"对小陈进行劝退，不让他报名参加当年的中考。小陈的父母一再向校方求情也没用。小刘期末考试几项科目都未能及格，学校以成绩太差为由，对小刘进行了严厉的批评后，决定让他留级一年，这让小刘感到非常自卑，在新的班级一直抬不起头来。

学校可以开除学生、劝退学生或者强迫学生留级吗？

《未成年人保护法》第十八条规定："学校应当尊重未成年学生受教育的权利，关心、爱护学生，对品行有缺点、学习有困难的学生，应当耐心教育、帮助，不得歧视，不得违反法律和国家规定开除未成年学生。"本条是关于学校应当尊重学生受教育权，关心、爱护学生，不得歧视学生的规定。

原《未成年人保护法》第十四条规定，学校应当尊重未成年学生的受教育权，不得随意开除未成年学生。本条经修改后主要有两点变化：（1）将原法第十三条第二款学校应当关心、帮助学生，不得歧视学生的内容增加到本条规定；（2）规范了学校开除学生的规定，规定学校不得违反法律和国家规定开除学生。通过修改后的本条，第一次以法律的形式规定了未成年人的受教育权应当受到尊重和保护。

未成年人所接受的教育是通过学校的教育教学活动实现的，学校是保障未成年人接受教育权利的重要主体之一。学校的责任主要在于尊重和保障未成年学生接受教育的权利，并应当关心、爱护学生，不得歧视学生。不得歧视学生，是指学校和教师不能因为学生在知识能力、道德水平、相貌性格以及家庭背景等方面的差异而偏爱一部分学生，歧视另一部分学生。不得歧视学生是学校尊重学生受教育权的一个具体体现。在一些教学活动当中，由于一些学生有生理或心理方面的残疾，或者智力、能力等方面有缺陷，成绩落后，性情孤僻，需要教师花费更多的时间和精力来教导。对这种缺点较多、学习困难和有特殊情况的学生，教师往往容易产生偏见，态度冷漠，没有耐心甚至恶语中伤。久而久之，这类学生的个性就会朝着越来越不健康的方向发展，继而对下一个阶段的教育也会产生十分恶劣的影响，形成了恶性循环，极大地影响教育教学活动。学生在智力、能力、性格等方面存在的差异很大，他们不应该因某一方面的不足或欠缺而受到他人不平等的对待甚至冷落。教育就应该使每一个学生都能受到同等的尊重和关注，学校就应该从根本上为他们提供平等的受教育的权利和机会。

学校不得违反法律和国家规定开除未成年学生，这就要求学校端正办学方向，正确对待那些后进学生，耐心细致地做好他们的思想工作，帮助他们克服困难，坚持学习。即使是对个别问题严重的学生，也要格外慎重，反复研究，严格掌握标准，严格履行审批手续。对于违反法律和国家规定开除学生、侵犯学生受教育权的违法行为，未成年人及其监护人有权要求主管部门处理，或者依照法律法规的规定向人民法院提起诉讼。

上述学校开除小王、劝退小陈、让小刘留级一年的做法是违反《未成年人保护法》规定的，应该予以纠正。否则，小王、小陈、小刘及其监护人有权要求主管部门处理，或者依照法律法规的规定向人民法院提起诉讼。

# 根据身心发展特点　抓学生青春期教育

## ——社会生活指导

某中学初中二年级负责青春期健康教育的康老师今天给初二（5）班的同学上青春期健康教育课。康老师首先与学生交流，引导同学们观察自己现在和小时候的身体特征发生了怎样的变化，从而使同学们明确什么是青春期。

康老师告诉同学们，青春期目前在各国并没有一致的年龄范围，一般指十岁至十七八岁这个阶段。一般来说，女孩子的青春期比男孩子早，大约从10岁至12岁开始，而男孩子则从12岁到14岁才开始。青春期是人体迅速生长发育的关键时期，也是继婴儿期后，人生第二个生长发育的高峰。这一期间，不论男孩或是女孩，在身体内外都发生许多巨大而奇妙的变化。另外，康老师还组织大家共同讨论，了解青春期的基本特征和如何顺利度过青春期。

学校对未成年学生进行青春期教育，法律是有明文规定的。《未成年人保护法》第十九条规定："学校应当根据未成年学生身心发展的特点，对他们进行社会生活指导、心理健康辅导和青春期教育。"本条是关于学校对未成年学生进行社会生活指导等方面教育的规定。

未成年人的身心发展特点包括两个方面：一是身体发展的特点，表现为一个人从出生到成年，经历了一个身体由小到大、个头由矮到高、体力由弱到强的发育过程；二是心理发展的特点，表现为思维活动由简单到复杂，认识自己行为性质和控制自己行为的能力由弱到强的过程。这些与成年人都有着较大的区别。因此，要做好保护未成年人的工作，就必须充分认识未成年人的身心发展特点，根据未成年人的身心发展特点对未成年人进行各类教育。

教育是学校的主要职责，主要体现为以下内容。

1. 学校应当进行社会生活指导

社会生活指导是指学校就整个社会生活领域，给每个学生的学习、生活予以具体引导和帮助，使其获得全面发展。社会生活指导包括很多方面的内容，主要涉及学习指导、品德指导、身心健康指导、闲暇指导、个人生活指导、职业指导、升学指导等。社会生活指导可以分为个别指导和集体指导。个别指导是指班主任根据每个中学生不同的特点和需要对其有目的、有计划地个别帮助和个别指导，如个别谈话、访问。集体指导是指班主任根据班级全体成员或班级内相同类型的成员，就某一方面的问题进行有目的、有计划、有组织的帮助和指导，如讲座、讨论。学校和教师对学生进行社会生活指导，应加强与未成年学生的多方位沟通，深入了解学生的生活状况、思想和活动；根据不同学生的实际状况，着眼于个别差异，有针对性地开展指导工作；尊重并相信每个学生都存在自我发展的潜能，根据每个学生的特点和实际情况，引导他们在各自原有的基础上，得到尽可能完善的发展。

2. 学校应当进行心理健康辅导

心理健康辅导是根据未成年学生生理、心理发展特点，运用有关心理教育方法和手段，培养学生良好的心理素质，促进学生身心全面提高的教育活动。心理健康辅导，是指学校咨询工作者通过课程方式，为学生提供心理上的辅导和帮助，以促进学生心理健康发展。心理健康辅导活动一般应安排专门的课程，面向学生集体有计划地、连续地开展。但与其他课程不同的是，其目的是直接满足学生维护和发展自身心理健康的需要。

3. 学校应当进行青春期教育

“青春期教育”主要是指对生理上趋于成熟但在心理方面尚未成熟的未成年人进行的性生理卫生常识的教育。其主要包括性生理、性心理和性道德教育三个方面。对未成年人进行青春期教育，应当结合未成年人不同年龄的生理、心理特点进行。未成年人的心理特征与成年人是有区别的，最基本的区别就是成年人的生理、心理状况基本稳定，而未成年人的心理、生理都处于过渡时期。由于未成年人的年龄不同，其生理、心理发展状况、成熟程度也不同。例如，未成年人辨别能力、智力水平、心理承受能力、行为自控能力等，都因年龄不同而不同。一般情况下，年龄越小，辨别能力、行为自控能力、心理承受能力越差，智力水平也相对低下，极易接受外界不良影响，形成不良的心理因素。因此，在对未成年人进行青春期教育时，只有针对未成年人不同年龄的不同生理、心理特点，才能做到有的放矢，帮助未成年学生顺利地度过青春期。

# 保证睡眠娱乐锻炼　减轻学生学习负担

## ——不得加重未成年人学习负担

前年秋天，某市发生了一件令人痛心的事，初中三年级学生小秋放学回家以后做作业一直做到晚上十一点，太累了，睡了一会儿觉，一大早又开始做作业。然后，在准备上学的时候，从阳台跳楼自杀。家长及时发现后紧急送往某军区医院抢救。可怜的孩子醒过来的第一句话是："妈妈，我不想上学了！作业做不完啊。"他的妈妈答应道："不上学了！"发生这种令人痛心的事情主要是学生负担太重，缺乏必要的睡眠、娱乐和体育锻炼的时间，天长日久形成严重的心理压力造成的。

《未成年人保护法》第二十条规定："学校应当与未成年学生的父母或者其他监护人互相配合，保证未成年学生的睡眠、娱乐和体育锻炼时间，不得加重其学习负担。"本条是关于保障未成年学生的睡眠、娱乐和体育锻炼时间，减轻其学习负担的规定。

原国家教委公开发布的《关于全面贯彻教育方针，减轻中小学生过重课业负担的意见》规定："要教育学生，并与学生家长配合，原则上保证小学生每日有 9 小时以上的睡眠，初中生有 9 小时睡眠，高中生有 8 小时睡眠。"这些条款都是依据中小学生的生理、心理特点，由一批医学、卫生专家参与制定的，是中小学生健康最基本的保证。可是，今天绝大多数中小学生睡眠不足，近 50% 的小学生和近 80% 的初中生每天都感到困乏劳累，而学生们的困乏最直接的原因是上床太晚而起床太早。影响中小学生睡眠的主要原因是作业多、习惯不良、人员流动和家人看电视干扰，还有家离学校远、又要早到校，等等。这其中最为主要的原因是学习负担太重。睡眠不足，对人的学习、生活、心理都有影响。睡眠少，人的神经就弱，各种心理疾病就容易发生。

也许说"玩"是儿童的权利，让许多人接受不了，更多的家长更愿意说"玩"是孩子的天性。这恰恰反映了众多家长对孩子娱乐权的忽视。《儿童权利公约》第三十一条明确指出，儿童有权享有休息和闲暇，从事与儿童年龄相宜的游戏和娱乐活动，以及自由参加文化生活和艺术活动；应尊重并促进儿童充分参加文化和艺术生活的权利，并应鼓励提供从事文化、艺术、娱乐和休闲活动的适当和均等的机会。

当孩子玩耍的时候，家长们通常喜欢教导他们不要浪费时间，要抓紧时间学习，甚至阻止孩子去玩，致使相当多的孩子没有时间玩，这其实就是对孩子娱乐权的侵犯。虽然有的家长留出了一定的时间让孩子们去玩，但也仅仅是让孩子在家长指定的一个狭小的范围内去玩，对于孩子的一些正当但有些大胆的要求往往是简单、粗暴地拒绝，这其实也是对儿童娱乐权的忽视。正是由于长期不重视孩子娱乐的权利，使得家长、学校乃至社会在如何让孩子玩得有益于身心健康方面缺乏有效的措施，甚至，给时间让孩子去玩而孩子自己也变得不会玩了。

至今，学校、家长对孩子的体育锻炼仍存在一定的模糊认识，有人认为孩子身体不错，没必要锻炼；有人心疼孩子，怕孩子吃苦受罪。未成年学生体育锻炼缺乏还有一个主要原因，也是学业压力太重，致使提供给中小学生的锻炼时间越来越少。不少学生说，他们并不是不想锻炼，而是在连睡眠时间都不能保障的情况下，基本上没有时间锻炼。

孩子从进学校的那一天起，稚嫩的肩上就扛起父母沉甸甸的希望。现行中小学课程设置过多、教材偏深、要求偏高也是造成中小学生课业负担过重的原因。例如，小学生以前只要学习语文、数学、自然等，而现在还要学习英语、计算机等课程。上述种种原因，使得中小学生课业负担过重成“顽症”。要真正推进素质教育，“减负”已势在必行。

减轻学生负担不等于盲目删减教学内容，也不等于随意减少学习时间。“减负”并不单纯是中小学生课业负担数量上的减少，更重要的是教学内容与教学方法的渐进而深刻的革新，是教育观念的变革。只有依照科学的减负方法，加上我们的教师、家长积极适时转变观念，建立起科学的用人机制和人才评价体系，教育行政部门加强监察督导，才能促使减负走向健康的轨道，真正实现减负增效，才能避免未成年学生因不堪重负而走向极端的悲剧发生。

# 不得实施体罚　不得侮辱人格

## ——尊重未成年人的人格尊严

某民办幼儿园大班幼儿虎虎特别调皮，经常欺负小朋友，有时还偷偷跑到园外玩，害得老师到处找。老师与家长联系，回答是生意忙、顾不上。最后老师只好在组织活动时搬把小椅子让他坐在门后，规定他可以不听讲，但不能随便走动。中班有一个叫毛毛的孩子，爱动爱说，爱跟同伴打闹，老师为此很头痛。为了教育他，有一天老师让其站在小椅子上，把两只胳膊举起来，站了四十分钟。

该幼儿园大班、中班的老师的做法对吗？

以上两位老师的做法是错误的、违法的，他们对幼儿采取的教育方法，构成了体罚和变相体罚，损害了幼儿的人格尊严，违反了《未成年人保护法》的有关规定。

《未成年人保护法》第二十一条规定：“学校、幼儿园、托儿所的教职员工应当尊重未成年人的人格尊严，不得对未成年人实施体罚、变相体罚或者其他侮辱人格尊严的行为。”本条是关于学校、幼儿园、托儿所的教职员工应当尊重未成年人的人格尊严的规定。

这一规定包含了两个方面的含义。

1. 尊重学生的人格

人格尊严是我国《宪法》赋予每个公民的一项基本权利，幼儿和未成年学生也是公民的一部分，因此他们不仅也有人格尊严，而且他们的人格尊严一样不容许他人侵犯。但是，由于他们年幼无知，不了解自己具有的人格尊严，又缺乏保护自己的能力，因而他们的人格尊严常常受到人们的忽视和侵犯。个别教师和保育人员对儿童、未成年学生常厉声训斥、实行体罚或者变相体罚，甚至粗暴侮辱、摧残，严重伤害了他们的自尊心和人格尊严，极不利于他们身心的健康发展。为此，本法特别强调，把尊重未成年人的人格尊严当作学校、幼儿园、托儿所的教职人员必须履行的一项法律义务。

尊重学生人格，归根结底在于教职人员良好的道德素质。教育者自身应当首先受到了良好的教育，具备了良好的师德，才能保证在处理各种情况时都能够尊重学生，不伤害学生的人格。所以，教师应当从提升自身的素质着手，善于解剖自我，走出心理误区，严格地要求自己，宽容、友善地对待学生。教师应当避免恶语中伤，践踏学生的人格，引发逆反情绪和对抗行为，给孩子的成长带来不利的影响。根据本法规定，学校、幼儿园、托儿所的教职员工首先必须重视这一问题，增强法律意识。其次，在教育、管理工作中，既要严格管理又要耐心教育，既要晓之以理又要动之以情，在师生之间建立一种互相尊重、平等、亲密的关系。最后，对于有某些缺点、错误的幼儿和学生，要特别耐心细致，循循善诱，从多方面关心他们，鼓励和帮助他们改进，而绝不能遇到学生“不听话”就火冒三丈，用打骂或体罚的方法解决问题，否则将会给未成年学生和幼儿的健康成长造成十分不良的影响和严重后果。

2. 不得对未成年人实施体罚、变相体罚或者其他侮辱人格尊严的行为

教师体罚、变相体罚或者其他侮辱学生人格尊严的行为的表现，概括起来主要有：讽刺、挖苦、侮辱谩骂学生；罚站、罚跪、提重物、迟到或考试不及格罚款等；教师打学生，或让学生打学生；学生自己打自己；随意停课，如不让学生进教室听课，或者不准学生来校上课等。

体罚学生不仅违背了教育民主制原则，违背了为人师表的精神，有损于教育与教师的形象，而且严重伤害了未成年人的身心。教师体罚学生，通过简单、粗暴的方式来处理问题，对未成年人今后的人际交往有很大消极影响；他们将只会通过蛮横霸道的方式处理与同伴的关系。这对未成年人的良好品质的形成、未成年人的健康成长带来很大的危害。

禁止体罚并不意味着不允许对学生的过错行为给予必要的、适当的惩罚。对于极个别屡教不改、错误性质严重、影响恶劣、需要给予纪律处分的学生，可以给予公开批评、警告、记过、留校察看等纪律处分，不过不能采用简单粗暴和压服的办法。惩罚只是教育的一种辅助手段，其目的仍是通过惩罚教育学生本人和学生集体。

对学生坚持正面教育，是所有教育工作者必须遵循的一条重要的教育原则。因此，必须切实提高教师的道德素质和教育理论水平，加强师德修养，提高教育能力，培养教育艺术，这是彻底清除体罚现象的根本的、长远的措施。

本法对体罚未成年人的行为规定了法律责任，第六十三条第二款规定，“学校、幼儿园、托儿所教职员工对未成年人实施体罚、变相体罚或者其他侮

辱人格行为的，由其所在单位或者上级机关责令改正；情节严重的，依法给予处分。”依照我国《教师法》的规定，对于体罚和变相体罚学生的教师，所在学校、其他教育机构或者教育行政部门，必须及时进行批评教育，帮助他们认识和改正错误，并视情节给予行政处分或者解聘。对于情节极为恶劣，构成犯罪的，要依照《刑法》的规定追究法律责任。

依照上述法律规定，对于某民办幼儿园大班、中班的两位老师体罚和变相体罚幼儿的行为，所在幼儿园必须及时进行批评教育，帮助他们认识和改正错误，并视情节给予适当处分。

# 学校组织校外活动　必须采取安全措施

## ——学校对其组织的校外活动应承担的责任

某县初级中学一年级3个班的153名学生，在春游结束返回时乘船过河。其中一搭载16名学生的小渔船倾覆河中，经附近的人奋力抢救，有10名学生被救起，其余6名女学生当场溺水死亡。据了解，数只体小形窄的小渔船在分批摆渡这些学生时，每次最多只能载11人。但是在摆渡即将结束时，一只渔船的6名学生在渡过河后觉得坐船好玩执意再次随船返回对岸，并同对岸的10名学生一同乘船返回，在场的老师对此未加制止。船至河中时，由于船体超载，加之女学生惊慌害怕，造成船体失衡倾覆。学校方面对于这种并没有发生在校园内部的意外事故是否要承担责任呢？

《未成年人保护法》第二十二条第三款规定："学校、幼儿园安排未成年人参加集会、文化娱乐、社会实践等集体活动，应当有利于未成年人的健康成长，防止发生人身安全事故。"

近年来，学校的教育教学活动内容和形式越来越丰富，有些教学活动并不仅仅限定在校内。学校、幼儿园安排未成年人参加集会、文化娱乐、社会实践等集体活动时，不仅要从内容及形式上防止对学生、儿童产生不良影响，而且要防止在活动中发生任何人身伤亡事故。春游、秋游是中小学经常组织的户外集体活动，对于学生开拓视野、陶冶情操、增进团结都有着重要的促进作用，同时也因其趣味性而深受未成年人的欢迎。但由于春游、秋游活动多在野外进行，遭遇危险的系数显然高于校园内，而教师人数少，学生人数多，出现保护方面疏漏的可能性也就增加了。现实中时有出现未成年人在春游、秋游等野外活动中受伤，或是在往返途中的车船上发生交通事故等意外。

《学生伤害事故处理办法》第九条第四项规定，学校组织学生参加教育教学活动或者校外活动，未对学生进行相应的安全教育，并未在可预见的范围内采取必要的安全措施的，造成的学生伤害事故，学校应当依法承担相应的责任。

因此，学校在组织学生春游、秋游的活动中负有保障学生人身安全的责任。学校首先要尽可能减少交通安全隐患，严格检查出行使用车、船证照是否齐全，尽量不租用个体经营的车、船，而且决不能为了省钱而超载出行，拿学生的人身安全作赌注；在需要乘船、渡河时，应教会学生使用船上的救生衣，做好逃生的准备；带队出游的老师应具备一定的安全防护、野外急救等常识，出游前做好学生的安全教育工作，出游过程中尽到注意义务，尽可能保护学生远离危险，在玩得开心的同时，也玩得安全。

本案中，在摆渡即将结束时，一只渔船的 6 名学生在渡过河后觉得坐船好玩执意再次随船返回对岸，并同对岸的 10 名学生一同乘船返回时，在场的老师对此未加制止，未在可预见的范围内采取必要的安全措施，因此，学校应该对 6 名女学生溺水死亡承担相应的民事赔偿责任。

# 制定预案组织演练　增强学生自保能力

## ——应急预案

2005 年 6 月 10 日，发生在黑龙江省宁安市沙兰镇的特大山洪灾害，导致 105 名学生遇难。山洪显然属于自然灾害，但学校修建位置过于低洼、天气预报不及时、应急机制不健全等人为原因，也是造成灾难的重要原因。事后，包括宁安市市委书记、遇难学生所属学校校长在内的 10 名责任人分别受到了党纪政纪处分或被追究刑事责任。

2008 年 5 月 12 日，四川省汶川发生特大地震，安县桑枣中学附近的单位人员伤亡和财产损失都很大，但该校的 2200 名学生、100 多名老师却安然无恙。原因是该校校长、党支部书记叶志平从担任校长后，定期对学生进行安全教育，从 2005 年开始，每学期都会在全校组织一次紧急疏散的演习。那天地震，学生们正是按着平时学校要求和他们练熟了的方式疏散的。震波一过，学生们立即冲出了教室，整个行动仅用时 1 分 36 秒。大震之后，叶志平把孩子们带到了家长面前，告诉家长，娃娃连汗毛也没有伤一根。后来，中组部表彰叶志平为“抗震救灾优秀共产党员”。

在 2005 年 6 月 10 日发生的特大山洪灾害中，如果受灾学校选址得当，学校建立、健全了安全制度和应急机制，对学生进行了安全教育，针对洪水、地震、火灾等灾害事故进行了紧急疏散演练，使师生掌握避险、逃生、自救的方法，就可能不会造成这么多学生遇难。在 2008 年 5 月 12 日发生的特大地震中，因为桑枣中学根据需要制定了应急预案并切实组织了演练，创造了特大地震无伤亡的奇迹。从法律的角度看，叶志平是一位模范遵守《未成年人保护法》的好校长。

《未成年人保护法》第二十三条规定：“教育行政等部门和学校、幼儿园、托儿所应当根据需要，制定应对各种灾害、传染性疾病、食物中毒、意外伤害等突发事件的预案，配备相应设施并进行必要的演练，增强未成年人的自我保护意识和能力。”本条是关于教育行政等部门和学校、幼儿园、托儿所应当根据需要，制定应对各种突发事件应急预案的规定。

学校的突发事件是指发生在校园内或者学校组织的校外活动中，由人为原因或自然灾害引起，具有突发性或难以预见性，造成或者可能造成师生身体健康严重损害，对校园教学工作、生活秩序、家庭和社会稳定造成严重影响的突发性事件。

目前我国教育系统的安全状况令人担忧，安全工作开展不平衡，个别教育行政部门和学校对安全工作的重要性缺乏足够认识，重视程度不够，学校制定的突发事件预案不细致、不演练，一旦发生安全事故，难以进行有效的处理和救助。修改后的《未成年人保护法》将教育行政等部门和学校、幼儿园、托儿所应当根据需要制定应对各种突发事件的预案，配备相应设施并进行必要的演练写入法律，提高学校应对突发事件的能力，增强未成年人的自我保护意识和能力。

为确保学校的安全与稳定，有效处置突发事件，应建立统一指挥、职责明确、运转有序、反应迅速、处置有力的应急处置体系，最大限度降低突发事件的危害，维护和确保学校的稳定、保障学校教育教学工作的正常进行，教育行政等部门和学校、幼儿园、托儿所应当根据需要，制定应对各种突发事件的预案。

突发事件的应急预案主要包括以下主要内容：（1）突发事件应急处理指挥部门和人员的组成及职责；（2）突发事件的监测与预警；（3）突发事件信息的收集、分析、报告、通报制度；（4）突发事件应急处理技术和监测机构及其任务；（5）突发事件的分级和应急处理工作方案；（6）突发事件预防、现场控制、应急设施、设备、救治药品和医疗器械以及其他物资和技术的储备与调度；（7）突发事件应急处理专业队伍的建设和培训。突发事件应急预案应当根据突发事件的变化和实施中发现的问题及时进行修订、补充。

各级教育行政部门和学校要在建立健全学校突发事件应急机制，制定可行的处置突发事件应急预案的基础上，配备防火安全设备、急救药品等设施，并定期开展学校突发事件应急演练。通过突发事件的应急演练，检验和完善突发事件应急预案，增强广大师生公共安全意识和防灾避险的能力，提高学校应急处置工作水平。

各级教育行政部门和学校除了制定突发事件应急预案，还要有意识、有计划地对学生开展防灾避险教育，把安全教育纳入教育计划，对学生进行防火、防电、防溺水、防中毒等各种安全自救训练，积极开展形式多样的安全教育活动，加强未成年人自我保护的教育，增强学生的防范意识和自我保护意识以及自救自护和互救互助的能力。

# 学校发生伤害事故　应当及时救护处理

## ——学校的及时救护责任

某中学一名14岁学生林杉，在课间玩“跳山羊”游戏时，头着地摔在水泥地上，顿时昏迷、抽搐，被老师发现后，只是对其做了简单的掐人中穴处理，就不再过问。结果导致林杉因颅内大面积出血延误最佳治疗时机，不治身亡。学校应当承担什么样的责任？

《未成年人保护法》第二十四条规定：“学校对未成年学生在校内或者本校组织的校外活动中发生人身伤害事故的，应当及时救护，妥善处理，并及时向有关主管部门报告。”本条是关于学校应当对学生人身伤害事故进行及时救护、妥善处理的规定。

学生伤害事故大致可以分为教育活动事故、学校设施事故及学生间事故三种类型。

1. 教育活动事故

狭义的教育活动，是指学校正式安排的各项教学课程活动。然而学校的活动往往并不仅仅是正式安排的各项课程活动，一般认为，只要是教师职务范围之内如课堂讲授、课外活动，学校举办的特殊形式的教学活动、教师的教育辅导、教师自己决定带领学生在野外郊游或登山活动等各种活动，或在教师指导、监督下进行的课外活动、社团活动、运动会及学校特别庆典活动，都具有教育的性质，就属于广义的教育活动。这其中容易发生危险的活动如体育、自然科学实验课程，安全隐患比较大，学校和教师负有较高的安全注意义务，一旦发生安全事故，应及时、妥善采取措施处理。

2. 学校设施事故

学校设施事故，是指学校的校舍、场地、其他公共设施，以及学校提供给学生使用的学具，教育教学和生活设施、设备不符合国家规定的标准，或者有明显不安全因素而引发的事故。

3. 学生间事故

学生间事故，是指发生于学生之间，因其他学生侵害而发生伤害的事故。例如，学生在下课时间，因玩耍或恶作剧致其他学生受伤的情形，即属于学生间事故。虽然学生间事故常常是学校或教师所不能预防的，发生的原因也与学校无关，但是学校教师或者其他工作人员在负有组织、管理未成年学生的职责期间，发现学生行为具有危险性，应当进行必要的管理，对其行为加以告诫并采取措施制止，否则，也应当承担相应的法律责任。

此外，还有因学校的安全保卫、消防、设施设备管理等安全管理制度有疏漏而产生的事故；因学校向学生提供的药品、食品、饮用水等不符合国家或者行业的有关标准、要求而产生的事故；因教师或者其他工作人员患有不适宜担任教育教学工作的疾病而产生的事故；学校违反有关规定，组织或者安排未成年学生从事不宜未成年人参加的劳动、体育运动或者其他活动而产生的事故；地震、雷击、台风、洪水等自然因素造成的事故；来自学校外部的突发性、偶发性侵害造成的事故；因学生自行外出或者擅自离校期间发生的事故等。这些由不同原因导致的学生伤害事故，无论学校有无过错责任，学校都应当及时救护、妥善处理，及时向有关主管部门报告。

发生人身伤害事故后，学校应当及时救护受伤害的学生。对于发生的伤害事故人数众多的情形，在产生骚动和混乱的情况下，活动组织者应统一指挥，有秩序地依次疏散退场，以免互相冲撞拥挤，发生倒地踏伤、压伤事故。一旦发生火灾，立即组织教职工扑救，并拨打电话向消防专业人员报警，扑救时要先救人后救物，优先保护未成年人不受火灾侵害。在发生交通安全事故的情况下，首先应拨打救护电话和报警电话，通过可利用的通信方式，迅速将情况向有关人员报告，请求紧急救援。在发生饮食卫生安全事故时，学校应在医务人员的指导下，对食物中毒者作急救处理，然后迅速送往附近医院，进一步治疗。其他学生应当迅速停止食用可疑食物，当证实是某种食物中毒时，学校应迅速组织处理抢救，如催吐排毒。事故发生后，针对不同情况，采取送校医务室由卫生老师清创、敷药、包扎或是送医院进行检查、诊断、治疗。如有伤亡人员，要尽一切可能及时、积极、努力进行抢救治疗工作，并做好死亡人员的善后工作。对于某些情况，学校应及时通知受伤学生家长到医院，参与救治工作。

发生学生伤害事故后，学校应配合有关部门查明事故原因及责任人。学校对学生伤害事故负有责任的，应当根据责任大小，适当予以经济赔偿，但不承担解决户口、住房、就业等与救助受伤害学生、赔偿相应经济损失无直接关系的其他事项。

发生学生伤害事故后，学校应当及时将事故发生原因、师生伤亡等具体情况向有关主管部门报告。这里的主管部门主要是指教育行政部门。

从本案来看，老师发现林杉昏迷、抽搐后，仅对其做了简单的掐人中穴处理，随即就不再过问，没有及时送医院抢救，也没有及时通知监护人，学校显然没有根据实际情况及时采取相应措施，没有尽到照顾职责，最终延误林杉的最佳治疗时间，造成其死亡。因此学校应当依法承担相应的责任。

# 用适合学生的教育　办学生喜欢的学校

## ——专门学校的特殊教育

上海市杨浦区辛灵中学，是一所对义务教育阶段行为偏差、学习困难的青少年进行特殊教育的专门学校。该校本着“立足教育、科学育人、拯救孩子、造就人才”的教育原则，确立一个思想，即确立“用适合学生的教育，办学生喜欢的学校”的思想；坚定两个信念，即坚定“一个都不放弃”“人人都会成功”的信念；发扬三种精神，即发扬“吃大苦”“耐大劳”“献大爱”的精神；转变四种观念，即变“教书育人”为“育人教书”，变“单纯的教师管理”为“学生自主管理与教师管理相结合”，变“教师爱学生、学校爱学生”为“学生爱老师、爱学校”，变“单一性文化学科质量的提升”为“以开设适合学生发展特点的拓展型校本课程来增强学生的综合素养，进而带动文化学科质量的提升”，在特殊教育方面作出了成绩。

《未成年人保护法》第二十五条规定：“对于在学校接受教育的有严重不良行为的未成年学生，学校和父母或者其他监护人应当互相配合加以管教；无力管教或者管教无效的，可以按照有关规定将其送专门学校继续接受教育。”“依法设置专门学校的地方人民政府应当保障专门学校的办学条件，教育行政部门应当加强对专门学校的管理和指导，有关部门应当给予协助和配合。”“专门学校应当对在校就读的未成年学生进行思想教育、文化教育、纪律和法制教育、劳动技术教育和职业教育。”“专门学校的教职员工应当关心、爱护、尊重学生，不得歧视、厌弃。”本条是关于为具有严重不良行为的适龄少年设置专门的学校实施教育的规定。

我国的专门学校是对有违法或轻微犯罪行为的未成年学生进行教育帮助的半工半读学校，这个专门的学校实际上就是原来的工读学校。不同的是，从前的工读学校由公安部门管理，而专门学校同普通的学校一样，由教育行政部门管理。

专门学校既是实施义务教育的一种特殊形式的学校，同时也负责对在校学生进行挽救和矫治。它的根本任务在于全面贯彻教育方针，把有违法和轻微犯罪行为的未成年学生教育、挽救成为有理想、有道德、有文化、有纪律并掌握一定生产劳动技术和职业技能的社会主义公民。

专门学校的学生虽然有某些违法或轻微犯罪行为，但都属于生理、心理发育尚未成熟的未成年人，可塑性很大，容易受外界不良影响而违法犯罪，也比较容易接受正面的教育。因此，专门学校应当本着“立足教育、挽救孩子、科学育人、造就人才”的指导思想对在校学生进行教育。

学校的教职员工应当关心、爱护在专门学校就读的未成年人，尊重他们的人格尊严，不得歧视和厌弃。专门学校的学生尽管由于各种复杂的社会原因犯有违法或轻微犯罪行为，但毕竟他们年纪还小，只要师生配合、社会共同努力，完全能够矫治专门学校学生以往的不良行为，把他们挽救过来。由于专门学校学生与一般学生不同，他们的身心发展处于一种不正常、不健康的状态之中，因此，他们需要比其他学生更多的关心、理解、爱护和帮助。因此，专门学校的教职员工要做到像父母对待孩子、医生对待病人一样，以强烈的责任感和爱心去教育和挽救他们。要随时注意分析和掌握他们的思想脉络和心理状态，及时随地发现和肯定他们身上的积极进步因素，帮助他们树立正确的人生观，懂得自尊自爱，克服自卑，树立信心，深刻认识自己以前违法犯罪的原因，防止今后重犯。对他们的教育要特别注意方式、方法，要尊重他们的人格尊严，以鼓励为主，耐心细致，绝不能简单生硬、急躁粗暴，更不能歧视、讽刺、厌弃他们，这是法律对专门学校教职员工的义务性要求。

上海市杨浦区辛灵中学的学生入学时几乎都是“择差录取”的成长困难的问题学生，挽救一个孩子，就是挽救一个家庭，就是为社会减少一份不安定因素。辛灵中学的谢小双校长认为，每一名成长困难学生的心灵，一定遭受过伤害。于是谢小双校长身体力行，针对每个孩子因材施教。对于不愿意上学的学生，谢小双提出每周接送。每个星期一的早上，他都会准时驾车出现在巷口；女孩思念服刑的父亲无心学习，谢校长往返于杨浦和青浦监狱之间为她充当信使，打开女孩的心扉……一桩桩一件件的暖心之举解开了“问题少年”们深藏的心结。谢小双曾说，管教这些孩子，老师们要多花数倍的心血，一旦他们开窍懂事了，通过不懈努力，一样可以走出属于自己的成才之路，并且他们会比普通学校的孩子更舍不得老师和学校。每到毕业季、教师节，离开和返校的学生们总会把辛灵中学哭成一片泪海。这说明辛灵中学通过适合学生的教育，办成了学生喜欢的学校。

# 保育教育双管齐下　体智品德和谐发展

## ——幼儿教育

以“一切以人的发展为出发点，推进内部管理体制改革，探索现代化的幼儿教育”为办园宗旨的上海市徐汇区科技幼儿园，是全国首家具有科技特色的上海市示范性幼儿园。该幼儿园坚持以全面发展教育为基础，以幼儿科学启蒙教育为特色，现已成为“上海市教委教育科研实验基地”“上海市教师专业发展学校暨见习教师规范化培训基地”。该幼儿园构建了科学课程，提出了培养“好奇、好问、好学、好动”，健康乐群、善于发现、勇于表达、全面和谐发展、有个性的接班人的幼儿科学教育目标体系和内容体系，总结出课程实施的两个原则、三个方法、四个策略、五大关键经验。先后出版了《幼儿科学教育新探》《幼儿科学教育新策》《幼儿学科学》《幼儿园教师成长的摇篮》《幼儿园保教指导手册》等五本有关幼儿科技教育课程的书籍。该幼儿园曾荣获“上海市文明单位”“上海市‘三八’红旗先进集体”等荣誉称号。

《未成年人保护法》第二十六条规定：“幼儿园应当做好保育、教育工作，促进幼儿在体质、智力、品德等方面和谐发展。”本条是关于幼儿园保育、教育工作的内容及其目标的规定。

幼儿教育是基础教育的重要组成部分，发展幼儿教育对于促进儿童身心全面健康发展、普及义务教育、提高国民整体素质、实现全面建成小康社会的奋斗目标具有重要意义。

1. 幼儿园应当做好保育、教育工作

幼儿园是对3周岁以上学龄前幼儿实施保育和教育的机构，是基础教育的有机组成部分，是学校教育制度的基础阶段。保育工作和教育工作共同担负着促进幼儿身心和谐发展的任务。

保育、教育工作主要体现在以下几个方面。第一，搞好卫生工作，为幼儿创设各种需要的优美环境。第二，做好幼儿生活管理工作，培养幼儿良好的生活习惯和自我服务的能力。第三，切实做到保教结合，教养并重，促进幼儿身心健康成长。

保育工作应当配合教育工作，排除一切不利于幼儿活动开展的因素，以便教师专心致志地搞好教学活动，在教学相长的过程中提高教育质量。

2. 幼儿园应促进幼儿在体质、智力、品德等方面和谐发展

幼儿园作为学校保护的场所之一，是未成年人从家庭走向社会的重要环节。由于幼儿生理结构的特殊性，幼儿园应当细心抚育幼儿，保证其体质健康发展；必须针对幼儿的心理特点，开展各种适宜幼儿的智力教育，以启迪其智慧；对幼儿应进行品德教育，以保证幼儿身心全面健康发展。

一是对幼儿进行体育教育。幼儿期体育教育，即是在人发展处于幼儿期时，给予营养，传授保健知识，并运用体育的手段，进行启发、传授的早期教育。在幼儿期采用科学的、合理的教育方式，倡导科学的教育思想，对幼儿的体质发展有积极的促进作用。我们应当根据幼儿的年龄特点，科学地设置适宜的教育课程。

二是对幼儿进行智力教育。现代心理学等研究表明，儿童在生命的最初几年中，如果被剥夺了智力发展的机会，他就永远无法达到他可以达到的智力水平。他的个性心理品质也得不到正常的发展。幼年时期的教育与社会生活环境的影响，在人的一生中长期起作用。那么，这就为教育工作者提出了一个重要任务：重视早期智力教育。对婴幼儿进行早期智力教育时，应该从他们的生理与心理特点出发，采取适当的方式，因势利导，才能收到满意的效果。这就需要家长或者老师在进行教育时，要注意掌握一些原则，从而提高教育质量：(1) 在游戏中学习。(2) 通过细心教育去发展儿童的智力。(3) 接受多方面的智力刺激。(4) 激发好奇心与求知欲。(5) 注意幼儿思维的直观、形象的特点。(6) 发现与引导幼儿早期表现的智力倾向。(7) 德、智、体全面发展。

三是对幼儿进行品德教育。幼儿期是一个人个性、品德开始形成的重要时期，可塑性大，错过这个时期，许多良好的品性很难形成。幼儿的大部分时间是在幼儿园度过的，因此，培养幼儿良好的道德品质对于幼儿园而言，显得任重而道远。对幼儿进行品德教育，首先，要了解和掌握幼儿的基本心理特征。其次，要了解和掌握幼儿的个性特点。再次，要深入了解幼儿的世界。最后，要注意教育的方式、方法，掌握好日常生活中教育的契机，注重榜样示范的作用，对幼儿采取直观的、生动有趣的教育方式，寓教于乐。

上海市徐汇区科技幼儿园坚持保育教育双管齐下，促进幼儿体质、智力、品德等方面和谐发展的做法是符合《未成年人保护法》关于幼儿园保育、教育工作的内容及其目标的规定的。

# 幼师体罚幼童　依法应予处分

## ——学校、托幼机构及其教职员工违法行为所应承担的法律责任

2012年10月20日，一段太原一幼儿园“五岁女童十分钟挨几十耳光”的视频被网友疯狂转载，在网站和微博引发了广泛关注。视频显示的是：2012年10月15日下午4点，因为犯了一点点小错误，太原市蓝天蒙特梭利幼儿园的监控捕捉到的视频显示，十分钟内，一名教师对5岁的孩子大打出手，而原因只是孩子不知道十加一等于几。鼻青脸肿的女孩的家长很快找上门来，通过调出幼儿园的监控录像，发现在4点到4点10分期间，坐在女孩左侧、身穿红衣服的女老师左右开弓，正反手兼用，连续向女孩脸上扇去，短短10分钟，总共打了女孩70个耳光。有家长透露，打人的老师名叫李竹青，22岁左右，当年9月份刚刚上班，许多她班里的小朋友都遭到过体罚。几天后，这段视频在网络被疯狂点击，有大专学历、毕业于幼师专业的李竹青，这个“90后”女老师在瞬间被网民的唾沫淹没。

《未成年人保护法》第六十三条规定：“学校、幼儿园、托儿所侵害未成年人合法权益的，由教育行政部门或者其他有关部门责令改正；情节严重的，对直接负责的主管人员和其他直接责任人员依法给予处分。”“学校、幼儿园、托儿所教职员工对未成年人实施体罚、变相体罚或者其他侮辱人格行为的，由其所在单位或者上级机关责令改正；情节严重的，依法给予处分。”本条是关于学校、托幼机构及其教职员工违反本法的行为所应承担的法律责任的规定。

学校、幼儿园、托儿所的教职员工，是人类灵魂的工程师，担负着培养祖国下一代的神圣职责。应当说，我国的教师队伍总体是好的，他们忠实地履行着自己的职责，任劳任怨，为祖国的教育事业无私地奉献着自己的青春和汗水。但是我们也应当看到，当前社会上确有极少数教师不能够做到为人师表，不仅对教学工作不认真，而且打骂体罚学生，甚至有个别无良教师强奸、猥亵女学生，严重侵害了未成年学生的合法权益，造成极坏的社会影响，亵渎了人

民教师的光荣称号。因此，对学校、幼儿园、托儿所及其教职员工侵犯未成年人合法权益的违法行为必须依法追究其法律责任。

学校、幼儿园、托儿所及其教职员工的违法行为所涉及的法律责任，包括行政责任、民事责任和刑事责任三种。

学校、幼儿园、托儿所侵害未成年人合法权益的，由教育行政部门或者其他有关部门责令改正，情节严重的，依法对直接负责的主管人员和其他直接责任人员给予处分。学校、幼儿园、托儿所教职员工对未成年人实施体罚、变相体罚或者其他侮辱人格行为的，由其所在单位或者上级机关责令改正；情节较重的，依法给予处分。这就明确了学校、幼儿园、托儿所及其教职员工侵犯未成年人合法权益的行政责任。

学校、幼儿园、托儿所及其教职员工侵害未成年人合法权益，给未成年人造成财产损失或者其他损害的，依法承担民事赔偿责任。

学校、幼儿园、托儿所及其教职员工侵害未成年人合法权益的，如以殴打、非法拘禁方式对学生实施体罚，以及以各种方式侮辱学生，造成严重后果，构成犯罪的，对此要依法追究刑事责任。特别值得注意的是，2015 年 11 月 1 日起实施的《刑法修正案（九）》在新增加的《刑法》第二百六十条之一中规定：对未成年人负有监护、看守职责的人虐待被监护、被看守的人，情节恶劣的，处三年以下有期徒刑或者拘役；单位犯此罪，对单位处罚金，并对其直接负责的主管人员和其他直接责任人员，依照上述规定处罚。中小学校、幼儿园、托儿所及其教职员工千万不要触犯该条刑律，否则要依法追究刑事责任。

# 初中生校园受伤　学校负什么责任

## ——教育机构的过错责任

某中学初一年级的朱某在熄灯就寝后扔橘子，砸伤同学吴某右眼，10天后学校见病情严重才将吴某送诊，并通知家长，最终吴某右眼残疾。本案中学校是否要承担责任？朱某的家长是否要承担责任？

本案涉及限制民事行为能力人在学校生活期间受到人身损害的救济问题。该问题的关键在于归责原则。以前的法律对此并没有明确的规定，但《侵权责任法》对此有了明确的规定。《侵权责任法》第三十九条规定："限制民事行为能力人在学校或者其他教育机构学习、生活期间受到人身损害，学校或者其他教育机构未尽到教育、管理职责的，应当承担责任。"本条采用了过错责任原则。主要是考虑：与无民事行为能力人相比，限制民事行为能力人的心智已渐趋成熟，对事物有一定的认知和判断能力，能够在一定程度上理解自己行为的后果，对一些容易遭受人身损害的行为也有了充分认识，应当在构建和谐的成长环境的同时，鼓励其广泛地参加各类学校活动和社会关系，以利于其更好、更有效地学习、成长。如果采用过错推定原则，有些学校为避免发生意外事故，会采取消极预防的手段，如减少学生体育活动、劳动实践，这些措施最终不利于学生的健康成长。

学校或者其他教育机构对限制民事行为能力人在学校或者其他教育机构学习、生活期间受到人身损害承担责任的要件为：

其一，须是限制民事行为能力人受到伤害。根据《民法通则》的规定，限制民事行为能力人，是指十周岁以上的未成年人以及不能完全辨认自己行为的精神病人。

其二，须是在学校或者其他教育机构学习、生活期间受到人身损害。

其三，须是学校或者其他教育机构未尽到教育、管理职责，即有过错。过错的认定是学校或者其他教育机构承担责任最核心的要件。对学校或者其他教育机构过错的认定，应该参考其他相关法律规定对学校或者其他教育机构以及其工作人员义务和职责的规定。如参照《教师法》《未成年人保护法》《学生伤害事故处理办法》等进行认定。对于限制民事行为能力人在学校学习或者生活期间所受到的人身伤害，学校承担的是过错责任，如果学校已经尽到教育、管理职责，就不承担责任，主要由直接侵权人或者加害人来承担责任。

由于学校或者其他教育机构承担的本质上还属于过错责任，过错责任的一般认定方法当然有适用的空间。但是，司法实践中已经明确规定了一系列的学校的法定职责，如果违反了这些规则当然可以认定为具有过错。学校或者其他教育机构所承担的义务本质上属于教育、管理、保护的义务，如果违反了这些义务且没有法定免责事由，就应该承担责任。根据《学生伤害事故处理办法》第九条的规定，下列情形下可以认定为学校或者其他教育机构没有履行相关教育职责，应该承担责任：（1）学校的校舍、场地、其他公共设施，以及学校提供给学生使用的学具、教育教学和生活设施、设备不符合国家规定的标准，或者有明显不安全因素的；（2）学校的安全保卫、消防、设施设备管理等安全管理制度有明显疏漏或者管理混乱，存在重大安全隐患，而未及时采取措施的；（3）学校向学生提供的药品、食品、饮用水等不符合国家或者行业的有关标准、要求的；（4）学校组织学生参加教育教学活动或者校外活动，未对学生进行相应的安全教育，并未在可预见的范围内采取必要的安全措施的；（5）学校知道教师或者其他工作人员患有不适宜担任教育教学工作的疾病，但未采取必要措施的；（6）学校违反有关规定，组织或者安排未成年学生从事未成年人不宜参加的劳动、体育运动或者其他活动的；（7）学生有特异体质或者特定疾病，不宜参加某种教育教学活动，学校知道或者应当知道，但未予以必要的注意的；（8）学生在校期间突发疾病或者受到伤害，学校发现，但未根据实际情况及时采取相应措施，导致不良后果加重的；（9）学校教师或者其他工作人员体罚或者变相体罚学生，或者履行职责过程中违反工作要求、操作规程、职业道德或者其他有关规定的；（10）学校教师或者其他工作人员在负有组织、管理未成年学生的职责期间，发现学生行为具有危险性，但未进行必要的管理、告诫或者制止的；（11）对未成年学生擅自离校等与学生人身安全直接相关的信息，学校发现或者知道，但未及时告知未成年学生的监护人，导致未成年学生因脱离监护人的保护而发生伤害的；（12）学校有未依法履行职责的其他情形的。

本案中，初一年级的吴某不满 18 周岁，属于限制民事行为能为人，朱某扔橘子导致吴某右眼受伤事件发生时，已是学校熄灯就寝时间，学校按规定应对未成年学生就寝情况巡视，但对吴某、朱某未按规定时间入睡这一异常情况，学校未及时发现并管理，导致本可避免的伤害事故发生；事发后学校不仅未提供及时有效的治疗措施，且滞后10天后才通知监护人，致伤情加重，学校对未成年学生未充分履行教育、管理和保护义务，主观上有过错，应承担相应赔偿责任。朱某作为直接侵权人，也应该承担过错责任，因其是限制民事行为能力人，应由其家长即监护人作为赔偿主体。

# 外人校园伤人　学校负何责任

## ——教育机构的补充责任

2010年9月15日中午11时许，某县小学门口，人声鼎沸，许多学生家长聚集在学校门口，准备接自己的孩子回家。11点半，学校准时下课，来接孩子回家的熊先生驾驶摩托车进入学校内，随后选择操场一处安静的地方停下，但在等孩子时，熊先生没有及时将摩托车熄火。熊先生的孩子小庚下课看见父亲后，便跑过来坐到摩托车上，小庚坐上摩托车时碰了油门一下，摩托车随即自动向前行驶，将在附近的学生小宁撞伤，小宁马上被老师送医院治疗。小宁在医院住院治疗10天，共花去医疗费4600元，熊先生支付了全部医疗费。小宁出院时，遵照医生吩咐在家休息了一个月。2010年10月17日，小宁的父母找到熊先生，要求熊先生赔偿误工费、营养补助费、在家休息期间的治疗费等共计5300元，赔偿精神损失费10000元。熊先生认为自己已经赔偿了全部医疗费，不同意赔偿。小宁的父母又找到小学领导，要求学校赔偿。小学认为学校没有过错，也拒绝赔偿。小宁父母遂于2010年10月27日代理小宁将熊先生、某小学诉到法院。本案中，小宁的人身损害应该由某小学承担赔偿责任，还是由熊先生承担赔偿责任？

本案涉及校园内的第三人侵权责任问题。所谓校园内的第三人侵权责任是指无民事行为能力人或者限制民事行为能力人在幼儿园、学校或者其他教育机构学习、生活期间，受到幼儿园、学校或者其他教育机构以外的人员人身损害的侵权责任。这种侵权责任的特殊性在于造成人身损害的危险来源在于“幼儿园、学校或者其他教育机构以外的人员”的行为。这种侵权行为是违反安全保障义务性质的侵权行为，其法律后果是由直接侵权人承担侵权责任，幼儿园、学校或者其他教育机构在未尽到管理职责时承担相应的补充责任。《教育法》《未成年人保护法》等法律、法规对此有相关规定，《侵权责任法》作了更明确、更系统的规定。

《侵权责任法》第四十条规定：“无民事行为能力人或者限制民事行为能力

力人在幼儿园、学校或者其他教育机构学习、生活期间，受到幼儿园、学校或者其他教育机构以外的人员人身损害的，由侵权人承担侵权责任；幼儿园、学校或者其他教育机构未尽到管理职责的，承担相应的补充责任。”

根据本条的规定，幼儿园、学校或者其他教育机构对在其管理、教育、保护下的无民事行为能力人或者限制民事行为能力人的人身安全具有安全保障义务。如学校未尽教育、管理、保护的义务，应当承担与其过错相应的赔偿责任。在第三人侵权造成未成年学生人身损害的情况下，如学校未尽职责范围内的安全注意义务，履行教育、管理、保护职责不到位的，给第三人实施侵权行为以可乘之机而造成损害的，应承担补充赔偿责任。学校在承担补充赔偿责任后，有权向直接实施侵权的第三者追偿。

本条实际上由两种责任组成：第一，第三人的侵权责任。第三人的侵权责任实际上就是一个一般侵权责任，只是它是由于“幼儿园、学校或者其他教育机构以外的人员”的行为造成的而已，在侵权构成要件方面并不具有特殊性。第二，幼儿园、学校或者其他教育机构的补充责任。这种责任具有一定的特殊性，因为它是补充责任。学生伤害事故中学校承担补充赔偿责任，除了具备学生伤害事故人身损害赔偿责任的构成之外，还必须具备以下两个要件：（1）学生人身损害是由于第三人的原因所致，如果是完全由于学校的过错所致，就是一般的学生伤害事故人身损害赔偿责任；（2）学校、幼儿园等教育机构有过错，如果无过错也不会产生补充赔偿责任，损害的赔偿责任应当完全由加害的第三人承担。需要注意的是，学校、幼儿园等教育机构的过错与第三人的致害应当有一定的关联，如果不存在关联性，也不应当让学校承担补充赔偿责任。

《侵权责任法》该项规定的目的，一方面是对来自“幼儿园、学校或者其他教育机构以外的人员”的行为所致的损害给予救济，另一方面也是为了督促相关的机构加强安全保障，防止来自外部的损害的发生，保障无民事行为能力人或者限制民事行为能力人的人身安全。幼儿园、学校或者其他教育机构承担补充责任的法理根据在于这些机构对于损害的发生具有过错，使本来可以避免的损害得以发生或者较小的损害得以扩大。因此，学校应该为受害人向第三人难以实现或者不能实现的赔偿部分承担补充责任。

是否“尽到管理职责”实际上就是指是否具有过错，尽到管理职责就是没有过错，没有尽到管理职责就是具有过错。但是过错属于主观的范畴，尽到管理职责是个客观的范畴。判断学校是否尽到管理职责，主要有两种依据：一种依据是幼儿园、学校或者其他教育机构的法定职责，这些法定职责主要来源于一些特别法或者是行政法律法规的规定，这就需要援引其他法律法规的规定，如《未成年人保护法》《教育法》《教师法》《学生伤害事故处理办法》中对这些机构法定职责的规定。因此这个概念实际上起到了沟通《侵权责任法》和其他法律法规的作用。另一种依据就是判断过错的一般标准，即学校是否尽到了合理注意义务。所谓合理注意保护未成年学生人身安全的义务，是指学校在组织未成年学生参加教学或与教学有关的活动时，对明显的、可能的或可以预见的危害未成年学生人身安全的事件，所应给予的注意和应采取的正常而有效的保护未成年学生人身安全的预防措施，而不是要求学校防范可能性很小的、极不常发生的或者完全不可能预见的危害未成年学生人身安全的事件所采取的注意和措施。例如，对于突发性的暴力犯罪，学校一般是难以预见的，就很难认定学校具有过错。

本案中，某小学在学校放学期间，允许机动车进入学生来往频繁的校园内，给外人侵权造成了机会。因此，某小学未尽安全注意义务，管理上存在过失，应承担相应的补充赔偿责任。

# 学生私人信件　老师无权拆看

## ——学生通信自由不容侵犯

某校初三男生赵某，16 岁，班长，按照班主任老师的要求，对全班同学的私人信件一一开拆审查，发现有早恋或其他不良行为的同学，则对其进行教育。2014 年 6 月的一天，赵某拆开班上同学孙某（女，14 岁）的一封信，发现是另一中学生给孙某写的求爱信。赵某将这一情况报告班主任，班主任立即把孙某叫到办公室教育了一番。因感到现在早恋的问题非常严重，为了杀一儆百，班主任让其在班上作检讨。孙某不服，与老师争辩，并拒绝在班上作检查，班主任非常生气，不准孙某上课，把孙某锁在宿舍两天，叫她闭门思过。第三天，孙某实在想不通，在宿舍触电自杀。

该班主任和班长对此事应承担什么法律责任？班长的行为涉嫌侵犯通信自由罪；班主任的行为涉嫌侵犯通信自由罪、非法拘禁罪。

通信自由是宪法保护的公民基本权利之一。根据我国法律规定，公民的通信自由受法律保护，除公安机关、国家安全机关、人民检察院出于国家安全和追查犯罪分子侦破案件的需要，严格按照法律规定的程序可以对公民的通信进行检查以外，任何机关、团体、单位和个人都不得侵犯公民的通信自由和通信秘密。否则，侵犯通信自由和隐私权的行为，应受到治安管理处罚，情节严重的，构成犯罪。

《刑法》第二百五十二条规定："隐匿、毁弃或者非法开拆他人信件，侵犯公民通信自由权利，情节严重的，处一年以下有期徒刑或者拘役。"这里所说的"情节严重"，主要是指多次、经常隐匿、毁弃、非法开拆他人信件或者隐匿、毁弃、非法开拆他人信件数量较多或者造成严重后果的。

班主任和班长的原始想法不坏，似乎也是为了学生、同学的健康成长，但班长按照班主任老师的要求，对全班同学的私人信件一一开拆审查，他们主观上是故意，且符合"情节严重"即多次、经常非法开拆他人信件或者非法开拆他人信件数量较多或者造成严重后果的客观要件。他们的行为属于共同实施了侵犯他人通信自由的行为，触犯了《刑法》第二百五十二条。而班主任除了与班长共同实施了侵犯他人通信自由的行为外，还不准孙某上课，把孙某锁在宿舍两天，导致孙某想不通，在宿舍触电自杀，这种行为就涉嫌非法拘禁罪。《刑法》第二百三十八条规定，非法拘禁他人致人死亡的，处十年以上有期徒刑。

后该班主任和班长均被判刑入狱，班长的行为构成侵犯通信自由罪，被判有期徒刑十个月，并开除学籍。班主任的行为构成侵犯通信自由罪、非法拘禁罪，数罪并罚，合并执行十三年零六个月。

# 不得超载超速　规范安全管理

## ——校车安全管理

有记者盘点发现，2010年至今6年多来，全国至少发生40起校车安全事故，约八成均有致死情况，死亡人数达到150多人，且多数是幼儿。其中，有6起死亡事故的死亡人数超过10人。悲剧发生最多的是2011年，共发生了14起，当年震惊全国的发生在江苏徐州的“12·12校车事故”被定性为重大道路交通事故，这起由一辆私营客车充当的校车，在送49名学生回家途中侧翻滑入水沟，导致车内15人死亡、8人受伤的悲剧。事后说明显示，车辆超载成为校车事故的罪魁祸首，超速、司机无驾驶资质及车辆不符合规定也是悲剧发生的主要原因。

在校车事故中，多数都涉及超载，仅有3起明确显示不存在超载现象。超载成为校车安全“悲剧”第一杀手。如由于超载，车内孩子数量多，湖北荆州市两名4岁儿童被老师遗忘在校车内，直至下午放学才被发现，送医院已回天乏术。据了解，该校车为非法改装车，狭窄的车厢经常挤进去二三十个孩子，长期超载。江苏如皋一私人幼儿园校车送孩子回家时，一名4岁女童被活活憋死。原来，7座的面包车内竟然挤进去26人。而在甘肃正宁特大校车事故中，核载9人的改装金杯校车实载人数竟然达到了64人，足足超出6倍多。

为了加强校车安全管理，保障乘坐校车学生的人身安全，2012年3月28日国务院第197次常务会议通过了《校车安全管理条例》（以下简称《条例》）。该《条例》所称校车，是指依照该《条例》取得使用许可，用于接送接受义务教育的学生上下学的7座以上的载客汽车。接送小学生的校车应当是按照专用校车国家标准设计和制造的小学生专用校车。

该《条例》规定，使用校车应当依照该条例的规定取得许可。取得校车使用许可应当符合下列条件：（1）车辆符合校车安全国家标准，取得机动车检验合格证明，并已经在公安机关交通管理部门办理注册登记；（2）有取得校车驾驶资格的驾驶人；（3）有包括行驶线路、开行时间和停靠站点的合理可行的校车运行方案；（4）有健全的安全管理制度；（5）已经投保机动车承运人责任保险。

该《条例》规定，校车驾驶人应当依照该《条例》的规定取得校车驾驶资格。取得校车驾驶资格应当符合下列条件：（1）取得相应准驾车型驾驶证并具有3年以上驾驶经历，年龄在25周岁以上60周岁以下；（2）最近连续3个记分周期内没有被记满分记录；（3）无致人死亡或者重伤的交通事故责任记录；（4）无饮酒后驾驶或者醉酒驾驶机动车记录，最近1年内无驾驶客运车辆超员、超速等严重交通违法行为记录；（5）无犯罪记录；（6）身心健康，无传染性疾病，无癫痫、精神病等可能危及行车安全的疾病病史，无酗酒、吸毒行为记录。

该《条例》规定，校车载人不得超过核定的人数，不得以任何理由超员。学校和校车服务提供者不得要求校车驾驶人超员、超速驾驶校车。校车载人超过核定人数的，由公安机关交通管理部门扣留车辆至违法状态消除，并依照道路交通安全法律法规的规定从重处罚。

该《条例》规定，载有学生的校车在高速公路上行驶的最高时速不得超过80公里，在其他道路上行驶的最高时速不得超过60公里。道路交通安全法律法规规定或者道路上限速标志、标线标明的最高时速低于上述规定的，从其规定。载有学生的校车在急弯、陡坡、窄路、窄桥以及冰雪、泥泞的道路上行驶，或者遇有雾、雨、雪、沙尘、冰雹等低能见度气象条件时，最高时速不得超过20公里。

该《条例》还要求，配备校车的学校、校车服务提供者应当指派照管人员随校车全程照管乘车学生。校车服务提供者为学校提供校车服务的，双方可以约定由学校指派随车照管人员。随车照管人员应当履行下列职责：（1）学生上下车时，在车下引导、指挥，维护上下车秩序；（2）发现驾驶人无校车驾驶资格，饮酒、醉酒后驾驶，或者身体严重不适以及校车超员等明显妨碍行车安全情形的，制止校车开行；（3）清点乘车学生人数，帮助、指导学生安全落座、系好安全带，确认车门关闭后示意驾驶人启动校车；（4）制止学生在校车行驶过程中离开座位等危险行为；（5）核实学生下车人数，确认乘车学生已经全部离车后本人方可离车。随车照管人员未履行本《条例》规定的职责的，由学校或者校车服务提供者责令改正；拒不改正的，给予处分或者予以解聘。

遗憾的是，该《条例》并没有明确政府的保障责任，而是仅仅指明了政府的监管责任。比如说，政府只是去查学校是否有不合格校车，如果有，就依法取缔，但是取缔完就不再追究了。如果明确政府的主体保障责任，出了问题直接追究政府的责任，校车安全问题也就更有保障了。

# 社会保护篇

# 捐资助学数百万　为了孩子的明天

## ——全社会关心未成年人

2013 年 7 月 24 日上午 9 时，由共青团萍乡市委、萍乡市少工委主办，昌盛大药房独立承办，萍乡市文明办、萍乡日报社和萍乡市广播电影电视发展中心共同协办的 2013 年“为了孩子的明天”爱心助学活动正式启动。“为了孩子的明天”爱心助学活动是共青团萍乡市委、萍乡市少工委联合昌盛大药房打造的一项公益品牌。六年来，该项爱心助学活动已经累计捐资两百多万元，资助几百名贫困学子圆了大学梦。2013 年的爱心助学活动计划捐资 39 万元，资助 130 名贫困学子，为贫困学子解决就学燃眉之急。活动期间还将开展“你签名、我捐款”、“爱心义卖”、志愿服务、励志教育等活动，让全社会的人都来关心未成年人，并以实际行动参与到关心未成年人的活动中来。

共青团萍乡市委等社会团体、企业事业组织开展的这项活动是符合《未成年人保护法》规定的。

《未成年人保护法》第二十七条规定：“全社会应当树立尊重、保护、教育未成年人的良好风尚，关心、爱护未成年人。”“国家鼓励社会团体、企业事业组织以及其他组织和个人，开展多种形式的有利于未成年人健康成长的社会活动。”本条是关于社会保护的原则性规定。

所谓“社会保护”，就是要求作为保护主体的社会各部门和个人都要以适合自身特点的形式和措施，从各个方面对未成年人进行全方位的保护。社会保护是未成年人保护的必不可少的组成部分，是未成年人顺利完成向成年人过渡的重要保障。而且，社会保护将随着未成年人社会生活领域的扩大而日益重要。作为社会群体的未成年人，他们与社会相互影响、相互作用。未成年人要生存要发展，就必须接受社会的影响，逐渐完成自身的社会化。婴儿自降生之日起，到露出第一次微笑，并逐渐能够识别母亲的面孔，就开始具有一定程度上的社会属性了。当未成年人进入儿童时期，他们就开始有意或无意地接受社会的影响与作用，开始了人生的社会化进程。进入青少年时期，未成年人社会化的程度也逐渐加强，主要表现在青少年能够逐渐进入社会的政治、文化、经济等领域，并受其影响进一步提高自身的社会化程度。

本条共分两款，主要是倡导性规定。

第一款首先规定全社会都要尊重未成年人，其次规定全社会都要保护未成年人，最后是提倡全社会都要注意教育未成年人。本条所说的“教育”还包括加强对未成年人的道德教育、预防未成年人犯罪和挽救失足未成年人的意思在内，应当参照《未成年人保护法》和《预防未成年人犯罪法》的有关规定加深理解。如《未成年人保护法》第四条、《预防未成年人犯罪法》第六条都有相应的规定。

第二款是关于鼓励社会团体、企业事业组织以及其他组织和个人，开展多种形式的有利于未成年人健康成长的社会活动。所谓“社会团体”，是指共产主义青年团、妇女联合会、工会、青年联合会、学生联合会、少年先锋队及其他有关的社会团体。所谓“企业事业组织”，是指企业和事业单位等依法成立的组织。所谓“多种形式”是指，作为社会保护主体的社会团体、企业事业组织以及其他组织和个人，可以以适合自身特点的形式和措施来开展各种各样的有利于未成年人健康成长的社会活动，包括电影、戏剧、文艺演出、演讲报告会、知识竞赛、参观展览、各项体育活动等多种形式。

共青团萍乡市委等社会团体、企业事业组织开展的“为了孩子的明天”这项爱心助学活动，既体现了社会各方面对未成年贫困学子的关心、爱护，又是一种面对未成年人的励志教育。

# 解决群众实际困难　做好随迁子女就学

## ——保障未成年人平等享有受教育权

2014年1月14日，中华人民共和国教育部发布了《小升初免试就近入学工作的实施意见》，其第六部分就“做好随迁子女就学”问题规定：坚持深化改革，分类推进，妥善解决外来务工人员随迁子女小升初问题。省级教育行政部门要依法制定随迁子女初中入学的政策措施，县级教育行政部门要做好实施工作。各地要依法合理确定随迁子女入学条件，积极接收随迁子女就学，帮助他们解决实际困难，融入城市生活。随迁子女特别集中的地方，要扩大公办学校容量，鼓励社会力量办学，购买民办学校服务，加大对接收随迁子女学校的支持力度，满足随迁子女入学需求。特大城市要结合城市发展规划、人口控制目标和教育承载能力，稳步有序地安排符合条件的随迁子女就学。

这是教育部在新形势下进一步执行《未成年人保护法》关于保障未成年人平等享有受教育权方面的规定的具体举措。

《未成年人保护法》第二十八条规定：“各级人民政府应当保障未成年人受教育的权利，并采取措施保障家庭经济困难的、残疾的和流动人口中的未成年人等接受义务教育。”本条是关于保障未成年人平等地享有受教育权方面的规定。

在现代社会，教育平等已经成为“全世界所有国家和所有与教育有关的人最关心的问题”。在教育平等逐步被各国宪法确认为一种平等的基本权利的情形下，如何具体实现这一权利成为社会关注的焦点。教育平等的一般含义是：义务教育是个人生存和发展最基本的不可或缺的需求，对于所有社会成员应一律平等享有，即“共享的完全平等”；非义务教育则只能按个人成绩和能力差别依比例平等享有，即“差别的比例平等”，并在同等条件下优先照顾处境不利者。

在我国，尽管《宪法》和法律中规定了未成年人平等享有受教育权，但是，现实生活中家庭经济困难的、残疾的和流动人口中的未成年人的受教育权往往被忽略或者得不到公平的对待。这种状况的出现实际侵犯了未成年人的受教育权，明显不符合教育平等的理念，因而是必须要作出改变的，立法上必须给予极大关注。

本条秉承《义务教育法》和《儿童权利公约》的精神，进一步强调了国家保障未成年人平等接受义务教育的权利，并特别强调要采取措施保障家庭经济困难的、残疾的和流动人口中的未成年人平等接受义务教育。

所谓“流动人口”，是指在城市化进程中大量进入城市的农村人口。由于目前城市的教育管理体制不适应这一变化，进而产生了流动人口中未成年人受教育的问题。为解决这一问题，相关的部门主要通过各种文件加以解决，政府在部门法规和文件中逐渐明确了以流入地政府为主的责任制度。例如，1998年国家教委和公安部联合制定了《流动儿童少年就学暂行办法》；2001 年 5 月 29 日颁布的《国务院关于基础教育改革与发展的决定》；2003 年 1 月 15 日颁布的《国务院办公厅关于做好农民进城务工就业管理和服务工作的通知》；2003 年 9 月国务院办公厅转发教育部、中央编办、公安部、发改委、财政部、劳动保障部《关于进一步做好进城务工就业农民子女义务教育工作的意见》。从 1998 年以后制定的相关政策法规的思路看，强调解决流动人口中的未成年人平等接受义务教育问题是政府无法推卸的责任，且流入地政府要负主要责任，并应采取多种措施保障流动少年儿童平等接受义务教育的合法权益。针对实际中存在的流动人口子女入学难的问题，《义务教育法》第十二条第二款明确规定：“父母或者其他法定监护人在非户籍所在地工作或者居住的适龄儿童、少年，在其父母或者其他法定监护人工作或者居住地接受义务教育的，当地人民政府应当为其提供平等接受义务教育的条件。具体办法由省、自治区、直辖市规定。”这一规定以法律的形式明确了当地政府的责任：一是允许流动人口子女在父母或者其他法定监护人工作地或居住地就近免试入学；二是不允许收取借读费，当地人民政府应当为其提供平等接受义务教育的条件。《义务教育法》的这条规定，充分体现了对流动人口中的未成年人平等接受义务教育的尊重和保护。

# 鼓励兴办　加强管理

## ——鼓励社会力量兴办适合未成年人的活动场所

2011 年 6 月 1 日，广东省江门市人民政府办公室印发了《江门市鼓励支持社会力量兴办或资助公益性未成年人校外活动场所的意见》，该意见提出，进一步拓宽渠道，鼓励支持社会力量兴办公益性未成年人校外活动场所；鼓励社会各界通过捐赠、资助等方式，支持未成年人校外活动场所建设，开展公益性活动。对公益性未成年人校外活动场所（每周免费开放 3 天以上）的门票收入，凡符合现行营业税优惠政策规定的，可免征营业税。公益性未成年人校外活动场所的自用房产、土地，凡符合国家税收优惠政策的，免征房产税和城镇土地使用税。

《未成年人保护法》第二十九条规定："各级人民政府应当建立和改善适合未成年人文化生活需要的活动场所和设施，鼓励社会力量兴办适合未成年人的活动场所，并加强管理。"本条是关于各级政府保障未成年人文化活动场所和设施的责任的规定。

在对未成年人权益的保护方面，长期以来存在一种偏见，即认为未成年人的保护工作主要是家庭、学校的责任，忽略了政府和社会的作用。本条的规定，把政府为未成年人创造良好的文化生活场所和设施的责任，由一种道德上的责任明确为法律上的责任，即各级人民政府应当建立和改善未成年人文化生活需要的活动场所和设施。

同时，本条规定，各级人民政府应当鼓励社会力量兴办适合未成年人的活动场所，并加强管理。社会作为未成年人成长的大环境，对未成年人的健康成长发挥着重要作用。未成年人的保护工作，涉及社会各方面，不仅需要各级政府的努力，同样也需要社会力量的共同关心和支持；对未成年人的社会保护程度反映一个社会的文明程度。针对未成年人活动场所不足，且主要集中在大中城市和经济发达地区的现状，本条对鼓励社会力量兴办适合未成年人的活动场所予以特别强调。政府的财政力量毕竟是有限的，特别是在一些经济欠发达地区，仅仅依靠政府的力量，可能在短期内很难达到为未成年人提供足量的活动场所的目标。因此，各级政府应依照法律和有关规定采取措施，鼓励社会力量投入未成年人活动场所的建设中，为未成年人的健康成长创造良好的条件。

在鼓励兴办的基础上，各级人民政府还应当加强对未成年人活动场所的管理。各有关部门应端正指导思想，明确具体责任，加强对所属的未成年人文化活动场所和设施的管理，注重思想性、知识性和教育性的结合，使社会力量兴办的场所和设施更好地为未成年人服务。目前，已建成投入使用的适合未成年人的活动场所已有不少，但很多场所都是一建了之，缺乏日常的管理和维护，不仅影响了未成年人文化活动的正常使用，还存在不少安全隐患。政府应加强监管，保障活动场所良好运转。对未成年人文化活动场所的监管，还要防止部分场所在经济利益的驱使下，利用作为未成年人活动场所的便利条件，纵容、诱使未成年人进行未成年人不宜甚至是违法的活动，严重危害未成年人的身心健康。

江门市人民政府办公室印发的《江门市鼓励支持社会力量兴办或资助公益性未成年人校外活动场所的意见》是符合《未成年人保护法》规定的。

# 拒绝儿童观看歌剧　应当承担相应责任

## ——公共文化设施应对未成年人优惠开放

柳某从3岁起就喜欢听歌、唱歌。星期六晚上，9岁的柳某随父母兴致勃勃前往某歌剧院观看歌剧演出，走至门口时，被歌剧院的工作人员拦住不让其入内，理由是本歌剧院谢绝10岁以下的儿童入内。柳某的父母再三恳求，工作人员都不为所动。事后，柳某的父母代理柳某将某歌剧院告上法庭，认为该歌剧院侵犯了柳某享受国家文化设施服务的合法权益，要求法院判定歌剧院的行为侵权并给予经济赔偿。

法院会支持柳某的诉讼请求吗？本案争议的焦点是歌剧院不让10周岁以下儿童入内观看演出是否侵犯了未成年人的合法权益。

《未成年人保护法》第三十条规定："爱国主义教育基地、图书馆、青少年宫、儿童活动中心应当对未成年人免费开放；博物馆、纪念馆、科技馆、展览馆、美术馆、文化馆以及影剧院、体育场馆、动物园、公园等场所，应当按照有关规定对未成年人免费或者优惠开放。"本条是关于公共文化体育设施对未成年人免费或者优惠开放的规定。

本条包括两方面的内容。一是关于对未成年人免费开放场所的规定。这类场所包括爱国主义教育基地、图书馆、青少年宫、儿童活动中心等由政府投资建设的公益性事业单位。这类场所应坚持把社会效益放在首位，全面贯彻公益性原则，对未成年人免费开放。这些场所不得以营利为目的开展经营性创收活动，应根据国家有关政策"对确需集中食宿、使用交通工具或使用消耗品的集体活动，只能收取成本费用；对集体组织的大规模普及性科技、艺术、体育竞赛及教育活动，要实行免费；对特长、专长学生的培训项目要按照财政、物价部门核准的收费标准，适当收取成本费，确有特长又有特殊困难的未成年人应实行免费"。二是对未成年人免费或者优惠开放场所的规定。这类场所包括博物馆、纪念馆、科技馆、展览馆、美术馆、文化馆以及影剧院、体育场馆、动物园、公园等。这类场所有的是由政府投资建设，有的是个人或者企业投资建设，其本身维持开放需要一定的成本，但仍应当坚持公益性原则，按照国家有关行政部门以及当地政府的有关规定，明确其功能定位，根据当地以及场所的实际情况，对未成年人免费或者优惠开放，以发挥自身的优势，为未成年人提供多种服务。

本案被告某歌剧院在答辩中称，10 周岁以下儿童属于无民事行为能力人，对于周围事物不能完全理解，对于具有一定抽象性的歌剧更不能理解其内涵，也不能达到陶冶情操的目的。同时，10 周岁以下儿童缺乏对自己行为的控制能力，容易吵闹，会影响其他观众的合法权益，因此答辩人谢绝 10 岁以下的儿童入内的规定是合法的，没有侵犯柳某的合法权益，请求人民法院驳回原告的诉讼请求。

法院经审理认为，社会文化场所不仅应当允许未成年人入内，而且应当依法优先、优惠向其开放。歌剧院属于国家社会文化设施。因此它应当为全社会公民服务，未成年人也是公民的一部分，同其他公民一样具有相同的民事权利，因此也应当享有得到国家文化设施提供的服务的权利。被告歌剧院以内部规定为由拒绝柳某入内观看演出的做法损害了 9 岁儿童柳某的合法权益。最终，法院依照《未成年人保护法》第三十条的规定作出判决，支持了柳某的诉讼请求。

# 学校文体设施和社区公益网尽可能对未成年人免费开放

## ——中小学校文体设施和社区公益性互联网设施对未成年人免费或者优惠开放

2012 年 7 月 11 日，福建省教育厅下发通知明确暑假期间，公益性上网场所应当对未成年人免费或优惠开放，不得以营利为目的，确需收费的必须遵守行政事业性收费的有关规定。该通知还要求，各地各有关部门必须充分发挥学校、文化馆（站）、图书馆、青少年宫、儿童活动中心、学生校外活动中心和中小学远程教育、全国文化信息资源共享工程、社区等场所在满足未成年人网络文化需求方面的作用。有关负责人表示，通过安排专业人员、招募志愿者、教师、家长参与等方式，建立专兼结合的辅导员队伍和志愿服务队，为未成年人提供安全、健康的上网环境和服务条件。

《未成年人保护法》第三十一条规定："县级以上人民政府及其教育行政部门应当采取措施，鼓励和支持中小学校在节假日期间将文化体育设施对未成年人免费或者优惠开放。""社区中的公益性互联网上网服务设施，应当对未成年人免费或者优惠开放，为未成年人提供安全、健康的上网服务。"本条是关于中小学校的文化体育设施以及社区中的公益性互联网上网服务设施对未成年人免费或者优惠开放的规定。

本条包括两款内容。第一款是关于中小学校的文化体育设施对未成年人免费或者优惠开放的规定。随着素质教育的逐步推进以及中小学学生课业负担的减轻，中小学学生课余时间逐渐增多，但又出现一方面学校文化体育设施闲置，另一方面中小学学生课余时间无处可去的现象。因此，各级各类学校的内部设施，在保证正常教学活动和满足师生需要的前提下，应积极创造条件，采取多种方式在节假日对未成年人免费或者优惠开放，为未成年人开展文化体育活动提供方便。这样不仅可以提高学校内部各种场馆、文化体育设施的使用率，合理调整和充分利用现有闲置的学校文化体育设施，还可以丰富未成年人节假日的文化体育生活。

第二款是关于社区的公益性互联网上网服务设施对未成年人免费或者优惠开放的规定。社区通常是指人们共同生活的一定区域。对于一个还在校学习的未成年人来说，除了家庭、学校之外，活动最多的地方就是社区。社区是未成年人生活、学习的主要场所之一，对未成年人生活习惯的养成、道德情操的培养、个人品格的形成，都有着重要的影响。因此，做好未成年人的保护工作，社区应当发挥重要作用。

《未成年人保护法》第三十六条规定："互联网上网服务营业场所等不适宜未成年人活动的场所，不得允许未成年人进入"。但不可否认，目前我们已经进入一个网络时代，把未成年人与网络隔绝是不可能的，而且适度使用网络对未成年人是有益的，可以使未成年人开阔视野、丰富知识。引导未成年人正确地使用网络，保护未成年人免受不良网络信息的侵害，除加大监管力度，禁止未成年人进入互联网上网服务营业场所活动外，还应加强对公共设施的投入，主动为未成年人提供健康安全、积极向上的网络服务，让更多的未成年人可以方便、安全地接触网络。这样才能满足未成年人正当的网络需求，引导未成年人正确地使用网络获取知识，有效地禁止未成年人进入互联网上网服务营业场所活动。

社区中的公益性互联网上网服务场所，是以社区的未成年人为主要服务对象，以提供健康、丰富、文明、安全的网络信息服务为主要内容的公益性上网服务场所。未成年人方便、安全地接触网络的途径，除家庭和学校的网络服务设施外，只有社区中的公益性互联网上网服务设施可供使用。受经济条件的制约，目前互联网上网服务设施尚未普及每一个家庭，而学校的互联网服务设施的使用也大多仅限于教学课程的需要。因此，社区中的公益性互联网上网服务设施成为未成年人安全接触网络的一个重要途径，为未成年人正确地使用网络提供了良好的环境。需要到社区的公益性互联网上网服务设施上网的未成年人，大多由于家庭经济条件欠佳而没有配备网络服务设施，如果社区中的公益性互联网上网服务设施收费过高，就会把这部分未成年人拒之门外。为更好地贯彻社区为群众服务、为未成年人服务的精神，社区内的互联网上网服务设施应免费或者优惠为未成年人开放，使未成年人得以接受安全且经济的互联网上网服务。

社区中的公益性互联网上网服务设施应坚持公益性原则，不得开展以营利为目的的经营性活动，为未成年人提供健康有益的绿色上网空间，满足信息化时代未成年人日益增长的文化需求；为未成年人提供便利、安全、有益的互联网信息服务，引导未成年人合理地使用互联网资源，充分分享网络文明。

福建省的做法是符合《未成年人保护法》规定的。

# 红色动漫《安源小子》 寓教于乐激励少年

## ——国家鼓励有利于未成年人健康成长的作品的创作和传播

由江西凯天动漫有限公司创作的江西首部原创红色动漫剧《安源小子》于2011年暑期上映。剧中故事发生在20世纪20年代的江西安源地区。主人公南伢子是一个年仅12岁的聪明、有正义感的孩子王。剧中的刘大叔是地下党员，是引领南伢子走上革命道路的启蒙者，后来遭邪恶势力杀害。南伢子在革命启蒙思想的指引下，带领一群富有同情心和正义感的少年英雄，借助“洒满”革命先烈鲜血的红领巾爆发出来的“神奇力量”，与邪恶势力展开惊心动魄的斗争。该剧以江西籍传奇将军王耀南为原型，塑造出聪明勇敢的少年王耀南——“南伢子”的卡通形象。该剧结合少年儿童的审美习惯和视觉文化特点，以动漫的形式寓教于乐。在叙事上，讲道理而不古板，说历史而不枯燥，谈红色而不教条，故事生动，结构紧凑；在表现形式上，汲取日本和欧美动画动漫的优点，工艺精湛，色彩明快，画面感强，人物形象鲜明，对未成年人具有较强的教育激励意义。

《未成年人保护法》第三十二条规定：“国家鼓励新闻、出版、信息产业、广播、电影、电视、文艺等单位和作家、艺术家、科学家以及其他公民，创作或者提供有利于未成年人健康成长的作品。出版、制作和传播专门以未成年人为对象的内容健康的图书、报刊、音像制品、电子出版物以及网络信息等，国家给予扶持。”“国家鼓励科研机构和科技团体对未成年人开展科学知识普及活动。”本条是关于国家鼓励有利于未成年人健康成长的作品的创作和传播以及鼓励针对未成年人开展的科普活动的规定。

本条包括两款内容，第一款是关于国家鼓励扶持有利于未成年人健康成长的作品的创作和传播的规定。本条所指的“有利于未成年人健康成长的作品”，主要是指可以满足未成年人特定需求的精神文化作品。未成年人处于成长发育期，辨别是非的能力、抵抗不良影响的能力都较弱，容易受到暴力、色情、凶杀等淫秽书刊、音像、网络制品的影响而产生享乐主义、追求刺激等不良的世界观、人生观、价值观，甚至会模仿实施犯罪行为。新闻、出版、信息产业、广播、电影、电视、文艺等单位和作家、艺术家、科学家等作为精神文化的主要提供者，应努力为未成年人的身心健康成长创作、提供各种健康的作品，为未成年人的健康成长提供一个良好的文化环境。本条规定国家应当鼓励大众媒体等文化创作、传播组织以及所有具备精神文化创造、生产和传播能力的公民，为未成年人提供健康向上的精神产品。出版、制作和传播专门以未成年人为对象的内容健康的图书、报刊、音像制品、电子出版物以及网络信息等，国家给予扶持。本条所称的“鼓励”“扶持”，包括多种方式。例如，各级政府相关部门召开工作会议布置任务、发表指示，或发出通知对某些节目或作品的创作给予示范性的鼓励、支持或表彰，或设置各种奖项、设立基金会，或制定各种税收上的扶持政策，等等。政府应把禁止不良文化糟粕和鼓励有益文化成果相结合，把惩罚与推广、禁止与表彰相结合，对有益于未成年人身心健康的文化作品，大力鼓励、表彰、推广、奖励。

第二款是关于国家鼓励科研机构和科技团体对未成年人进行普及科学知识活动的规定。加强未成年人科普工作是加强和改进未成年人思想道德建设的重要环节。加强对未成年人科普教育，大力普及科学知识，从小培养未成年人对科学技术的兴趣和爱好，增强科技创新的能力，引导未成年人逐步形成科学的世界观和方法论，不断提高科技素质，是关系到“科教兴国”的长期战略性工程。国家应积极组织和动员社会各界力量参与未成年人科普教育工作。各科研机构和科技团体应加强贯彻落实《科学技术普及法》的规定，依法组织和动员社会各方面力量开展针对未成年人的普及科学知识的活动，倡导科学方法、传播科学思想、弘扬科学精神，教育未成年人崇尚科学文明、反对迷信邪教。对投资举办未成年人科普活动的科研机构和科技团体，政府应按有关规定给予鼓励和扶持。

为鼓励扶持江西凯天动漫有限公司创作和传播有利于未成年人健康成长的作品，江西省萍乡市安源区人民政府曾向该公司免费提供五年办公用房等优惠条件。

# 采取积极措施　预防沉迷网络

## ——预防未成年人沉迷网络的措施

光线昏暗、空气污浊、噪声震耳，游戏机屏幕上一群少年正在疯狂飙车，其中一个少年手拿利刃左劈右砍，清除“障碍”一路超车。屏幕前，一个十几岁的男孩仿佛是游戏中飙车少年的化身，忘我地操作着游戏，陶醉其中……这是笔者不久前在某网吧内看到的一幕。

多年来，未成年人因沉迷网络而导致上网成瘾、荒废学业、效仿暴力色情游戏、轻信滥交网友等情况时有发生，由此引发的违法犯罪日趋严重。互联网的迅猛发展犹如一股洪流，在让生活变得更加丰富多彩的同时，也难免夹带着污泥浊水。一些青少年在精神和心理还没做好充分准备的情况下，便迫不及待地“跳”入其中。结果，网络不但吞没了他们尚不成熟的心智和情感，也吞噬了他们宝贵的青春，有些人甚至走上犯罪的道路，失去了自由。法律有必要就预防未成年人沉迷网络的措施作出规定。

《未成年人保护法》第三十三条规定：“国家采取措施，预防未成年人沉迷网络。”“国家鼓励研究开发有利于未成年人健康成长的网络产品，推广用于阻止未成年人沉迷网络的新技术。”本条是关于国家预防未成年人沉迷网络的措施的规定。

网络是一把“双刃剑”，对于未成年人来说更是如此。一方面，未成年人可以通过网络获取大量的科学文化知识，开阔眼界，增加自身的知识积累；另一方面，沉迷网络也严重影响了未成年人的学业，对其身心健康造成很大的伤害，甚至诱使未成年人走向犯罪。

未成年人上网成瘾，长时间沉迷于网络，严重影响其身心健康，已经成为一个严重的社会问题。保护未成年人健康成长，建设文明的网络文化已经成为当今社会关注的焦点。对此《未成年人保护法》除规定未成年人不得进入互联网上网服务营业场所活动，学校、家长应加强对未成年人的管理和指导外，还规定国家也应承担起相应的责任和义务，采取措施预防未成年人沉迷网络。

本条分为两款，第一款是关于国家在防止未成年人沉迷网络方面责任的明确规定。沉溺网络，又称“网络成瘾症”，是一种过度使用、依赖互联网的心理疾病。在目前上网的人群中，这一病症发病率越来越高，而且未成年人患病比例更是远远高于成年人。心理医学专家对“网络成瘾症”患者的描述是：进行网络操作时出现时空交错，而且随着乐趣的增强，欲罢不能。沉迷网络造成人体神经紊乱、体内激素水平失衡、免疫功能降低，引发心血管疾病、胃肠神经官能症、紧张性头痛、焦虑、忧郁等。目前的网络游戏大多以“攻击、战斗、竞争”为主要内容。这些游戏都是让参与者身临其境，在虚拟社会漫长的体验过程中获得升级，获得成就感。未成年人自制力较差，好奇心强，很容易沉溺其中难以自拔。而且，现在的未成年人多为独生子女，本来就与他人缺乏沟通，如再沉迷网络，就更缺乏人际交流，甚至产生自闭倾向。因此，未成年人沉迷网络的问题，必须引起国家相关部门的充分重视。

第二款是关于国家为解决未成年人沉迷网络的问题，而采取的相关措施的规定。首先是国家鼓励研究开发有利于未成年人健康成长的网络产品。为防范未成年人沉迷网络，为减少网络游戏泛滥给未成年人造成的负面影响，一方面需要国家采取积极有效的措施，规范网络游戏市场；另一方面，国家应积极鼓励从事网络游戏制作等相关企业研究开发有利于未成年人健康成长的网络产品。研究开发有利于未成年人健康成长的网络产品，既是从事网络游戏制作的企业在保障未成年人权益方面应尽的社会责任，也是与企业建立自身商业价值、保持企业长久发展和凸显品牌价值等紧密相关的核心战略问题。从事网络游戏制作的企业，应承担相应的社会责任，服从国家规范网络游戏行业商业环境、净化网络游戏行业的要求，提供有利于未成年人智力开发、有利于未成年人良好道德培养、有助于未成年人健康成长的网络产品。其次，国家推广用于阻止未成年人沉迷网络的新技术。由于未成年人的自制力较差，依靠其自觉性以及家长监管，还不足以完全解决未成年人沉迷网络的问题。国家应积极推广用于阻止未成年人沉迷网络的新技术，从技术上使未成年人不可能长时间沉迷网络。《文化部、信息产业部关于网络游戏发展和管理的若干意见》指出，网络游戏企业应当依法经营，按照国家有关标准，开发网络游戏产品身份认证和识别系统软件，对未成年人上网游戏和游戏时间加以限制；对可能诱发网络游戏成瘾症的游戏规则进行技术改造，其中 PK 类练级游戏（依靠 PK 来提高级别）应当通过身份证登陆，实行实名游戏制度，拒绝未成年人登陆进入。

为避免未成年人沉迷网络，除积极采取本条规定的措施外，还应该加强对未成年人的教育，为未成年人的健康成长创造良好的社会文化环境，为未成年人进行有益的课外活动提供更多的便利条件。

# 严惩违法违规行为　净化少儿出版市场

## ——禁止制作出版有害未成年人的书籍报刊

2013年9月14日，中央电视台和新华网等国内主流媒体报道：中国画报出版社、陕西师范大学出版社和《中外故事》《故事世界》《科技信息》等三种期刊因违反出版规范受到行政处罚。报道称：中国画报出版社2010年10月出版的《不倒过来念的是猪全集》一书，内容充斥各种低俗、色情段子，且差错率为2.18/万，编校质量不合格。陕西师范大学出版社2008年6月出版的《我们YY吧》一书，以漫画形式传播各种自杀方式，并含色情内容。山西省文学艺术界联合会主管、山西省文化艺术传媒中心主办的《中外故事》擅自出版《萌动漫》等面向少年儿童不同版本的期刊，偏离办刊宗旨、一号多刊，刊发图片渲染色情，内容庸俗，格调低下。中原大地传媒股份有限公司主管、海燕出版社有限公司主办的《故事世界》违规出版面向少年儿童的《故事世界·微言情》和《微言情》等不同版本的期刊，偏离办刊宗旨、一号多刊、封面标识不规范，大量刊登描述同性恋、同居生活等不良信息的文章，渲染封建迷信、色情暴力等有害思想。山东省科技厅主管、山东省技术开发服务中心主办的《科技信息》违规出版面向少年儿童的《动漫贩》等不同版本的期刊，偏离办刊宗旨、一号多刊、封面标识不规范，刊登文章内容消极，图片人物衣着暴露，成人化倾向严重。这些书刊违反了《出版管理条例》有关规定，对少年儿童身心健康造成不良影响。依据《出版管理条例》的规定，国家新闻出版广电总局对中国画报出版社、陕西师范大学出版社作出停业整顿三个月的行政处罚，并责令两社在30天内将《不倒过来念的是猪全集》《我们YY吧》全部下架收回，集中销毁。山西、河南、山东三省新闻出版局分别对《中外故事》《故事世界》《科技信息》的出版单位给予停业整顿三个月的行政处罚，并要求其予以纠正并彻底整改。

《未成年人保护法》第三十四条规定："禁止任何组织、个人制作或者向未成年人出售、出租或者以其他方式传播淫秽、暴力、凶杀、恐怖、赌博等毒害未成年人的图书、报刊、音像制品、电子出版物以及网络信息等。”本条是关于禁止制作或者传播含有毒害未成年人身心健康内容的图书、报刊、音像制品、电子出版物以及网络信息等的规定。

未成年人是祖国的未来、社会主义事业的接班人，把未成年人培养成为有理想、有道德、有文化、有纪律的全面发展的合格人才，关系我国社会主义建设事业的成败。未成年人正处在长身体、长知识的阶段，吸收知识快，求知欲强，但未成年人生理、心理尚未完全发育成熟，辨别能力差，有时甚至良莠不分，容易沾染不良习气。图书、报刊、音像制品、电子出版物以及网络信息等是未成年人汲取知识和营养的重要渠道，其内容应该健康向上，有益于传播和积累科学技术和文化知识，有益于弘扬民族优秀文化，有益于促进国际文化交流，有益于丰富和提高人民的精神生活。以未成年人为对象的图书、报刊、音像制品、电子出版物以及网络信息等更要精益求精，其内容不但要适应未成年人学习知识的需要，而且还要适应未成年人身心发展的特点，有益于未成年人的健康成长。

保障未成年人的精神文化权益，一方面要求国家和社会积极创造有利条件，为未成年人提供各种有益的精神产品；另一方面，对那些不利于未成年人身心健康的印刷品和电子出版物，则需要国家立法予以限制、禁止和排除。《预防未成年人犯罪法》第三十条也明确规定：以未成年人为对象的出版物，不得含有诱发未成年人违法犯罪的内容，不得含有渲染暴力、色情、赌博、恐怖活动等危害未成年人身心健康的内容。该法第三十一条第一款还规定：任何单位和个人不得向未成年人出售、出租含有诱发未成年人违法犯罪以及渲染暴力、色情、恐怖活动等危害未成年人身心健康内容的读物、音像制品或者电子出版物。

随着科技的进步，现代社会的传播方式越来越多样化，传播越来越便捷，特别是计算机的普及、网络的发展，为未成年人接受知识和信息提供了更为便利、更为广泛的途径。但与此同时，一些单位和个人在巨额经济利润的驱使下，利用通讯、网络等方式向未成年人传播淫秽、暴力、凶杀、恐怖、赌博等毒害未成年人的内容及信息。例如，利用网络传送淫秽的图片、信息，以及包含淫秽内容的电话热线等，严重毒害和腐蚀了辨别力、抵抗力不强的未成年人，危害了未成年人的健康成长，诱发了未成年人的违法犯罪活动。对此，必须予以坚决禁止和严厉打击。

本条为禁止性规定，任何违反本条规定的违法行为，都将承担相应的法律责任。如由主管部门责令改正，依法给予行政处罚等。

国家新闻出版广电总局要求各出版单位要以中国画报出版社、陕西师范大学出版社为前车之鉴，牢记自身肩负的文化使命和社会责任，坚守出版行业的职业道德，多出优秀少儿读物，自觉做文化传承的守望者、社会公德的践行者、青少年健康成长的保护者，让天下父母放心，让人民群众满意。

# 保证质量　加强监管

## ——未成年人用品的质量以及包装

多年来，市面上未成年人的产品种类繁多，但是质量却参差不齐。因为使用不合格的产品而导致未成年人身心受到伤害的事件时有发生，比如，婴儿喝了劣质奶粉成为“大头娃娃”、幼儿食用体积过大的果冻吸入气管导致窒息、小朋友使用不合格玩具造成中毒或受伤、未成年人服用易成瘾药物等。要保证未成年人的安全和健康，就必须对未成年人所接触的食品、药品、玩具以及其他相关用品的生产和销售行为进行监管。

《未成年人保护法》第三十五条规定：“生产、销售用于未成年人的食品、药品、玩具、用具和游乐设施等，应当符合国家标准或者行业标准，不得有害于未成年人的安全和健康；需要标明注意事项的，应当在显著位置标明。”本条是关于对用于未成年人的食品、药品、玩具、用具和游乐设施等的质量以及包装的要求的规定。

首先是对用于未成年人的食品、药品、玩具、用具和游乐设施等的质量的要求。总的要求是应当符合国家标准或者行业标准，不得有害于未成年人的安全和健康。国家标准是指对全国经济技术发展有重大意义，需要在全国范围内统一技术要求所制定的标准。行业标准是指对没有国家标准而又需要在全国某个行业范围内统一技术要求所制定的标准。行业标准的制定不得与国家标准相抵触，国家标准公布实施后，相应的行业标准即行废止。

用于未成年人的食品是指满足未成年人正常生长发育所需的食品，包括主食品和辅食品。主食品是指含有未成年人生长发育所需营养素的主要食品。辅食品是根据未成年人生长发育的不同阶段对各种营养素需求的增加，而添加、补充其他营养素的辅助食品。由于未成年人特别是婴幼儿的生理特点，为满足其生长发育的特殊需要，用于未成年人的食品的配方、工艺流程及原辅料等较一般食品在营养、卫生等方面有着更高的要求。例如，婴幼儿食品必须含有一定比例与数量的营养素，严禁添加对婴幼儿生长发育有害的食品添加剂及其他化学物质。

用于未成年人的药品是指根据未成年人的身体特点，而专门研究生产的供未成年人使用的药品。由于未成年人特别是幼儿的身体发育尚未成熟，脏器稚嫩，患病时应该使用专用的药品。

玩具、游乐设施是指供给未成年人特别是幼儿玩耍，以提高其智力的特殊用具。玩具能给未成年人带来欢乐和幸福，但是如果玩具的质量低劣，也会威胁到他们的健康和安全。现实生活中因游乐设施的关键部位存在焊接不合格或者其他问题，导致未成年人人身伤亡事故的事件也时有发生。因此，未成年人游乐设施的设计、生产、安装单位，要考虑到未成年人的安全和健康的需要，以预防损害未成年人安全和健康的事故发生。用具是指供未成年人使用，或者保护未成年人时使用的物品，如奶瓶、摇篮。用于未成年人的玩具、游乐设施、用具等也应符合未成年人的身心发育要求，保证未成年人使用时的安全，促进未成年人的健康成长。

其次是对用于未成年人的食品、药品、玩具、用具和游乐设施等的包装事项的要求。用于未成年人的食品、药品、玩具、用具和游乐设施等应当在显著位置标明需要注意的事项。由于未成年人身体特点，一些对成年人没有危害或者危害甚微的事项，可能对未成年人造成致命的伤害。

为有效防止因包装不当引起的对未成年人的意外伤害，除用于未成年人的食品、药品、玩具、用具和游乐设施等应当在显著位置标明需要注意的事项外，还应加强儿童安全包装意识。由于未成年人特别是幼儿的好奇心较强，而且抵御意外伤害的能力较差，很容易发生误食中毒、意外伤亡等情况，加强儿童安全包装意识可以进一步防止儿童误吞药品或有毒物质情况的出现。同时作为一种更为人性化、更注重社会效应的科学的包装方法与包装理念，体现了国家对未成年人权益的重视和保护。儿童药品安全包装是指采用一种相对较为简易的安全防护包装器皿或方法可以避免儿童因误吞有毒药品或化学物质而造成一定程度身心意外伤害甚至死亡的包装方法。其通常是指 5 岁以下的儿童难以自行打开但是一般成人可以无困难地开启，并正确使用的安全包装器皿或方法。美国是最早进行儿童包装研究并制定其测试方法标准的国家。

本条为禁止性条款，任何违反本条规定的行为都将承担相应的法律责任。本法第六十五条规定：“生产、销售用于未成年人的食品、药品、玩具、用具和游乐设施不符合国家标准或者行业标准，或者没有在显著位置标明注意事项的，由主管部门责令改正，依法给予行政处罚。”在执法过程中，除按照《产品质量法》的规定对产品的质量进行严格的监管，对产品质量不合格的给予处罚外，还应注意用于未成年人产品的包装问题，改变过去重视产品质量、忽视产品包装的做法，对没有在显著位置标明注意事项的也应依法进行处罚。

# 游戏厅开在学校附近　追究经营者违法责任

## ——加强对不适宜未成年人进入场所的管理

廖晓新是某中学初二学生，学习成绩一直都很好，可在最近的几次考试中，学习成绩急剧下降，而且出现旷课现象。老师找廖晓新的父母谈话，希望能够查明其中原因。后经廖晓新父母仔细调查，发现廖晓新放学后就钻进离学校不远刚开的电子游戏厅打游戏，该电子游戏厅没有标明“禁止未成年人进入”的标志。对这件事情应如何处理？

《未成年人保护法》第三十六条规定：“中小学校园周边不得设置营业性歌舞娱乐场所、互联网上网服务营业场所等不适宜未成年人活动的场所。”“营业性歌舞娱乐场所、互联网上网服务营业场所等不适宜未成年人活动的场所，不得允许未成年人进入，经营者应当在显著位置设置未成年人禁入标志；对难以判明是否已成年的，应当要求其出示身份证件。”本条是关于加强对营业性歌舞娱乐场所、互联网上网服务营业场所等不适宜未成年人进入场所的管理的规定。

本条分为两款，第一款是关于中小学校校园周边不得设置不适宜未成年人活动场所的规定。不适宜未成年人活动的场所，是指以成年人为服务对象，供成年人娱乐消遣而不利于未成年人身心健康发展的一些特定的娱乐场所，如营业性歌舞娱乐场所、互联网上网服务营业场所。这类场所，无论是活动场所的环境，还是活动的内容都不适合未成年人，而且这类场所往往极易引发社会治安问题。

中小学校园周边不得设置营业性歌舞娱乐场所、互联网上网服务营业场所等不适宜未成年人进入的场所，是因为中小学校园是未成年人较为集中的地方，这些不适宜未成年人进入的场所对经常进出校园的未成年人具有或多或少的诱惑力，而且涉足这些场所的人员成分复杂、流动性大，甚至有很多违法犯罪人员混迹其中，中小学校园周边设置这类场所会对未成年人造成极坏的影响，对正常的校园秩序造成干扰。

第二款是关于限制未成年人进入营业性歌舞娱乐场所、互联网上网服务营业场所等场所活动的规定。营业性歌舞娱乐场所、互联网上网服务营业场所等不适宜未成年人活动的场所，不得允许未成年人进入，经营者应当在显著位置设置未成年人禁入标志；对难以判明是否已成年的，应当要求其出示身份证件。《娱乐场所管理条例》第二十三条规定，“歌舞娱乐场所不得接纳未成年人”。《互联网上网服务营业场所管理条例》第二十一条规定：“互联网上网服务营业场所经营单位不得接纳未成年人进入营业场所。互联网上网服务营业场所经营单位应当在营业场所入口处的显著位置悬挂未成年人禁入标志。”为有效限制未成年人进入，本条款进一步规定，经营者对难以判明是否已成年的，应当要求其出示身份证件。《互联网上网服务营业场所管理条例》第二十三条规定：“互联网上网服务营业场所经营单位应当对上网消费者的身份证等有效证件进行核对、登记，并记录有关上网信息。”这些规定使本条的规定更具有实际可操作性，经营者可以根据有无身份证以及身份证的年龄判断其是否已成年。本条为禁止性规定，违反本规定的应承担相应的法律责任。

《未成年人保护法》第六十六条规定：“在中小学校园周边设置营业性歌舞娱乐场所、互联网上网服务营业场所等不适宜未成年人活动的场所的，由主管部门予以关闭，依法给予行政处罚。营业性歌舞娱乐场所、互联网上网服务营业场所等不适宜未成年人活动的场所允许未成年人进入，或者没有在显著位置设置未成年人禁入标志的，由主管部门责令改正，依法给予行政处罚。”《互联网上网服务营业场所管理条例》第三十条规定：“互联网上网服务营业场所经营单位违反本条例的规定，有下列行为之一的，由文化行政部门给予警告，可以并处15000元以下的罚款；情节严重的，责令停业整顿，直至吊销《网络文化经营许可证》：……（二）接纳未成年人进入营业场所的……”2004年《关于开展网吧等互联网上网服务营业场所专项整治意见的通知》要求严厉查处接纳未成年人进入行为，“文化行政部门对累计2次接纳未成年人进入网吧等互联网上网服务营业场所的，要责令其停业整顿；对累计3次接纳未成年人进入的，要吊销其《网络文化经营许可证》；对在规定营业时间以外接纳未成年人进入的，一经发现，立即吊销其《网络文化经营许可证》”。

在本案中，某电子游戏厅开设在中小学校园附近，没有标明“禁止未成年人进入”的标志，多次接纳未成年人进入，按照上述规定属于违法行为。廖晓新的父母应该向有关部门反映某电子游戏厅的违法行为，并要求有关部门依法追究某电子游戏厅经营者的法律责任，要求有关部门责成该电子游戏厅停业搬迁，并赔偿对廖晓新造成不良影响的损失。

# 向初中生售烟　构成违法行为

## ——保护未成年人免受烟酒的危害

某日放学时分，位于A市第五中学的路上挤满了身穿校服的学生。初一学生王小勇走进了路边一家烟酒专卖店。一个男店员拿到钱，边看是否是真币，边从一条烟里面拿出一包给王小勇。一见有烟，一帮小同学马上簇拥着王小勇走出专卖店，吞云吐雾去了。交易过程非常简单，男店员连对方年龄也没有询问，旁边“不向未成年人出售烟酒”的牌子形同虚设。

出售烟酒给未成年人构成违法行为吗?《未成年人保护法》第三十七条规定：“禁止向未成年人出售烟酒，经营者应当在显著位置设置不向未成年人出售烟酒的标志；对难以判明是否已成年的，应当要求其出示身份证件。”“任何人不得在中小学校、幼儿园、托儿所的教室、寝室、活动室和其他未成年人集中活动的场所吸烟、饮酒。”本条是关于保护未成年人免受烟酒危害的规定。

本条包括两款内容：第一款是关于禁止向未成年人出售烟酒的规定；第二款是关于禁止在未成年人集中活动的场所吸烟、饮酒的规定。两款规定的内容虽不同，但目的却是一致的，即保护未成年人免受烟酒的危害，促使未成年人养成健康的生活习惯。

首先，就吸烟而言，吸烟对人体具有严重的伤害，已经是举世公认的事实。公共场所禁烟反映了一个社会的文明程度，但以法律的形式规定在中小学校、幼儿园、托儿所的教室、寝室、活动室和其他未成年人集中活动的场所禁烟，则反映了国家保护未成年人免受烟草危害的决心。本条之所以作出禁止向未成年人售烟以及禁止在未成年人集中活动的场所吸烟的规定，主要有以下三方面的原因：

(1) 吸烟严重危害人体健康，而且未成年人吸烟还会带来一系列的社会问题。有关调查数据表明，若吸烟者从年幼时开始吸烟并养成习惯，会有50%的概率死于与烟草相关的疾病，其中半数将死于70岁之前。远离香烟与烟雾是保障身体健康的明智之举。未成年人吸烟导致的社会问题并不仅仅止于危害身体健康这一项，由此引发的其他许多社会问题，同样值得我们深思。未成年人处于身体发育时期，生理和心理机能都尚未成熟，吸烟还会对未成年人的心理造成不良影响，使未成年人意志消沉、自暴自弃等，严重危害未成年人的个性发展。同时，吸烟还会增加未成年人与社会上其他不法分子交往的可能，还可能导致为筹集烟资而引发的盗窃、抢劫等违法犯罪行为，给未成年人以及社会带来严重的危害。

（2）未成年人的模仿心理、好奇心理较强。在中小学校、幼儿园、托儿所的教室、寝室、活动室和其他未成年人集中活动的场所吸烟，对未成年人造成极坏的影响，增加未成年人吸烟的概率。专家强调，要减少烟民队伍，最重要的还是控制新烟民的产生，而未成年人则成为控制烟草的重点干预对象。在未成年人中开展“拒吸第一支烟”的教育已经迫在眉睫。

（3）被动吸烟对未成年人的身体健康同样有严重的伤害。根据世界卫生组织定义，被动吸烟是指不吸烟者一周中有一天以上每天吸入吸烟者呼出的烟雾长于15分钟。被动吸烟危害人体健康的理论已得到证实，被动吸烟产生的活化氧（自由基）损伤基因和细胞膜蛋白，促发肿瘤等疾病。被动吸烟还会减少血红蛋白携氧并使心肌利用氧的能力下降，尤其是对未成年人的危害更为严重。

其次，本条将禁止向未成年人售酒以及不得在中小学校、幼儿园、托儿所的教室、寝室、活动室和其他未成年人集中活动的场所饮酒写进法律。酒是一把“双刃剑”，成年人少量饮酒对身体健康有一定的好处，但过量饮酒同样损害健康。酗酒还会影响家庭的和睦，给未成年孩子身心发展造成严重不良的影响。因此，禁止向未成年人出售烟酒，禁止在中小学校、幼儿园、托儿所的教室、寝室、活动室和其他未成年人集中活动的场所吸烟、饮酒，不仅是控烟、控酒工作的当务之急，而且对创造健康的社会环境、培养未成年人良好的生活习惯、加强对未成年人权益的保护也有着重要的意义。

本案烟酒专卖店违反了本条的禁止性规定，其行为构成违法行为。《未成年人保护法》第六十七条规定：“向未成年人出售烟酒，或者没有在显著位置设置不向未成年人出售烟酒标志的，由主管部门责令改正，依法给予行政处罚。”

# 执行特殊劳动保护制度<br>不得安排过重有害作业

## ——对未成年工进行特殊劳动保护

17岁的小林在东莞某化工有限公司工作，他的工作车间，几百名工人挤在很小的厂房里面做工，而且厂房里没有通风设备，空气中总有股怪味；特别是到了夏天，在三十多摄氏度的高温下，没有空调，几个破旧的风扇也起不了多大的作用，工作环境很差。因最近订单很多，公司为了赶时间，给每个员工都加重了任务。小林每天要工作14个小时，从早上8点，一直干到晚上12点，中间只是在吃饭时休息2个小时。小林实在无法在如此恶劣的环境下，承受繁重劳动。本想辞职，但是考虑到这个公司薪水不错，而且自己只是初中毕业，找一份工作并不容易，于是就想向公司的领导提出，自己是未成年人，希望公司能够给予特殊照顾，为他换一个工作岗位。小林有权提出这样的要求吗?

《未成年人保护法》第三十八条第二款规定："任何组织或者个人按照国家有关规定招用已满十六周岁未满十八周岁的未成年人的，应当执行国家在工种、劳动时间、劳动强度和保护措施等方面的规定，不得安排其从事过重、有毒、有害等危害未成年人身心健康的劳动或者危险作业。"这是关于对未成年工进行特殊劳动保护的规定。

未成年人的身体还处于生长发育期，身心尚未发育成熟，比成年人更需要充分的休息和营养，其机体对疲劳的承受和恢复能力均不如成年人，加之这一时期的未成年人往往还有接受教育的需要，所以对于已满16周岁未满18周岁的未成年工，无论从生理、心理还是社会角色上，都无法承担不适于其从事的过重、有毒、有害等危害其身心健康的劳动或者危险作业。过重和过度紧张的劳动、高温等不良的工作环境，不合适的劳动工具等因素，势必影响未成年工的健康发育，损害他们的合法权益。

劳动保护是指在法律、技术、设备、设施、组织制度和教育等方面所采取的一系列措施，以保障职工在生产、劳动过程中的安全和健康。未成年工的特殊劳动保护，是指针对未成年人的身体状况、生理特点及自身的特殊需要，在适用一般劳动安全卫生制度的基础上，法律另外规定的对未成年人所采取的特殊的安全和卫生保护措施，不适用于成年职工的专门的保护制度。

工种是按生产操作的技术内容划分的工作种类，如铸铁、钳工。安排工种应当充分照顾到未成年工的身体承受能力，使未成年工力所能及。禁止安排未成年工从事矿山、井下、高空、易燃、易爆、放射性等危险作业，特别繁重或者对身体发育有毒有害的工种。

劳动时间包括两个方面的要求：一是劳动时间不能太长，以利于未成年工劳动后及时恢复体力；二是时间安排要照顾未成年工长身体的需要，安排在白天而不要安排在晚上。

劳动强度包括劳动的繁重程度和紧张程度，前者要求安排给未成年工的劳动不能太重，量不能太大；后者要求为未成年工安排的劳动频率不要太高。

保护措施则是指为保障未成年工的劳动安全采取的措施。这些措施要根据具体工作的不同需要而预先采取，不能出了事故再予以补救。

不得安排未成年工从事过重的劳动，要求安排未成年工的劳动要在其体力能够承担的范围内。有毒害的劳动则包括未成年工劳动的环境有毒、劳动工具有毒和劳动对象有毒。例如，农药厂的劳动环境往往有发生毒害的危险；搬运、装卸、使用沥青的工作，就属于劳动对象有毒的工作。有害劳动一般指有害于未成年工的健康，容易导致未成年工产生职业病的劳动。例如，在生产中产生游离二氧化矽 10% 以上粉尘的劳动，容易产生矽肺病，未成年工不宜承担。危险作业指容易发生工伤事故的作业。例如，高空作业容易从高空摔下来，锅炉工操作不规范会引起锅炉爆炸，等等。随着社会的不断发展，加之实际情况的复杂性，上述具体规定可能无法穷尽未成年工“不宜从事的劳动或者危险作业”的范围。出于更切实有效地保护未成年工合法权益的目的，《未成年人保护法》将“危害未成年人身心健康”作为判断一项工作是否适宜未成年工从事的终极标准。

17 岁的小林作为未成年工，某化工有限公司将其安排在劳动强度太大、保护措施太差、劳动时间太长的工作岗位，不符合《未成年人保护法》有关对未成年工进行特殊劳动保护的规定。小林完全有权向公司提出给予特殊照顾，为他换一个工作岗位的合法要求。

# 幼儿园张贴体检结果　侵犯未成年人隐私权

## ——不得侵犯未成年人隐私权

某民办幼儿园，把班里每个孩子的体检结果公布在教室门口，上面除了身高、体重等项目外，还包括鸡胸、包茎等内容。该幼儿园的做法合法吗？

《未成年人保护法》第三十九条规定："任何组织或者个人不得披露未成年人的个人隐私。""对未成年人的信件、日记、电子邮件，任何组织或者个人不得隐匿、毁弃；除因追查犯罪的需要，由公安机关或者人民检察院依法进行检查，或者对无行为能力的未成年人的信件、日记、电子邮件由其父母或者其他监护人代为开拆、查阅外，任何组织或者个人不得开拆、查阅。"本条是关于保护未成年人隐私权的规定。可见，幼儿园的做法是违法的。

本条第一款规定了任何组织或者个人不得披露未成年人的个人隐私。隐私是指公民不希望被他人知悉或不愿意被公开的个人私事、个人信息、私人活动等个人私生活领域内的事情，如私人日记、个人身体秘密。隐私一旦被他人知晓，当事人往往感到羞愧难当，在心理上引起强烈反应，有的甚至因此而结束自己的生命。因此，保护个人隐私，是每个公民的正当需求，也是国家和公民的责任。未成年人心理活动尚未成熟，但未成年人也会有自己的隐私，如个人的身体秘密、心理活动的私密记录（日记）、出生情况、家庭情况。个人是否存在隐私，并不能以其心理活动功能是否成熟作为评判条件。未成年人正处于生长发育时期，其情感还比较脆弱，自我控制能力和心理防卫能力都比较差。其个人隐私一旦遭受侵犯，往往会造成其心理扭曲和对社会的抵触情绪，损害其身心健康。因此，未成年人的个人隐私同样应当受到保护。

未成年人隐私权是指未成年人就自己的个人私事、个人信息、私人活动等个人生活领域内的事情不为他人知悉，禁止他人干涉的权利，是未成年人的人格权的一部分。侵犯未成年人隐私权的，应当依法承担法律责任。

未成年人的隐私权，不仅仅是生活秘密，也应该包括社会事件。即使未成年人违法犯罪或者违反公共秩序，他人也无权宣扬，媒体也不能披露真实姓名、住址或者足以推断出具体是谁的信息资料。这一点在《预防未成年人犯罪法》第四十五条和《未成年人保护法》第五十八条都有明确规定，即对未成年人犯罪案件，新闻报道、影视节目、公开出版物、网络等不得披露该未成年人的姓名、住所、照片、图像以及可能推断出该未成年人的资料。

本条第二款规定了任何组织或者个人不得隐匿、毁弃、非法开拆、查阅未成年人的信件、日记、电子邮件。这一规定是尊重未成年人人格尊严、保护未成年人隐私权、不得披露未成年人的个人隐私的延伸。对于上述禁止性规定，本条第二款还规定了两个法定的例外。第一，如果因追查犯罪的需要，公安机关（包括国家安全机关）、检察机关有权依照法律的程序对未成年人的信件、日记、电子邮件进行检查。该规定与相关刑事实体、程序法律规定相衔接。第二，对于无民事行为能力的未成年人，即我国《民法通则》所规定的未满 10 周岁的未成年人，或者虽已满 10 周岁但不能辨认自己行为的未成年精神病人，其父母或者其他监护人有权代为开拆、查阅其信件、日记、电子邮件，其他任何组织或者个人则无此权利。同时，即使是无民事行为能力的未成年人父母或者其他监护人，也不得隐匿、毁弃其信件、日记，或者私自删除其电子邮件，更不得将其内容向他人披露。

公民的健康状况是绝对隐私，隐私权作为人身权之一，是与生俱来的，并不会因为年龄小而打折扣，而侵权就要承担法律责任。未成年人有隐私权，健康状况是每个人的生理隐私，而且属于绝对隐私，不管是大人还是小孩，这种隐私权都应得到尊重和保护。

因此，该幼儿园应当为侵犯幼儿隐私的行为承担法律责任。

# 公共场所遇突发事件不得“请领导同志先走”

## ——遇突发事件时应优先救护未成年人

1994 年 12 月 8 日在新疆克拉玛依市友谊馆剧场发生火灾，由于在场负责人要求学生“先不要动，请领导同志先走”，导致在场观看“专场文艺演出”的 796 名学生全部陷入火海，其中 288 人死亡，酿成了血的惨痛教训。

《未成年人保护法》第四十条规定：“学校、幼儿园、托儿所和公共场所发生突发事件时，应当优先救护未成年人。”本条是关于遇突发事件时优先救护未成年人的规定。

可以说，本条规定是联合国《儿童权利公约》中规定的“儿童利益优先”和“儿童利益最大化”等基本原则的具体体现。联合国《儿童权利公约》第 3 条规定了儿童利益最大化原则，即关于儿童的一切行动，不论是由公私社会福利机构、法院、行政当局或立法机构执行，均应以儿童的最大利益为首要考虑。这就要求各国在采取立法、行政、司法等一系列措施时，如果涉及未成年人权益的保护，则应采取能够最大可能地保护未成年人利益的最优方案。

本条的规定也是对本法总则规定的儿童特殊优先原则的具体体现。未成年人优先的基本含义是，对他们的权利，对他们的生存、保护和发展给予高度优先，无论任何机构、任何情况，都应该把未成年人放在最优先考虑的地位。

本条所说的“公共场所”主要是指公众进行公开活动的场所，如商店、影剧院、体育场、公共交通工具、街道等场所。

突发事件，是指突然发生，造成或者可能造成严重社会危害，需要采取应急处置措施予以应对的自然灾害（如水灾、火灾、地震）、事故灾害（如重大交通事故、校园重大踩踏事故或者校舍坍塌事故）、公共卫生事件（如传染病暴发、集体性食物中毒或者药品不良反应事件）和社会安全事件。突发事件往往会给公众的人身安全造成巨大危害，这种情况如果发生在学校、幼儿园、托儿所、少年宫或者其他一些未成年人聚集的公共场所，其后果往往更为严重。

据说，当年在审议“未成年人保护法”修订草案的程序中，一些常委会委员提出，公民的生命健康权利是平等的，不能单独规定在发生突发事件时优先救护未成年人。是否优先救护，只能视突发事件发生时的具体情况而定。另外一些常委会委员提出，联合国《儿童权利公约》规定了儿童利益最大化原则，本法是保护未成年人的专门法律，应该充分体现儿童利益最大化原则。在突发事件发生时，同等危急情形下，应当先对未成年人进行组织救护，也是儿童利益最大化原则的体现。立法机关采取了后一种意见。因为与成年人相比较而言，未成年人在突发事件中的应变能力、保持镇静的能力和自我防护的能力更差，尤其是在缺乏成年人进行有效组织、协调的情况下，更容易发生秩序混乱，扩大危害后果。在这个意义上讲，在遇到突发事件时，未成年人比成年人更需要及时救护，在顺序上应优先于成年人。从道德层面上讲，在遇到突发事件时，优先救护妇女、儿童也是当今世界所公认的优良品质。

上述新疆克拉玛依市友谊馆剧场火灾，未能优先救护未成年人，安排其有序撤离，是导致惨烈伤亡后果的一个重要原因。学校、幼儿园、托儿所和公共场所发生突发事件时，不管现场来了多大的领导，都必须严格依照本条的规定，优先救护未成年人。

# 利用未成年人乞讨 必须坚决绳之以法

## ——禁止利用未成年人乞讨

媒体曾报道过这样一个案例，某市的一座天桥上每天都坐着一个令人惨不忍睹的乞讨小女孩：身体十分瘦弱，看上去五六岁，蜷缩着的两条僵硬乌黑的细腿无法直立，小腿至脚背处有多个化脓的伤口，右脚板处则有一个鲜血淋淋的窟窿。女孩的臀部仿佛一团死肉，被一块脏兮兮的破布遮住，大小便糊成一团。一些好心的市民经观察发现，这个孩子身上的那些伤只见烂，不见好，一些伤本来快要结痂了，过一天又是一个血糊糊的口子，长好的肉又没了。因此，市民怀疑这个女孩的伤口是被人故意挖烂的，遂报警。后该女孩被解救。经调查发现，这名身世非常凄惨的残疾女童已 12 岁，但身高不足 1 米，身上多处伤口都是控制其乞讨的人的“杰作”，目的就是利用其凄惨可怜的形象进行乞讨。这个女孩不仅被人操纵乞讨，而且如果某一天讨得少了，就会挨皮带抽。司法机关对控制该女孩的人依法追究了法律责任。

《未成年人保护法》第四十一条第二款规定：“禁止胁迫、诱骗、利用未成年人乞讨或者组织未成年人进行有害其身心健康的表演等活动。”

乞讨作为一种社会现象，在任何国家、任何社会都不同程度地存在。由于我国正处在经济快速发展阶段，存在贫富差别、城乡居民收入和生活水平的差距加大等问题，一部分人在工作无着、生活困难的情况下，选择了流浪乞讨的生存方式。也有一些人并非生活无着而必须选择流浪乞讨的生活方式，而是胁迫、诱骗、利用未成年人乞讨为自己牟取利益，严重损害未成年人的合法权益，破坏社会秩序。对于胁迫、诱骗或者利用未成年人乞讨的行为，必须予以禁止。

胁迫、诱骗或者利用未成年人乞讨的现象自古有之，属于历史陋习。这种丑恶现象在新中国历史上曾一度得到过有效控制，几近消失，但近年来又有沉渣泛起之势。相关调查结果显示，未成年人乞讨占整个乞讨人数的一半左右，而这些未成年乞讨儿多数都是受人控制和操纵的。违法犯罪分子控制和操纵未成年人进行乞讨的具体方式多种多样，如恐吓、暴力威胁、冻饿、打骂、身体强制甚至利用毒品进行人身控制。这些未成年被害人被视作“赚钱工具”。更有甚者还以长期残害未成年人身体等极端残忍的方式胁迫、利用未成年人乞讨。

本法出于保护未成年人利益的目的，明确规定了“禁止胁迫、诱骗、利用未成年人乞讨”。违反这一规定的，则可依照《治安管理处罚法》第四十一条的规定予以处罚。如果行为人故意伤害受其控制的未成年人，致其重伤、死亡的，则应以故意伤害罪或者故意杀人罪论处。所谓“胁迫”未成年人乞讨，是指行为人以立即实施暴力或其他有损身心健康的行为，如以冻饿、罚跪相要挟，逼迫未成年人进行乞讨的行为。“诱骗”未成年人乞讨，是指行为人利用未成年人的弱点或亲属等人身依附关系，或者以许诺、诱惑、欺骗等手段指使未成年人进行乞讨的行为。“利用”未成年人乞讨，是指行为人怀有个人私利，使用各种手段让未成年人自愿地按其要求进行乞讨的行为。

对于以暴力、胁迫手段组织不满 14 周岁的未成年人乞讨的，依法构成犯罪，根据《刑法》第二百六十二条之一的明确规定，处 3 年以下有期徒刑或者拘役，并处罚金；情节严重的，处 3 年以上 7 年以下有期徒刑，并处罚金。

本案中控制女孩乞讨的人以长期残害未成年人身体等极端残忍的方式胁迫、利用未成年人乞讨，司法机关依法追究其法律责任，是应该的，也是必要的。

# 采取切实有力措施　维护校园周边治安

## ——公安机关职责

在学校新学期开学之际，萍乡市安源区某派出所民警深入辖区中小学和幼儿园，以“一巡”“二查”工作为依托，认真维护校园周边治安。“一巡”，即派出所认真做好学生上学和放学两个时段的巡逻工作。结合正在开展的“亮警灯”活动，民警定时定点到学校门口及周边进行巡逻，做到“见警车、亮警灯、见警察”，以震慑涉校违法犯罪，增强学校师生和学生家长的安全感。“二查”，即检查校园周边环境。在开学之际，派出所联合安监、工商等部门，对校园周边的网吧、摊点、商户等场所进行检查和清理，对违规经营的依法进行取缔，净化校园周边环境。派出所通过以上活动的开展，为辖区的校园安全提供了有力的保障，受到了学校师生和学生家长的欢迎。

《未成年人保护法》第四十二条规定：“公安机关应当采取有力措施，依法维护校园周边的治安和交通秩序，预防和制止侵害未成年人合法权益的违法犯罪行为。”“任何组织或者个人不得扰乱教学秩序，不得侵占、破坏学校、幼儿园、托儿所的场地、房屋和设施。”本条是关于公安机关在维护校园周围治安和交通秩序，预防和制止侵害未成年人合法权益的违法犯罪行为工作方面应尽职责的规定，同时规定了不得扰乱教学秩序，不得侵占、破坏学校、幼儿园、托儿所的场地、房屋和设施。本条共分两款。

第一款是关于公安机关在维护校园周围治安和交通秩序，预防和制止侵害未成年人合法权益的违法犯罪行为工作方面应尽职责的规定。

维护好校园周围地区的治安秩序，是学校开展正常教育、教学工作的重要保障，也是未成年人健康成长的重要保障。前些年一些地方存在不法分子滋扰校园的现象，有的问题还比较严重。他们有的在校园周围寻衅滋事、敲诈勒索，拦截中小学生抢劫他们的财物；有的教唆、引诱未成年人参加违法犯罪行为；有的强行向学生兜售不合格商品，危害学生身体健康；有的追逐、调戏、侮辱女学生；有的在学校周围打架斗殴，甚至造成恶劣后果；有的在学校周围无故打骂师生。这些问题的存在，不仅直接威胁着学校师生的人身安全，严重影响了正常的教学秩序和社会秩序，还容易对正处于成长发育的未成年学生产生不良影响。一些未成年人明辨是非的能力薄弱，容易盲目模仿，误入歧途。另外，一些中小学校周围存在一定的交通隐患，存在严重交通违法行为，如不按规定让行、加速等行为，事故一旦发生，后果往往不堪设想。因此，本条特别规定了公安机关应当采取有力措施，依法维护校园周边的治安和交通秩序，预防和制止侵害未成年人合法权益的违法犯罪行为。

本条规定，公安机关应当维护校园周边的治安和交通秩序，预防和制止侵害未成年人合法权益的违法犯罪行为。对于在学校周围打架斗殴、寻衅滋事、抢劫中小学生财物等违法犯罪行为，公安机关应及时予以制止，并作出处理。对在学校周围开设的录像放映点、音像制品出租点、互联网上网服务营业场所等进行重点检查，及时消除影响未成年人健康成长的精神垃圾。在城市，许多中小学校、幼儿园处在闹市区，人多车多，在上学、放学的时间段内，交警应注意疏导，保障学生的交通安全。巡警要加强巡逻，维护社会秩序，保障未成年人的人身安全。

第二款是关于不得扰乱教学秩序，不得侵占、破坏学校、幼儿园、托儿所的场地、房屋和设施的规定。

扰乱教学秩序的行为大致有以下几种：（1）不听劝阻，在教学区高声喧哗和打闹的，在教学、科研时间（不包括体育课、早锻炼和课外活动时间）内在教学区进行球类和文娱活动，在办公楼、教学楼无理取闹的。（2）扰乱校内公共场所秩序的。（3）寻衅滋事、造谣惑众、煽动闹事的。对于实施上述违法行为的个人，包括学校的工作人员、其他单位的人员，情节较轻、危害后果和影响不大的，由主管部门对责任人批评教育或者给予行政处分；情节较重，致使学校教育教学秩序遭到破坏的，或者造成其他危害后果的，由公安机关给予治安处罚；情节和后果严重，构成犯罪的，由司法机关追究刑事责任。

侵占场地、房屋及设施的行为主要表现为：（1）偷盗、抢夺或者哄抢、勒索学校的教学仪器或者其他设备。（2）占用学校的校舍、场地，破坏场地、房屋及设施的行为。

萍乡市安源区某派出所民警以“一巡”“二查”工作为依托，认真维护辖区内中小学校园周边治安，是履行公安机关在维护校园周围治安和交通秩序、预防和制止侵害未成年人合法权益的违法犯罪行为方面职责的具体表现。

# 堵塞救助漏洞　谨防悲剧重演

## ——对流浪乞讨等生活无着的未成年人实施救助

2012年11月16日，5名年龄均在10岁左右的男孩被发现死于毕节市七星关区街头垃圾箱内，人们发现该垃圾箱内有木炭生火取暖的痕迹，经当地公安部门调查，5名男孩是因在垃圾箱内生火取暖导致一氧化碳中毒而死亡。尽管这起事件被警方定性为“意外事故”，但包括七星关区民政局局长在内的8位相关责任人都被免职或停职。这起悲剧清晰地暴露出七星关区在救治流浪儿童工作方面专业救助站缺位、巡查队人员不足等漏洞。为堵塞救助工作漏洞，谨防悲剧重演，七星关区民政局于2012年11月22日开通24小时流浪乞讨人员求助电话，同时在街道重要路段设立救助指示牌。

《未成年人保护法》第四十三条规定：“县级以上人民政府及其民政部门应当根据需要设立救助场所，对流浪乞讨等生活无着未成年人实施救助，承担临时监护责任；公安部门或者其他有关部门应当护送流浪乞讨或者离家出走的未成年人到救助场所，由救助场所予以救助和妥善照顾，并及时通知其父母或者其他监护人领回。”“对孤儿、无法查明其父母或者其他监护人的以及其他生活无着的未成年人，由民政部门设立的儿童福利机构收留抚养。”“未成年人救助机构、儿童福利机构及其工作人员应当依法履行职责，不得虐待、歧视未成年人；不得在办理收留抚养工作中牟取利益。”本条是关于政府及其民政部门对流浪乞讨等生活无着的未成年人实施救助，或者由民政部门设立的儿童福利机构收留抚养的有关规定。

在正常情况下，未成年人由其父母或者其他监护人抚养，社会不承担抚养责任。但是，未成年人难保外出不走失，而且还有一些未成年人离家出走。由于这些情况的存在，社会上难免会出现流浪乞讨或者离家出走的未成年人。在这种特殊情况下，未成年人脱离了父母或者其他监护人，生活无着，未成年人的安全和健康存在极大的威胁。流浪未成年人是社会弱势群体，他们生活在街头，衣食无着，处境艰难，合法权益难以得到充分保障，容易被犯罪分子利诱和利用，误入歧途，走上违法犯罪道路，影响国家的长治久安。《民法通则》第十六条第四款规定：“没有第一款、第二款规定的监护人的，由未成年人的父、母的所在单位或者未成年人住所地的居民委员会、村民委员会或者民政部门担任监护人。”根据这一规定，民政部门可以对失去监护的未成年人承担监护责任。

本条第一款规定将民政部门的临时监护职责法定化、具体化。

根据相关规章的规定，各有关职能部门的职能是：（1）民政部门是流浪未成年人工作的政府职能部门，负责制定流浪未成年人工作的发展规划；研究制定流浪未成年人工作的政策法规和工作规范；组织培训，指导各地开展流浪未成年人工作；加强对流浪未成年人救助保护机构的监督管理。（2）流浪未成年人救助保护机构的职能是为流浪未成年人提供全面的服务，采取多种措施保障受助未成年人的生活、教育、管理、返乡和安置；组织适合未成年人需要的活动，通过文化知识教育、职业技能培训等帮助未成年人获得谋生技能，为回归社会、独立生活做好准备；与教育、公安和司法行政等部门一道对有不良行为的流浪未成年人进行法制教育、行为矫治和心理辅导；监护人无法履行职责的服刑人员子女也可以由流浪未成年人救助保护机构提供生活照料。（3）公安机关的职能是对执行职务时发现的流浪、乞讨未成年人，打击犯罪行动中解救的未成年人，以及有轻微违法行为但根据有关规定不予处罚且暂时无法查明其父母或其他监护人的未成年人等，应当及时将他们护送到流浪未成年人救助保护机构接受救助；公安机关要依法严厉打击诱骗、拐卖、残害流浪未成年人和组织、操纵、教唆未成年人特别是残疾未成年人流浪、乞讨等违法犯罪行为；协助流浪未成年人救助保护机构核实受助未成年人的真实身份；有条件的地方公安机关可在流浪未成年人救助保护机构内设立警务室，协助流浪未成年人救助保护机构进行管理。

孤儿、无法查明其父母或者其他监护人的以及其他生活无着的未成年人，由民政部门设立的儿童福利机构收留抚养，可以保证这些未成年人有一个健康成长的环境，保障这些未成年人健康茁壮成长。本条第二款对此作出了明确规定。

孤儿、无法查明其父母或者其他监护人的以及其他生活无着的未成年人年龄尚小，身心发展还不成熟，容易受到来自各方面的侵害，在未成年人救助机构、儿童福利机构中应当得到关怀和照料。未成年人救助机构、儿童福利机构及其工作人员对这些未成年人有临时监护职责，应当全面关怀、爱护未成年人，照顾未成年人的日常生活、饮食起居，对未成年人进行生活管理和教育，促使未成年人健康成长。本条第三款规定未成年人救助机构、儿童福利机构及其工作人员应当依法履行职责，不得虐待、歧视未成年人。同时，本法明确规定未成年人救助机构、儿童福利机构及其工作人员不得在办理收留抚养工作中牟取利益，侵犯未成年人的合法权益。

“毕节事件”让人们倍加关注流浪儿童群体，对于这些得不到家庭关爱的孩子，社会该对他们做些什么，尽最大能力照顾他们的生活，设身处地考虑他们的需要，让他们感受到来自社会大家庭的温暖。更重要的是，相关部门要切实执行《未成年人保护法》及其他相关法律法规的规定，理顺救助管理机制，杜绝类似事件发生。

# 积极发展托幼事业　办好托儿所幼儿园

## ——为孩子的每一天负责

上海市徐汇区科技逸夫幼儿园位于石龙路818弄8号正南花苑内。该园创建于2001年9月，原为徐汇逸夫小学附属幼儿园，于2013年7月正式纳入徐汇区教育局，转为公办二类幼儿园，具有“上海市文明单位”“全国儿童美术实验基地”“上海市首届阅读实验基地”等荣誉称号。该园以培养“健康活泼、文明乐群、勇敢自信、有初步责任感的现代儿童”为办园目标，以运动教学特色为引领，努力培养幼儿大胆探索、动手动脑、思考创新的综合能力，并坚持一切以幼儿的发展为本。该园具有一支年轻有朝气、教学经验丰富的教师团队，为幼儿素质的全面提高，提供了一个“安全、舒适、温馨、和谐”的生活环境，并具有完善的教育教学设施。该园坚持“为孩子的每一天负责”为教育理念，为幼儿营造一个“爱集体、讲文明、懂礼貌、守规则”的互动环境；在这里，孩子们每天兴致勃勃地学习、愉快地生活、健康地成长、全面地发展；并为每个幼儿顺利进入小学，成为一个“社会人”打下良好的基础。

《未成年人保护法》第四十五条规定：“地方各级人民政府应当积极发展托幼事业，办好托儿所、幼儿园，支持社会组织和个人依法兴办哺乳室、托儿所、幼儿园。”“各级人民政府和有关部门应当采取多种形式，培养和训练幼儿园、托儿所的保教人员，提高其职业道德素质和业务能力。”本条是关于发展托幼事业，办好幼儿园、托儿所的规定。第一款是关于地方各级人民政府应当积极发展托幼事业，支持社会组织和个人兴办哺乳室、托儿所、幼儿园的规定。

一般来说，婴幼儿和学龄前儿童都要经过托儿所、幼儿园阶段。托儿所、幼儿园中的孩子比小学、中学中的未成年人年龄更小，更需要予以特别、优先保护。其中，哺乳室指在婴儿母亲的工作场所特设的为婴儿哺乳的场所。托儿所一般指对3周岁以下的儿童进行保育和教育的场所。幼儿园是对3周岁以上学龄前幼儿实施保育和教育的机构；幼儿教育是基础教育的有机组成部分，是学校教育的基础阶段。

发展托幼事业需要的条件如下。

首先要有场地和设施。在这方面，地方各级人民政府负有首要责任。为此，城市的人民政府应当在制定城市规划时即安排发展托幼事业的内容；城市和农村的人民政府都应当关注托幼事业，从财政上、物资上、人力上采取措施，保证其管辖区域内的托幼事业适应当地未成年人保护的需要。社会力量是发展托幼事业的重要力量，《未成年人保护法》规定，支持社会组织和个人依法兴办哺乳室、托儿所、幼儿园。这有利于调动各种社会力量，解决发展托幼事业经费不足的问题，为托幼事业的发展开辟更广阔的空间，为保护未成年人创造更有利的条件。

其次，有关场地和设施必须符合国家规定的安全和卫生标准。1989 年发布的《幼儿园管理条例》中规定，举办幼儿园必须将幼儿园设置在安全区域内；严禁在污染区和危险区内设置幼儿园；幼儿园的园舍和设施必须符合国家的卫生标准和安全标准。2010 年卫生部、教育部发布的《托儿所幼儿园卫生保健管理办法》中规定，托幼机构的建筑、设施、设备、环境及提供的食品、饮用水等应当符合国家有关卫生标准、规范的要求。

最后，发展托幼事业要求具有热爱托幼事业并且具有专门知识的保教人员。1989 年发布的《幼儿园管理条例》中规定，举办幼儿园应当具有符合下列条件的保育、幼儿教育、医务和其他工作人员：幼儿园园长、教师应当具有幼儿师范学校（包括职业学校幼儿教育专业）毕业程度，或者经教育行政部门考核合格；医师应当具有医学院校毕业程度，医士和护士应当具有中等卫生学校毕业程度，或者取得卫生行政部门的资格认可；保健员应当具有高中毕业程度，并受过幼儿保健培训；保育员应当具有初中毕业程度，并受过幼儿保育职业培训。慢性传染病、精神病患者，不得在幼儿园工作。

2010 年卫生部、教育部发布的《托儿所幼儿园卫生保健管理办法》中规定，托幼机构工作人员上岗前必须经县级以上人民政府卫生行政部门指定的医疗卫生机构进行健康检查，取得《托幼机构工作人员健康合格证》后方可上岗。

保教人员素质的高低，关系到托儿所、幼儿园中的婴幼儿及学龄前儿童是否能够得到关爱、是否能够健康成长。如果保教人员素质低下，婴幼儿很有可能不能得到正常的关心爱护，有的保教人员甚至侮辱、虐待婴幼儿及学龄前儿童，造成了恶劣的影响。因此，《未成年人保护法》规定，各级人民政府和有关部门应当采取多种形式，培养和训练托儿所、幼儿园的保教人员，提高其职业道德素质和业务能力。实践中，这些形式多种多样，如考核、培训。无论其手段如何，其目的都是为了增强保教人员的职业道德素质和业务能力，从而为婴幼儿和学龄前儿童的健康成长创造良好环境。

# 学生知识产权　学校无权剥夺
## ——保护未成年人的智力成果权

沙文林是某中学初二年级学生，喜爱写作，经常在校报上发表诗歌、散文。有一天，沙文林的表弟打来电话，祝贺沙文林的一篇文章收录在某出版社出版的《中学生作文选》中。沙文林及其父母立即去新华书店，在售书架上找到了这本书，果然该书上收录了沙文林一篇上学期在本校校报上刊登过的文章。于是沙文林打电话给出版社，出版社的负责人告诉他，文章是经过学校同意以后才发表的，有什么情况应该去找学校，反正出版社是付过稿费的。沙文林找到了学校，学校的负责人却认为，沙文林只是个未成年人，没有资格获得著作权，沙文林还是学校的学生，学生运用在学校学习的知识在学校的报纸上发表文章，文章的著作权理应属于学校。所以沙文林收录在某出版社出版的《中学生作文选》中的文章的著作权理应属于学校。学校既不需要经过沙文林的同意，也不需要给付其稿费。该校负责人的说法正确吗？

《未成年人保护法》第四十六条规定："国家依法保护未成年人的智力成果和荣誉权不受侵犯。"显然，该校负责人的说法是错误的。

所谓智力成果，是指人的思维活动产生的、已在社会上以某种物质形式存在的一种信息。智力成果权，通常人们称之为知识产权，是指人们基于自己的智力活动创造的成果和经营管理活动中的标记、信誉而依法享有的权利。广义的知识产权包括著作权、邻接权、商标权、商号权、商业秘密权、产地标记权、专利权、集成电路设计权等各种权利。狭义的知识产权仅包括著作权（含邻接权）、专利权、商标权。一般认为知识产权是一种有别于财产所有权的无形财产权。智力成果是一种没有形体的精神财富。商标权是商标在注册后使用人所享有的、排除他人使用该商标的独占的权利。著作权是指作者对其作品依法享有的专有权利，即作者及其他著作权人对文学、艺术、科学作品所享有的人身权利和财产权利的总称。所谓专利，是指经国家专利主管机关依照《专利法》规定的审批程序审批，被认为符合专利条件的发明创造。一般情况下，专利是指具有专利性的发明创造或者是一种具有独占权的公开技术。专利权是指公民、法人或者其他组织依法对其取得的发明创造在一定期限内享有的专有权利。商标是生产经营者在其商品或服务上所使用的，由文字、图形或其他组成构成的，具有显著特征、便于识别商品或服务来源的标志。商标权是商标所有人依法对其商标所享有的专有使用权。智力成果是推动社会生产力进步的重要因素，特别是在知识创新的当代社会，智力成果在推进我国的社会主义现代化建设中所发挥的作用越来越巨大。

法律对于知识产权的保护是多层次、多角度的，如果知识产权遭受侵害，受侵害人可以采取下列权利保护方法：（1）提请行政机关处理，即受害人通过行政程序，请求相关行政部门对其权利给予保护；（2）提请民间知识产权组织解决，这主要是在著作权领域，如通过著作权集体管理组织处理版权纠纷和争议；（3）提请诉讼保护，如通过民事诉讼和刑事诉讼，追究侵权人的法律责任。

我国政府为未成年人充分发挥聪明才智提供了良好条件，各种博物馆、科技馆等为未成年人开阔视野奠定了良好基础。一些小发明家发挥聪明才智，小发明创造层出不穷。一些小作家、小画家用笔头抒发自己的感想，创作出各种文学艺术作品，为社会提供了大量精神财富，丰富了人们的精神文化生活。法律规定国家依法保护未成年人的智力成果不受侵犯，有利于鼓励广大未成年人更多更好地发明、创作，有利于激励未成年人健康成长。

智力成果权、荣誉权都是公民民事权利的重要组成部分，他人如果非法侵犯，公民都可以向法院提起诉讼，侵权人都要承担法律责任。未成年人因为没有行为能力或者没有完全的行为能力，如果其智力成果权和荣誉权受到侵犯，依法可以由其父母或者其他监护人向法院提起诉讼，使侵权人承担相应的法律责任。通过对未成年人智力成果权和荣誉权的保护，可以激发未成年人奋发向上的积极性，为社会更多地贡献自己的聪明才智。

虽然沙文林多次在校报上发表自己的作品，但这并不代表著作权人就是学校，除非沙文林征得父母的同意将著作权转让给学校。沙文林虽是未成年人，但著作权与年龄大小无关，未成年人也不是学校等机构的附属品，他们具有独立的人格，法律赋予他们的权利理应受到法律的保护。学校将沙文林的作品拿给出版社去发表，应该经过沙文林的同意，出版社应该付给沙文林稿费。

# 小学生荣誉权　依法不受侵犯

## ——保护未成年人荣誉权

正在读小学三年级的和小岚上学期由于学习勤奋、积极主动地帮助同学被学校评为“校三好学生”。本学期，和小岚变得骄傲自满起来，不但在学习方面变得懒惰，开始不完成老师所布置的作业，也不积极完成自己的值日工作，常找各种理由推脱。一天，正好赶上班主任检查作业，发现和小岚已经是第七次没有完成作业了，班主任很生气，当着全班同学的面取消和小岚上学期的“校三好学生”的称号。

班主任的做法正确吗？老师能否随便取消未成年学生的荣誉称号呢？

《未成年人保护法》第四十六条规定：“国家依法保护未成年人的智力成果和荣誉权不受侵犯。”

荣誉权是公民或者法人就国家机关或有关组织授予的荣誉称号或嘉奖获得的利益而不受他人非法剥夺的权利。

根据我国法律规定，公民的人身权利包括生命健康权、姓名权、肖像权、名誉权、荣誉权等，这些都是公民最基本的权利。荣誉权属于公民人身权利的一种，与人格尊严密不可分。荣誉权既不能转让，也不能被非法剥夺，是权利主体的一项专有权利。荣誉权并非每个公民或者法人都能实现，只有通过自己的活动，对社会作出过重大贡献并受到国家机关或社会组织的表彰而被授予荣誉称号时才能取得荣誉权。一般而言，荣誉权可以通过下列方式取得：第一，因科学技术研究及技术进步而取得；第二，因公民尽职尽责而取得；第三，公民、法人因成绩显著而取得。一些未成年人因为成绩显著而取得各种荣誉，如“十佳少先队员”“三好学生”“优秀学生干部”等，这些荣誉是对未成年人勤奋学习、追求上进的褒奖和肯定，是未成年人奋发向上的动力。国家依法保护未成年人的荣誉权不受侵犯，是希望广大未成年人珍惜已经取得的荣誉，再接再厉，奋发图强。

本案中的未成年学生和小岚由于上学期学习勤奋、积极主动地帮助同学而取得“校三好学生”的荣誉称号的权利（即荣誉权）受法律保护。未成年人享有荣誉权，任何人都不可以侵犯未成年人的荣誉权。

各种荣誉权可以依法剥夺，但不可以由任何人随意剥夺。本案中和小岚的“校三好学生”的荣誉称号是由学校授予的，如果发现被授予者有问题，应由学校宣布取消，和小岚的班主任老师无权作出这个决定。即使要撤销这个荣誉，也要有一定的程序，包括调查、开会研究，然后正式作出决定。由此可见，班主任简单粗暴的做法是不正确的，是违反《未成年人保护法》的规定的。

# 教育和挽救失足少年　预防和制止侵害行为

## ——基层群众性自治组织在保护未成年人工作中的义务

2014年8月25日，上海市虹口区某居委会在社区文化活动中心举办了一场“关爱女童，预防性侵害”知识讲座，邀请了国家二级心理咨询师徐老师为社区80多名中小学女生授课。徐老师从一本《我不让自己受侵犯》手册讲起，引导学生不要受别人的诱惑，不要和陌生人进行微信、短信、电话聊天，更不要和陌生人见面。徐老师用通俗易懂的语言讲解了女生受性侵的起因、危害和预防措施，教会女生怎样辨别性侵害、如何预防性侵害、增强安全防范意识和自我保护技能。徐老师采用与学生互动的方式，告诉女学生穿泳衣遮住的地方就是女生的隐私部位，不管是什么人，企图触碰你隐私部位的人都需要防范，遇到性侵害时要勇敢、坚强、冷静，想办法求助。徐老师还告诉女学生，在乘坐交通工具时，遭遇故意抚摸或擦蹭，要大声斥责，引起公众注意，不要隐忍不说。遭遇骚扰，要直接提出警告，及时报警。

《未成年人保护法》第四十八条规定：“居民委员会、村民委员会应当协助有关部门教育和挽救违法犯罪的未成年人，预防和制止侵害未成年人合法权益的违法犯罪行为。”本条是关于居民委员会、村民委员会在保护未成年人工作中的义务方面的规定。

我国《宪法》规定，城市和农村按居民居住地区设立的居民委员会或者村民委员会是基层群众性自治组织。居民委员会、村民委员会在未成年人保护方面能够发挥重大作用，主要表现为：（1）在社区范围内，有组织地开展各种形式的社会主义精神文明建设活动，优化未成年人成长的环境，同时加强对社区范围内特殊行业的管理，限制各种不适宜未成年人的活动，取缔各种危害未成年人健康成长的活动；（2）在社区范围内，关心和解决未成年人的特殊问题，对遭受虐待、歧视或辍学、离家出走的未成年人及童工、童商、童婚等问题给予解决，制止任何组织或个人对未成年人非法盘剥和摧残；（3）了解和掌握社区内青少年的基本情况，协助维护社区内治安和预防犯罪案件发生；（4）调解社区内发生的各种民间纠纷，把各种有可能导致未成年人身心健康受到损害的隐患消灭在萌芽状态；（5）在社区内开展社会治安综合治理工作，预防未成年人违法犯罪，在社区内加强治安联防巡逻，增强居民同违法犯罪作斗争的意识；（6）开展社会帮教工作，协助司法、行政机关教育和挽救失足青少年，发挥社区保护的积极作用；（7）向司法、行政机关反映未成年人的要求，积极维护未成年人的合法权益。

居民委员会、村民委员会是实施社会治安综合治理、预防未成年人犯罪和保护未成年人权益的重要力量。而且，根据我国目前法律和有关政策要求，在具体的保护未成年人的工作中，居民委员会、村民委员会还应当做好以下相关工作。

一是依据《预防未成年人犯罪法》第十三条的规定，应当积极开展有针对性的预防未成年人犯罪的法制宣传活动。

二是依据《预防未成年人犯罪法》第二十八条的规定，应当掌握本辖区内暂住人口中未成年人的就学、就业情况。对于暂住人口中未成年人实施不良行为的，应当督促其父母或者其他监护人进行有效的教育、制止。

三是依据《预防未成年人犯罪法》第四十七条的规定，对因不满 16 周岁而不予刑事处罚、免予刑事处罚的未成年人，或者被判处非监禁刑罚、被判处刑罚宣告缓刑、被假释的未成年人，应当采取有效的帮教措施，协助司法机关做好对未成年人的教育、挽救工作。居民委员会、村民委员会可以聘请思想品德优秀、作风正派、热心未成年人教育工作的离退休人员或者其他人员协助做好对前款规定的未成年人的教育、挽救工作。

四是依据《民法通则》第十六条第三、四款的规定，在近亲属中指定未成年人的监护人或者依法担当未成年人的监护人并履行监护职责。

上海市虹口区某居委会在社区文化活动中心举办“关爱女童，预防性侵害”知识讲座，使本社区的学生既掌握预防性侵害的知识，同时也使她们增强了安全防范意识，对预防和制止侵害未成年人合法权益的违法犯罪行为具有积极意义。

# 合法权益受侵害　可寻求公力救济

## ——关于救济的规定

2005年6月，黑龙江省哈尔滨市记者王魁峰报道了这样一件怪事：母亲把女儿囚禁在没电没煤气的家里，长达八年未迈出家门。本应作为未成年人监护人的母亲因为精神病反而侵害未成年人的权益，直到邻居打电话给记者，在有关部门协助下才将已经16岁的女孩解救出来。可见，在这样的情况下，公力救济是非常重要的。

《未成年人保护法》第四十九条规定："未成年人的合法权益受到侵害的，被侵害人及其监护人或者其他组织和个人有权向有关部门投诉，有关部门应当依法及时处理。"本条是关于未成年人的合法权益受到侵害时的救济方面的规定。

"无救济则无权利"或"没有救济的权利不是权利"。在英美法国家，这是家喻户晓的法律格言。在现代国家，救济总是与司法紧密地联系在一起。权利救济的方式主要有两种，即"私力救济"和"公力救济"。本条规定的是未成年人权利受侵害后的公力救济，突出体现了及时救济未成年人受损害的权利的思想，比较人性化，在理解上应当注意以下三层含义。

首先，未成年人的合法权益受到侵害的，被侵害人及其监护人或者其他组织和公民都有权向有关部门投诉。这样的规定是与社会保护的理念相一致的，既然全社会都有责任保护未成年人，那么当未成年人的合法权益受到侵害时，除了被侵害人及其监护人有权向有关部门投诉之外，其他组织和公民也有权向有关部门投诉。有些地方大量中小学生做童工、童农、童商；不少家长歧视、虐待女孩，抛弃女婴；有些家长"父权至上"，为孩子订"娃娃亲"；有些父母把孩子当作自己"私有财产"，为了发财甚至出卖自己的亲生子女；有些家长自己行为不检点，如在家酗酒、聚赌；有些家长私拆孩子信件；等等。还有些孩子因父母离婚后无人照管而流落街头。这些都会给未成年人的身心健康造成不良影响。鉴于此类损害未成年人权益的事件屡屡发生，必须以法律的形式明确规定，被侵害人及其监护人或者其他组织和个人都有权向有关部门投诉损害未成年人权益的行为，这样，侵害未成年人的不法行为才能无所遁形，未成年人才能尽量避免受损害或者在损害发生后获得及时救济。全社会应该确立一种适度干预的理念，使得从政府官员、司法人员到普通民众的所有人都树立这样一种认识：未成年人的教育、权利保护、犯罪预防及处罚等一系列问题不再是一种“家庭内部事务”；作为监护人的父母不恰当地对待未成年人的，其他组织和公民也应当有权投诉，请求有关部门及时保护受侵害的未成年人。这类事务处理的好坏将直接体现出一个国家与社会法治的文明程度。

其次，对于本条规定中的“有关部门”的范围应做广义的理解，可以参考《未成年人保护法》第八条的规定，“共产主义青年团、妇女联合会、工会、青年联合会、学生联合会、少年先锋队以及其他有关社会团体，协助各级人民政府做好未成年人保护工作，维护未成年人的合法权益”。除了包括人民政府的公安机关、民政部门、教育部门之外，共产主义青年团、妇女联合会、青年联合会、工会和其他未成年人保护组织应当也包括在内。未成年人是社会上的弱势群体，在其权益受侵害后急需得到社会上的帮助和有关部门的支持。上述部门和组织多多少少都承担着保护未成年人权益的责任，对于被侵害人及其监护人或者其他组织和公民的投诉应当接受，不能互相推诿，更不能将投诉拒之门外。被请求的上述部门和组织都应当接受投诉，而且根据情况需要采取救助措施的，应当先采取救助措施。2015 年 12 月 27 日第十二届全国人民代表大会常务委员会第十八次会议通过，2016 年 3 月 1 日起施行的《反家庭暴力法》第十五条第二款规定：“无民事行为能力人、限制民事行为能力人因家庭暴力身体受到严重伤害、面临人身安全威胁或者处于无人照料等危险状态的，公安机关应当通知并协助民政部门将其安置到临时庇护场所、救助管理机构或者福利机构。”

最后，有关部门应当及时处理投诉。涉及投诉，无论是要作出调解或者仲裁，还是要进行行政处理作出裁决，都应当及时、高效。这样一种行政司法行为，必须是公平、正义、高效的；而对于行政不作为是必须要承担责任的，这在“法律责任”一章中已有规定。

# 保障公民受教育权　不得拒招残疾考生

## ——受教育权

金钟山系某市第五中学2011级应届毕业生，年幼时因患小儿麻痹下肢残疾。2011年参加本省普通中专学校考试时，填报的第一志愿是某市财贸学校，考分为456分，超过了427分的招生录取分数线。但是，某市财贸学校以该校计算机机房在五楼，金钟山无自理能力为由拒绝录取。金钟山认为，某市财贸学校在2011年招生时，以其身体跛行残疾为由不予录取的行为违法，侵犯了其受教育权。为此，向某市东区人民法院提起诉讼。请求依法判令被告某市财贸学校按照《残疾人保障法》第二十二条规定，尊重本人的报考志愿，将其录取为该校2011级学生。金钟山的诉讼请求可以得到人民法院的支持吗？

本案涉及受教育权（尤其是残疾人的受教育权）问题。所谓受教育权是指公民为接受教育，要求国家作出一定行为的权利，即公民从国家那里获得均等的受教育条件和机会的权利。受教育权是公民的基本权利之一。最早把受教育作为权利写进宪法的是1791年的法国大革命时期，资产阶级出于反对封建专制、发展资本主义经济的需要，把受教育权规定在宪法当中。但当时生产力发展及学校的规模都不足以使每个儿童实现普遍、平等的受教育权利，国家也无力承担普及教育责任，因而受教育权利在当时是具有个人权利特点的。20世纪初，随着经济的发展以及无产阶级反剥削、反压迫斗争不断高涨，受教育权与其他权利一起被写进各国的宪法，成为法定的不容剥夺的公民权利。伴随受教育权转化为普遍公民权利，国家要承担相应义务，保证教育的普及和教育机会的均等。第二次世界大战后，民族民主解放运动蓬勃兴起，大批新兴独立国家的建立，进一步促进受教育权利的发展。发展教育不仅需要个人、社会与国家的共同努力，也需要国际社会的干预、合作与援助才能实现。在此背景下，1989年11月20日联合国第44届大会一致通过《儿童权利公约》，规定了儿童出生后具有姓名权、国籍权、生存权、受教育权、不受剥削和虐待等各种权利，不受种族、肤色、性别、语言、宗教信仰、政治主张等影响。我国政府于1990年8月29日正式签署了这一公约，成为该公约第105个签字国。

1. 我国宪法和教育法对公民的受教育权作的规定

（1）《宪法》第四十六条规定，中华人民共和国公民有受教育的权利。

（2）《教育法》第九条规定，中华人民共和国公民不分种族、性别、职业、财产状况、宗教信仰等，依法享有平等的受教育机会。第三十七条规定："受教育者在入学、升学、就业等方面依法享有平等权利"。该法还规定了国家、学校对女子、家庭经济困难的受教育者、残疾人、失足青少年的受教育权提供各种形式的保障的义务。

（3）《残疾人保障法》特别规定："残疾人的公民权利和人格尊严受法律保护""国家保障残疾人受教育的权利""普通高级中等学校、中等专业学校、技工学校和高等院校，必须招收符合国家规定的录取标准的残疾考生入学，不得因其残疾而拒绝招收。"

2. 我国教育法规定的受教育权的具体内容

（1）受教育者根据身心发展的特点或其他情况选择学校、专业、教育形式。这是受教育权的重要内容。在法律规定的义务教育阶段内，一般来说受教育者及其监护人没有选择的权利；在完成义务教育阶段后的学生，可以享有比较充分的选择权。例如，幼儿教育是学校教育的预备阶段，未成年人的父母或其他监护人可代为选择进行学习，接受教育。小学和初中中等教育，未成年人必须按照《义务教育法》规定的义务教育的修业年限、学科进行学习。完成义务教育的公民有选择普通高级中学、职业学校继续学习的权利，有选择进入不同高等学校各个专业进行学习的权利，其父母或其他监护人可根据学生身心发展的特点、爱好、志向、学习成绩等情况帮助其选择或尊重学生自己的选择。

（2）受教育者在就学和完成规定学业发生困难时，享有获取国家、家庭、社会、学校等方面帮助的权利。比如，低收入家庭的子女有权享有申请贷学金的权利；身体残疾的受教育者享有为他们提供特殊教育的权利等。

（3）受教育者在教育活动中享有法律法规以及学校章程所规定的广泛的权利。如参加教育教学计划安排的各种活动，使用教育教学设施、设备、图书资料的权利；按照国家有关规定获得奖学金、贷学金或助学金的权利，在学业成绩和品行上获得公正评价的权利，在完成规定的学业后获得相应的学业证书、学位证书的权利；对学校给予的处分不服向有关部门提出申请，对学校、教师侵犯其人身权、财产权等合法权益提出申诉或者依法提起诉讼的权利；等等，这些都被认为是受教育权的重要方面。

某市财贸学校以金钟山身体跛行残疾为由不予录取的行为不仅违反了有关法律规定，而且没能使符合国家录取标准的残疾考生入学，已造成了金钟山不能及时入学的实际后果，侵犯了金钟山的受教育权。金钟山的诉讼请求应该得到人民法院的支持。令人欣慰的是，原告起诉后，被告某市财贸学校对原告的残疾程度进行了详细的调查后，认为原告金钟山的考试成绩和身体残疾程度均符合国家规定的录取标准。为此，某市财贸学校于 2011 年 10 月 18 日将原告金钟山录取到该校学习。原告认为自己的受教育权已得到保护，主动向法院申请撤回起诉，法院经审查后裁定准许原告金钟山撤回起诉。

# 沉着冷静应付歹徒　机智周旋寻机报警

## ——未成年人如何应对和预防歹徒侵害

二十世纪八九十年代的中小学法律常识课当中，为鼓励大家和坏人作斗争，曾选过这么一个案例作为典型来宣传：一个小学四年级女孩子勇斗上门抢劫的歹徒，结果被匕首刀把打昏，手脚被绑起来，醒来之后又拼命呼救，歹徒又用枕头将其蒙住，试图闷死她，好在楼下的治安联防队员闻声赶到，才化险为夷。

随着时代的发展，人们逐渐意识到过去我们一味地宣传少年英雄与歹徒作殊死抗争，不利于保护未成年人的生命安全，于是2000年之后的中小学生的法制教育的素材便发生了变化。举一个例子：河南平舆的一个小男孩和几个同伴被人贩子控制，关在一间屋子内，准备一起运往偏远地方卖掉，他们都被歹徒剥光，用绳索捆绑手脚，胶布封嘴。这个机智的小男孩想办法弄断绳子，趁着夜色带领其他小朋友逃走，而歹徒却浑然不知，等到第二天早上警察根据小朋友的指引前来抓捕，歹徒才如梦初醒。

从上述两个案例我们可以总结并引申出未成年人应对和预防歹徒侵害的一些经验和做法：

一是要沉着冷静，不能惊慌失措、大喊大叫，以免刺激歹徒伤害自己。若遇上歹徒上门抢劫，很可能要受到捆绑。在受到捆绑的时候不要惊恐，尤其不要拼命反抗，这很容易受到伤害。实际上被害人被捆绑之后可以让歹徒在心理上有一定的安全感。为了让歹徒尽快离去，应该接受捆绑。捆绑时尽量不要让歹徒反绑双手，双手捆绑在前面比捆绑在后面好。

二是把自己身上的钱都给他，免得他伤害你。财物乃身外之物，生命是第一位的。所以，在战术上，可以“配合”歹徒，保全生命。

三是机智地与歹徒周旋，做到最大限度地保护自己。在敌强我弱的情况下，一般应松懈侵害者的攻击心理，缓和紧张气氛，通过搪塞和周旋等方法期待时间、空间和其他条件发生变化，以取得自我保护的有利时机。也可虚张声势，故意张扬有自己的亲友或同学已经出现或就在附近，以壮声势；或以巧妙的办法迷惑对方，拖延时间，稳住对方，等待并抓住有利时机，不让歹徒的企图得逞。

四是千万不要说“我看清了你的脸，以后要去公安机关告你”之类的话，否则可能会遭到歹徒更加严重的伤害。但脑子里要尽量记住歹徒的体貌，大致的年龄和身高，尤其要记清楚直接侵害你的人的衣着、面目等方面的特征。凡是能作为证据的，尽可能多地记住，并注意保护好作案现场。

五是寻找机会及时报警。当着犯罪分子的面，不要打电话报警。在特别紧急的情况下但又不方便打电话时可以发短信对外求救。若歹徒只是要钱就把钱都给他，等待他离去之后，在安全的情况下再报警。

有的地方法院概括的未成年人应对不法分子犯罪侵害“生命第一、冷静对话、积极求援、保全证据”的“十六字口诀”是值得借鉴的。此外，在预防不法侵害方面应注意如下几点：（1）独自在家的时候，要锁好门，不给陌生人开门，不管陌生人有什么理由，都告诉他等爸爸妈妈回来了再来。如果陌生人一直纠缠不休，那就给爸爸妈妈打电话或者在窗口冲楼下大声呼救。（2）小学生尽量不要带钥匙，如果必须带的话，一定要把钥匙放在衣服口袋里，不要挂在脖子上，免得引起不法分子的注意而被跟踪；也不要放在书包里，以防丢失。（3）放学尽量结伴回家，不要在路上玩耍逗留，要尽快回家。（4）不接受陌生人的食品和饮料，不接受陌生人的邀请，不跟陌生人走。（5）不要让陌生人接触自己的身体。陌生人问路，指路就好，不要带路；自己向别人问路时也是如此，不要让别人带路。如果遇到汽车里的人向自己问路，在回答的时候离汽车远一些，防止被强行拉入汽车被绑架。（6）夜晚尽量不要一个人外出。（7）假期外出时，要征得父母同意，要告诉父母自己要去哪儿和大致返回的时间，并且要留下自己的联系方式，以防发生不测。（8）平时不要暴露自己的家庭情况，防止被绑架。（9）不要一个人出远门，要出远门应有父母亲友陪伴。

# 司法保护篇

# 检察机关依法履行职责
# 保护未成年人合法权益
## ——对未成年人的司法保护

2010年2月，江西省萍乡市人民检察院受理了一起在校学生丁某某、张某涉嫌故意伤害（致死）案。该院在审查该案时，对张某是否作出非羁押诉讼启动了风险调查和评估机制。张某系在校高中学生，犯罪时未满16周岁，在整个案发过程中，一直是被动跟从，未对被害人实施具体伤害行为，且校方亦有促其复学的要求。案发后，丁、张二人在家长陪同下主动到公安机关投案自首。该院公诉处检察官走访了张某所在学校及其监护人和住所地社区，第一时间掌握了张某的一贯表现及其监护人的监护能力、担保能力，走访了被害人家属并征询了他们的意见，对张某的取保候审有可能产生的风险作出了全面的预测和评估后，认为对犯罪嫌疑人张某的强制措施变更为取保候审更有利于其成长教育，让其改过自新，早日回归社会。本案最终得以顺利开庭和判决，而张某被判处缓刑，判决生效后，张某即回归学校继续学习。

本案体现了检察机关作为国家司法机关在司法活动中对未成年人合法利益的司法保护。

《未成年人保护法》第五十条规定："公安机关、人民检察院、人民法院以及司法行政部门，应当依法履行职责，在司法活动中保护未成年人的合法权益。"本条规定了对未成年人的司法保护。对未成年人的司法保护是指公安机关、人民检察院、人民法院以及司法行政部门，即广义的国家司法机关，通过依法履行职责，对未成年人所实施的一种专门保护活动。

公安机关是人民政府的重要组成部分，是国家的行政机关，同时它又担负着刑事案件的侦查任务，因而它又是国家的司法机关之一。公安机关是政府的一个职能部门，依法管理社会治安，行使国家的行政权，同时公安机关又依法侦查刑事案件，行使国家的司法权。公安机关的性质具有双重性，即既有行政性又有司法性。

人民检察院是国家的法律监督机关，对于直接受理的刑事案件进行侦查；对于公安机关侦查的案件进行审查，决定是否逮捕、起诉或者免予起诉；对于公安机关的侦查活动是否合法实行监督；对于刑事案件提起公诉，支持公诉；对于人民法院的审判活动是否合法实行监督；对于刑事案件判决、裁定的执行和监狱、看守所、劳动改造机关的活动是否合法实行监督。

人民法院是国家的审判机关，审判刑事案件和民事案件是人民法院的重要任务，通过审判活动惩办犯罪分子，解决民事纠纷，保护社会主义的全民所有的财产、劳动群众集体所有的财产，保护公民私人所有的合法财产，保护公民的人身权利、民主权利和其他权利。

司法行政机关是各级政府的组成部分，负责管理和领导司法干部的培训工作；管理和领导律师事务所及律师工作；管理公证工作，进行法制宣传；管理和领导司法助理员工作等。

司法机关高度重视未成年人司法保护工作，出台了大量的专门规定保护未成年人的合法权益。例如，最高人民检察院颁布实施了《人民检察院办理未成年人刑事案件的规定》；最高人民法院颁布了《最高人民法院关于审理未成年人刑事案件具体应用法律若干问题的解释》等。这些司法解释和有关规定有利于更加全面具体地保护未成年人的合法权益。在办理未成年人案件中，有对未成年人的特殊保护制度：未成年人案件依法不公开审理；设立未成年人的法定代理人制度；被告人是未成年人而没有委托辩护人的，人民法院应当依法指定承担法律援助义务的律师为其担任辩护人；等等。

司法机关处理未成年人案件时，涉及对未成年人合法权益的保护，涉及对违法犯罪的未成年人的教育、感化、挽救工作能否有效开展和教育改造的质量问题。司法机关充分发挥其职能作用，可以为未成年人创造良好的社会环境，有利于其健康成长。

此外，在我国其他法律，如《刑事诉讼法》中，对未成年被告人的诉讼权利也有特殊的保护规定。司法机关在办案和教育改造违法犯罪未成年人的过程中，注重对他们的人格尊严及其他合法权益的尊重和维护，是保障未成年人合法权益的重要方面。

本案中萍乡市人民检察院对未成年的高中学生张某是否作出非羁押诉讼启动风险调查和评估机制，作出全面的预测和评估后，将对犯罪嫌疑人张某的强制措施变更为取保候审，使本案最终得以顺利开庭和判决，张某被判处缓刑，判决生效后即回到学校继续学习。这种做法是符合《未成年人保护法》规定的。

# 少女犯罪需要援助　法援律师为其辩护

## ——为未成年人提供法律援助或者司法救助

被告人林某（女，壮族，在校高中生）到江西省萍乡市游玩误入传销组织。她在与被害人黄某电话聊天时说，自己在萍乡市某公司做文员，待遇很好。黄某要林某帮助找工作，林某答应，并将此事报告传销主任刘某（侦查机关称在逃）。黄某来到萍乡，被带到姜某负责的传销点。姜某安排林某、罗某、周某三人每天跟着监视黄某防止其逃跑。黄某精神恍惚不想听课，其他听课的人都责怪黄某不尊重人，罗某骂了黄某。黄某走到阳台上跳楼身亡。事发后黄某的父母与姜某、林某的法定代理人（林某的父母）就其民事赔偿部分达成了和解协议。一审法院认为被告人姜某、林某非法剥夺他人人身自由，致人死亡，其行为已构成非法拘禁罪，故判处林某有期徒刑4年6个月。林某不服判决上诉。

因本案被告人林某在案发时未满18周岁，系未成年人，萍乡市法律援助中心指派法援律师廖华香为其二审辩护人。在二审中辩护人向二审法院提出上诉人林某犯罪时系未成年人，系从犯、初犯，认罪态度好，有悔罪表现，且系在校学生，具备监护、帮教条件，其父母已主动承担了民事赔偿责任，归案后能如实交代自己的犯罪事实，属于自愿认罪，符合适用缓刑的条件等事实和理由。经过法援律师的不懈努力，二审法院终于为林某改判为有期徒刑三年，缓刑三年。其父亲来萍乡将林某接回了家乡，并表示对廖律师的不尽感谢！

《未成年人保护法》第五十一条第二款规定：“在司法活动中对需要法律援助或者司法救助的未成年人，法律援助机构或者人民法院应当给予帮助，依法为其提供法律援助或者司法救助。”本款规定了在司法活动中对需要法律援助或司法救助的未成年人，法律援助机构或者人民法院应当提供法律援助或者司法救助。

法律援助是指对于经济困难的公民给予必要的法律服务的制度，包括法律咨询、代理、刑事辩护等无偿法律服务。对想诉讼而因经济困难无法获得必要的法律服务的公民实行法律援助制度，是国际上通行的做法。我国在《刑事诉讼法》《律师法》等法律中对这一制度作出了规定，2003 年 9 月 1 日起施行的《法律援助条例》对法律援助更是作出了具体的规定。

如果未成年人因经济困难而申请法律援助的，本人有身份证明的，应当提供身份证明；本人没有身份证明的，代理申请人应当提交有代理权的证明。同时，还应当提交经济困难的证明，以及与所申请法律援助事项有关的案件材料。

申请法律援助应当采用书面形式，填写申请表；以书面形式提出申请确有困难的，可以口头申请，由法律援助机构工作人员或者代为转交申请的有关机构工作人员作书面记录。对于公民的申请，由法律援助机构负责受理、审查，指派或者安排人员为符合《法律援助条例》规定的未成年人提供法律援助。律师应当依照《律师法》和《法律援助条例》的规定履行法律援助义务，为受援人提供符合标准的法律服务，依法维护受援人的合法权益，接受律师协会和司法行政部门的监督。

司法救助，是指人民法院对于当事人为维护自己的合法权益，向人民法院提起民事、行政诉讼，但经济确有困难的，实行诉讼费的缓交、减交、免交的制度。实行司法救助的目的是使经济确有困难的当事人能够依法行使诉讼权利，维护其合法权益。2000 年 7 月通过了《最高人民法院关于对经济确有困难的当事人提供司法救助的规定》，2005 年 4 月又对该规定进行了修订。未成年人因经济困难需要申请司法救助的，如果符合上述司法救助的范围，可以在起诉或上诉时提交申请司法救助的书面申请和足以证明其确有经济困难的证明材料。

国际社会对未成年人问题相当重视，《儿童权利宣言》宣称："儿童因身心尚未成熟，在其出生以前和以后均需要特殊的保护和照料，包括法律上的适当保护。"各国法律对未成年人犯罪大都有从轻、减轻或者免除处罚的规定。本案被告人林某因其为未成年人，优先得到了法律援助，二审刑期从有期徒刑 4 年零 6 个月减为 3 年、由实刑改为缓刑，体现了法律援助人员的敬业，更彰显我国对未成年人犯罪"教育为主、惩罚为辅"实行宽缓处理的司法原则。

# 剥夺未成年人继承份额遗嘱无效或者部分无效

## ——保护未成年人的继承权

何杨林于1994年10月结婚，1995年9月何杨林的妻子生育一男，取名何湘。1998年4月，何杨林的妻子因车祸身亡。何杨林得子丧妻，全部寄希望在儿子的身上。但由于何杨林的过分溺爱，何湘养成了许多恶习，经常在学校与同学打架，结伙抽烟喝酒，且干起了偷鸡摸狗的事情，何杨林无法管教。2006年，何湘辍学在社会上流荡。2007年11月，何杨林因患癌症离开人世。去世之前，何杨林留下遗嘱：何湘不务正业，败坏了何家的名声，且不在家好好照料父亲，因此何湘不得继承遗产，遗产由患病期间一直照看我的朋友苏某继承。何湘得知此事后，遂向法院提起诉讼，要求继承遗产。

法院在审理该案时有两种意见。

第一种意见认为，应当尊重被继承人的意愿，按照遗嘱来处置遗产。任何公民对自己所拥有的财产都具有享有、使用、收益和处分的权利，这是公民享有的基本权利之一。因此在本案中，应当按照何杨林的遗嘱处置遗产，即全部都由苏某继承，何湘不得继承遗产。

第二种意见认为，按照我国法律规定，子女为父母所留遗产的第一顺序继承人。《继承法》第五条规定，继承开始后，有遗嘱的，应按照遗嘱办理。但《继承法》又同时规定，遗嘱应当为缺乏劳动能力又没有生活来源的继承人保留必要的遗产份额。本案中，何湘作为何杨林的儿子，只有13岁，属于未成年人。何湘作为遗产的第一顺序继承人享有继承权。因此，何杨林的遗嘱部分无效，应当为何湘保留必要的遗产份额，剩余部分由何杨林的朋友苏某继承。

本案争议的焦点是何杨林的遗嘱是否可以剥夺其未成年儿子何湘的继承权。

对未成年人继承权和受遗赠权，依法予以保护，是我国有关法律中的一项重要内容，也是保障未成年人具备必要的生活和物质条件，从而促进其健康成长的重要手段。因此，在继承关系中，尤其应当保护未成年人的继承权。

《未成年人保护法》第五十二条第一款规定："人民法院审理继承案件，应当依法保护未成年人的继承权和受遗赠权。"依照这个规定，结合《继承法》的相关规定，第二种意见是符合我国法律规定的。理由如下：

我国《继承法》第五条规定："继承开始后，按照法定继承办理；有遗嘱的，按照遗嘱继承或者遗赠办理；有遗赠抚养协议的，按照协议办理。"由此可见，我国遗产继承发生的根据有三种方式：法定继承、遗嘱继承和抚养协议。本案涉及了第一种、第二种继承方式。所谓遗嘱，是指被继承人在生前按照法律规定的内容和方式对自己的财产预作处分，并在死亡时发生法律效力的法律行为。遗嘱有两种：一是遗嘱继承；二是遗嘱赠与。遗嘱继承是指在被继承人死后，按其生前所立的遗嘱内容，将其遗产转移给指定的继承人的一种方式。与法定继承相比，遗嘱继承虽也是一种继承方式，但其优先于法定继承，即被继承人生前如果立有合法有效的遗嘱，就应当首先按照遗嘱的规定进行遗嘱继承；在没有遗嘱或者有遗嘱但遗嘱被人民法院判决无效，以及有遗嘱但遗嘱仅处分了部分财产的情况下，才按法定继承方式进行。而遗嘱赠与是指公民以遗嘱方式将其遗产的一部分和全部赠给国家、集体组织、社会团体或者法定继承人以外的人。遗嘱赠与是遗嘱的特殊形式。

依据现行法律规定，公民不仅可以通过设定遗嘱的方式改变继承人的范围、顺序和继承份额，而且还可以取消法定继承人的继承权，把财产遗赠给法定继承人以外的人。但是，为了保护未成年人的利益，对于未成年人的法定继承人，法律禁止以遗嘱方式剥夺其继承权。《继承法》规定遗嘱自由的同时，对遗嘱自由又作出了一些限制性的规定，如《继承法》第十九条规定，遗嘱应当对缺乏劳动能力又没有生活来源的继承人保留必要的遗产份额。由此可见，公民立遗嘱时不能剥夺法定继承人中无独立生活能力的未成年人的继承权。否则，该遗嘱无效。被遗嘱剥夺继承权的无独立生活能力和缺乏劳动能力的未成年法定继承人可依法律规定继承其应继承的份额。必要时，还可以适当多分一部分遗产。

本案中，何杨林以儿子何湘不务正业为由立遗嘱不准何湘继承遗产，但何湘没有《继承法》第七条规定的丧失继承权的任何行为，所以，剥夺其继承权是没有法律依据的。何杨林的遗嘱没有给未成年的何湘留下适当的遗产，以保证缺乏劳动能力又没有生活来源的儿子的正常生活，是违反法律规定的，因而其遗嘱部分无效。当然，何杨林的遗嘱也不是全部无效，只要为何湘保留了必要的遗产份额，其他部分何杨林仍可以自由处理。作为遗赠，不是法定继承人的苏某有权继承何杨林的部分遗产。

人民法院最终按上述第二种意见作出了公正判决。

被继承人立遗嘱时，不应当剥夺未成年人的合法继承权。这不仅是法律制度规定的，也是社会主义道德要求的，更是保护未成年人健康成长的需要。

# 父母不履行监护职责　撤销资格付抚养费

## ——监护人资格的撤销

陈某，男，15岁。在他刚刚1岁时，父母就离婚了，之后母亲再嫁。法院判决陈某由父亲抚养，但实际上是与年迈的爷爷相依为命。陈某父亲从不管他，母亲也从不来看他。11岁时，爷爷去世，陈某便和父亲住在一起，父亲经常打骂他，后来还将其赶出家门，不管不问。陈某无家可归，四处流浪，沾染了许多恶习，最终因盗窃被送到某工读学校学习。陈某的父母一次也没有来看过他，更不要说给其生活费了。2012年4月，在当地居委会和律师的帮助下，陈某将其父母告上法庭，要求撤销其父亲监护人的资格，依法另行指定监护人，并要求父母支付抚养费用。

《未成年人保护法》第五十三条规定："父母或者其他监护人不履行监护职责或者侵害被监护的未成年人的合法权益，经教育不改的，人民法院可以根据有关人员或者有关单位的申请，撤销其监护人的资格，依法另行指定监护人。被撤销监护资格的父母应当依法继续负担抚养费用。"本条规定了父母或者其他监护人不履行监护职责或者侵害被监护的未成年人合法权益时撤销监护人资格的制度。

监护是指对无父母或父母不能照护的未成年人，以及其他限制民事行为能力人、无民事行为能力人的人身和财产权益进行监督和保护的一项民事制度。因为无民事行为能力人和限制民事行为能力人虽有与他人平等的民事权利能力，但却不具备完全民事行为能力，不能独立地或不能完全独立地进行民事活动，因而其民事权利能力不能以自己的行为加以实现，对自己的合法权益不能予以保护。设立监护则可以由监护人代无民事行为能力人和限制民事行为能力人进行民事活动，并保护其合法权益。设立监护制度的目的在于由监护人对未成年人和无民事行为能力人、限制民事行为能力人的人身和财产进行保护和管理。除此之外，监护制度也有利于维护社会秩序的安定。因为无民事行为能力人和限制民事行为能力人对其行为后果缺乏相应的判断能力，如果实施不法行为给他人造成损害，也不能承担民事责任，设立监护就可以由监护人约束其行为，以免对他人造成损害。

我国法律以列举方式确定了可以作为监护人的各种资格条件，不具备所列举的监护资格的人不得作为监护人。同时，《民法通则》第十六条列举了作为未成年人监护人的顺序。首先是近亲属。父母是亲权人，他们之所以能够作为监护人是因为亲权的规定。未成年人的祖父母、外祖父母、兄弟姐妹，依据《婚姻法》规定，在一定条件下，他们都是对未成年人负有抚养义务的人，所以在未成年人的父母不能行使监护权时，他们可以成为监护人。其次是近亲属以外的其他亲友。当未成年人的近亲属不能作为监护人时，近亲属以外的人可以充当监护人。最后是有关单位和组织。根据《民法通则》的规定，这里的有关单位和组织包括未成年人父母所在单位或未成年人住所地的居民委员会、村民委员会和民政部门。组织中必须选出自然人作为监护人的代表。关于监护人的人数，法律规定，一个被监护人可以有一个监护人，也可以有几个监护人。

如果未成年人的父母被法院依法撤销了监护资格，并非意味着其父母可以不再承担抚养费用。由于父母被撤销监护资格是因为不履行监护职责或者侵害被监护的未成年人的合法权益，本身不适宜再继续担任未成年人的监护人，但是父母与其子女有血缘关系，仍然应当依法继续负担未成年子女的抚养费用。根据《最高人民法院关于适用〈中华人民共和国婚姻法〉若干问题的解释（一）》的规定，《婚姻法》第二十一条所称“抚养费”，包括子女生活费、教育费、医疗费等费用。也就是说，被撤销监护资格的父母应当依法继续负担子女生活费、教育费、医疗费等抚养费用。这一规定对于加强父母的法律责任和义务感，保障未成年子女的合法权益，保障其健康成长有重要意义。

在本案中，陈某的父母离异后，陈某随父亲生活，但他的父亲却没有尽到抚养教育义务。陈某的母亲也没有对他履行过相应的监护责任，既没有给过生活费，也没有关心过他的生活和学习情况。陈某身上之所以产生许多不良行为，其父母有着不可推卸的责任，如果他们能够依法履行对子女的监护义务和教育职责，陈某就不会在外流浪，更不会染上许多不良习气，其生理、心理都将健康正常地发展。2015 年 12 月 27 日第十二届全国人民代表大会常务委员会第十八次会议通过，2016 年 3 月 1 日起施行的《反家庭暴力法》第二十一条规定：“监护人实施家庭暴力严重侵害被监护人合法权益的，人民法院可以根据被监护人的近亲属、居民委员会、村民委员会、县级人民政府民政部门等有关人员或者单位的申请，依法撤销其监护人资格，另行指定监护人。”“被撤销监护人资格的加害人，应当继续负担相应的赡养、扶养、抚养费用。”本案中，未成年人陈某所在地的居委会和有关部门，帮助陈某将不履行监护和抚养义务的父母告上法庭，要求撤销其父亲监护人的资格，依法另行指定监护人，并要求其父母支付抚养费用直至陈某长大成人的做法，是十分正确的。

# “三环四步”工作法　实行审理人性化

## ——坚持教育为主、惩罚为辅的原则

2010年3月以来，江西省萍乡市安源区人民法院成立独立建制的少年审判庭，统一审理涉及未成年人的刑事、民事和行政案件。该院在涉及未成年人的刑事案件审理中坚持人性化，如：在审判庭的墙上贴上“教育、感化、挽救”等标语；以“圆桌审判”代替“八字形”庭审格局；变古板式审案为温和对话式审判。该院在涉及未成年人的刑事案件审理中还创新出“三环四步”工作法。即抓住审前、庭中、判后“三环”，做好审前调查切入、庭中教育警示、判时释明法律、判后回访帮教“四步”，环环相扣，步步跟进。

审前调查切入即开庭前案件主审法官与被告人见面，与法定代理人见面，与被告人所在学校或社区、村委会有关人员见面，做好庭前准备，查明其性格特征、平时表现、成长经历；查明其家庭和周围生活环境；查明其对公诉机关指控犯罪的认识和态度。通过多方了解未成年被告人的身心状况、家庭概况、教育状况、社会环境、犯罪原因、认罪态度等相关情况，为定罪量刑和法庭教育打下基础。庭中教育警示即坚持开展“寓教于审”工作，把对未成年被告人的教育、感化贯穿整个审判过程。开庭以前，法官要会见未成年被告人，给他讲解审判程序，倾听他对所指控犯罪的意见，消除其对法庭审判的恐惧和抵触情绪。在庭审中增设“法庭教育”的专门程序，由审判员、特邀陪审员、公诉人、法定代理人、辩护人从各自不同的角度和侧面，对未成年被告人开展法庭教育，找准感化点，使其在既严肃又轻松的环境中受到感化，为判刑后的改造打下良好的基础。判时释明法律一方面增强判决书说理性，改变以往的程式化写法，增加了对未成年被告人家庭情况、成长经历、性格特点、犯罪原因、悔罪表现、有无适用非监禁刑条件等情况的叙述和说理，让未成年被告人对自己有一个较全面的了解，对其行为的社会危害性有着深刻的认识和反思，为改造打下良好的基础；另一方面宣判时对未成年被告人通俗讲解适用的法律及从轻、从重处罚的量刑比例、理由，让其对自己被判处的刑罚做到清楚明白，心中有数，促其认罪服法。判后回访帮教即做好庭后的延伸工作，坚持做到四个定期联系：一是定期联系未成年犯的法定代理人；二是定期联系未成年犯所在社区居委会或村委会；三是定期联系监管未成年犯的公安派出所、看守所和服刑监狱；四是定期联系未成年犯本人。通过四个联系，了解未成年犯在派出所、社区监管和监狱服刑劳动改造期间的学习生活状况、劳动改造表现、认罪悔罪程度和心理情绪等问题，联系后对他们好的方面给予及时支持鼓励，不足的地方及时进行批评教育，督促他们悔过自新，树立生活的信心和勇气。

《未成年人保护法》第五十四条规定："对违法犯罪的未成年人，实行教育、感化、挽救的方针，坚持教育为主、惩罚为辅的原则。"

教育，强调对违法犯罪的未成年人的教育，其目的立足于教育违法犯罪的未成年人，而不是注重惩罚。这种教育应当贯穿于刑事诉讼活动的全过程，反复进行，以《宪法》《刑法》《刑事诉讼法》为主要教材，结合其本身进行教育，使其逐步树立法制观念，认识到法律的权威，联系自身的违法犯罪事实，认识其危害。感化，是指用社会主义法制和社会主义道德伦理去关怀、教育、感染违法犯罪的未成年人，使其认识到自己所犯的错误和罪行，认识到自己行为对社会造成的危害，促使其痛改前非、重新做人。挽救，就是在诉讼过程中，司法工作人员要有高度的责任感，相信违法犯罪的未成年人是可以挽救过来的，要依照法律的规定和党的方针政策，有针对性地进行各项挽救工作，其目的是最终使违法犯罪的未成年人树立重新做人的观念。

坚持"教育为主、惩罚为辅"的原则，是我党惩罚违法犯罪的未成年人所一贯坚持的原则，实践证明其也是行之有效、符合我国国情的。未成年人本身还处在成长发育的阶段，缺乏必要的知识和经验，容易受到各种不良影响。特别是处在市场经济的社会中，未成年人容易被他人利用，走上犯罪的道路。在追究犯罪的未成年人刑事责任的过程中，要认真贯彻坚持教育为主的原则，通过教育使未成年人认识违法犯罪的危害性，这是指导未成年人重新做人、健康成长必不可少的途径。在坚持教育为主的同时，还必须辅以必要的惩罚手段，使未成年人懂得其犯罪行为的后果和应当承担的责任，懂得法律的严肃性，懂得一切危害社会的行为都要付出相应的代价。从这个意义上讲，惩罚是必不可少的教育手段。但对于犯罪的未成年人的惩罚，应当严格依照法律的有关规定，本着教育、感化、挽救的方针，对其进行适当的惩罚。惩罚的实质也是教育，只是一种特殊的教育形式。教育与惩罚，两者相辅相成，互为补充，缺一不可。

# 指定专人或设立专门机构办理涉及未成年人的案件

## ——设立少年法庭

早在1991年，江西省萍乡市安源区人民法院便指派专人审理未成年人刑事案件。2006年，该院设立少年法庭，与刑事审判庭合署办公，指定专人担任少年法庭负责人，专门审理未成年人刑事案件，实行圆桌审判。2010年3月，该院成立独立建制的少年审判庭，统一审理涉及未成年人的刑事、民事和行政案件。该庭共有审判员三人，书记员一人，其中一名审判员专职审理未成年人刑事案件，一名审判员兼职审理未成年人刑事案件，另一名侧重民事案件的审理。该院完善工作制度，强化少年法庭的职责，规定审判人员在办理未成年人刑事案件中，应遵守依法受案制度、不公开审理制度、法定代理人到庭制度、保密制度、寓教于审制度、惩教结合制度等。审判实践中做到了所有未成年人刑事案件，受案后及时将起诉书副本送达法定代理人并做好笔录，建立登记卡，卡中涉及未成年被告人的家庭情况、成长经历、性格特点、一贯表现、社会交往、实施犯罪前后的表现，以找出未成年被告人走上犯罪道路的必然性和偶然性，为办案提供参考。通知法定代理人到庭参加诉讼，判后送达判决书告知上诉权，凡是不公开的案件，一律不公开；凡是没有委托辩护人的，开庭时未满18周岁的一律指定律师辩护；快速审判，尤其对在校学生，开庭、判决、送达尽量不影响学业，注意保护未成人的名誉，尊重未成年人的人格尊严，特别是控制新闻报道、影视节目、出版物、网络，不得公开或传播未成年人的姓名、住所、照片等资料。

《未成年人保护法》第五十五条规定："公安机关、人民检察院、人民法院办理未成年人犯罪案件和涉及未成年人权益保护案件，应当照顾未成年人身心发展特点，尊重他们的人格尊严，保障他们的合法权益，并根据需要设立专门机构或者指定专人办理。"

指定专人或者设立专门机构办理未成年人案件，具有重大意义。从司法机关的角度讲，公安机关、人民检察院和人民法院设立专门机构或者指定专人办理未成年人犯罪案件，有利于集中和稳定办案力量，总结、探索未成年人犯罪规律，选择和确定最佳办案方式、方法，积极和有效地做好教育感化工作。从未成年人的角度讲，要求司法机关在办理未成年人犯罪案件和涉及未成年人权益保护案件的时候，应当注意照顾未成年人身心发展特点，尊重他们的人格尊严，保障他们的合法权益，以法律的形式规定设立专门机构或者指定专人办理不仅很有必要，而且富有人情味。

关于“指定专人办理”，2013 年修订的《人民检察院办理未成年人刑事案件的规定》第八条规定，“对于专门办案组或者专人，应当保证其集中精力办理未成年人刑事案件，研究未成年人犯罪规律，落实对涉案未成年人的帮教措施等工作。各级人民检察院应当选任经过专门培训，熟悉未成年人身心特点，具有犯罪学、社会学、心理学、教育学等方面知识的检察人员承办未成年人刑事案件，并加强对办案人员的培训和指导。”

所谓“设立专门工作机构”，是指设立专门的办案小组或者少年法庭等。这里所说的“少年法庭”，是指依法审理未成年人犯罪案件的合议庭或者实行独任审判的一种特殊的审判组织形式。少年法庭受理案件的范围为：（1）被告人在实施犯罪行为时不满十八周岁的案件；（2）被告人在实施犯罪行为时不满十八周岁，并被指控为首要分子或者主犯的共同犯罪案件。其他共同犯罪案件有未成年被告人的，或者其他涉及未成年人的刑事案件是否由少年法庭审理，由人民法院院长根据少年法庭工作的实际情况决定。

少年法庭应当遵循的原则有：（1）法定代理人参加诉讼的原则。（2）不公开审理的原则。（3）全面调查原则。（4）及时处理原则。（5）寓教于审、惩教结合的原则。

江西省萍乡市安源区人民法院少年法庭的工作落实了《未成年人保护法》的规定，遵循了少年法庭应当遵循的原则，取得了较好的社会效益。

# 通知法定代理人到场　司法机关程序性义务

## ——对未成年人诉讼权利的特殊保护

据《法制日报》2006年11月4日报道，安徽省巢湖市公安局居巢分局在办理一起故意伤害致死案件中，错捕了4名少年，刑讯逼供、引供、诱供使得他们被迫承认自己是杀人凶手，拘押百天后却抓到了真凶。这是一桩“罕见”的冤假错案，以至于安徽省公安厅通报全省称“4名无辜者在一起案件中同时被当作犯罪嫌疑人错误拘捕，在全国尚属首例”。很不幸4名无辜者中有3名都是未成年人，另外一名年纪最大的才刚满18周岁。一起并不复杂的案件何以办成冤案？如果没有百天后抓到真凶又会怎么样？发生这样的案件，是未成年人保护的悲剧。因此，在努力推进我国司法体制改革的同时，应当考虑在立法上加强对未成年人的司法保护。由于未成年人的身心不够成熟，应当规定在所涉及案件中未成年人享有某种程序上的特殊保护。

《未成年人保护法》第五十六条第一款规定：“讯问、审判未成年犯罪嫌疑人、被告人，询问未成年证人、被害人，应当依照刑事诉讼法的规定通知其法定代理人或者其他人员到场。”

经2012年3月14日第十一届全国人民代表大会第五次会议修改的《刑事诉讼法》第二百七十条规定：“对于未成年人刑事案件，在讯问和审判的时候，应当通知未成年犯罪嫌疑人、被告人的法定代理人到场。无法通知、法定代理人不能到场或者法定代理人是共犯的，也可以通知未成年犯罪嫌疑人、被告人的其他成年亲属，所在学校、单位、居住地基层组织或者未成年人保护组织的代表到场，并将有关情况记录在案。到场的法定代理人可以代为行使未成年犯罪嫌疑人、被告人的诉讼权利。”“到场的法定代理人或者其他人员认为办案人员在讯问、审判中侵犯未成年人合法权益的，可以提出意见。讯问笔录、法庭笔录应当交给到场的法定代理人或者其他人员阅读或者向他宣读。”“讯问女性未成年犯罪嫌疑人，应当有女工作人员在场。”“审判未成年人刑事案件，未成年被告人最后陈述后，其法定代理人可以进行补充陈述。”“询问未成年被害人、证人，适用第一款、第二款、第三款的规定。”

司法机关讯问、审判未成年犯罪嫌疑人、被告人，询问未成年证人、被害人应当通知监护人到场是未成年人享有的国际公约上的权利。《联合国少年司法最低限度标准规则》（又称《北京规则》）认为，监护人参加诉讼的权利应被视为是对少年一般的心理和感情上的援助。《北京规则》第七条规定：“在诉讼的各个阶段，应保证基本程序方面的保障措施，诸如假定无罪指控罪状通知本人的权利、保持沉默的权利、请律师的权利、要求父亲或母亲或监护人在场的权利、与证人对质的权利和向上级机关上诉的权利。”这一规定强调了几个重要问题，包括“要求父亲或母亲或其他监护人在场的权利”。这些问题是进行公平合理审判的基本内容，并且在现有的一些人权文献中已得到了国际上的承认。而且，1992 年 4 月 2 日对我国生效的《儿童权利公约》第四十条规定，被指称、指控或认为触犯刑法的儿童有权“要求独立公正的主管当局或司法机构在其得到法律或其他适当协助的情况下，通过依法公正审理迅速作出判决，并且须有其父母或法定监护人在场，除非认为这样做不符合儿童的最大利益，特别要考虑到其年龄或智力状况。”可见，要求监护人到场是未成年人享有的国际公约上的权利，也是我国应履行的国际义务。《未成年人保护法》的规定符合国际公约的要求，也体现了我国加强对未成年人的司法保护的精神理念。

通知监护人到场，执法的时候应当注意以下两点：（1）未成年人有要求其监护人在场的权利，无论是未成年犯罪嫌疑人、未成年证人、未成年被害人，都享有这一法定权利。公安机关、人民检察院、人民法院应当告知未成年人享有这一权利，并协助其实现，及时通知未成年人的监护人到场。（2）讯问未成年犯罪嫌疑人或者询问未成年证人、被害人时，应当通知监护人到场。这是公安机关、人民检察院的一项程序性义务。没有通知监护人到场就可以视为司法机关的程序违法。

在安徽巢湖这起案件中，公安机关在讯问未成年犯罪嫌疑人的时候，如果有这么一种程序要求通知未成年犯罪嫌疑人的监护人到场，可以想象这起冤案是本可以避免的。

# 与成年人分别关押　优化教化育人环境

## ——看守所对未成年人的优待

走进山东省济南市看守所未成年犯罪嫌疑人管理监区，监室墙上的小黑板上写满了在押人员喜欢的名人名言和自己的心得体会，书架上还摆满了各种书籍。这里像是学校的“校区”，而不是“监区”；是教化育人的“教室”，而不是单纯羁押的“监室”。自2012年10月起，济南市看守所专门设立了未成年犯罪嫌疑人管理监区，2012年12月实现了对全市包括各县区未成年犯罪嫌疑人的集中羁押。

《未成年人保护法》第五十七条第一款规定：“对羁押、服刑的未成年人，应当与成年人分别关押。”2012年3月14日全国人民代表大会会议修改、2013年1月1日起施行的《刑事诉讼法》第二百六十九条第二款规定：“对被拘留、逮捕和执行刑罚的未成年人与成年人应当分别关押、分别管理、分别教育。”

所谓“羁押”，不是一种独立的强制措施，而是拘留和逮捕的附带性后果，是指被管制对象在法院裁判前人身自由受限制的一种状态。拘留，包括行政拘留和刑事拘留。行政拘留，又称治安拘留，是指公安机关对违反治安管理的人依法在短期内限制其人身自由的一种治安行政处罚。刑事拘留，是指公安机关、人民检察院对于现行犯或者重大嫌疑分子，在遇有法定的紧急情况下依法采取的临时剥夺其人身自由的一种强制措施。逮捕，是对有证据证明有犯罪事实，可能判处徒刑以上刑罚的犯罪嫌疑人、被告人，采取取保候审、监视居住等方法，尚不足以防止发生社会危险，而依法剥夺其人身自由的一种强制措施。

《联合国少年司法最低限度标准规则》（即《北京规则》）认为，不应低估在审前拘留期间“犯罪污染”对少年的危害性，“审前拘留应仅作为万不得已的手段使用，而且时间尽可能短”；并提出要根据少年的身心特点，对审前拘留的某些人实行单独看管。于是，《北京规则》第十三条第四款规定：“审前拘留的少年应与成年人分开看管，应拘留在一个单独的监所或拘留在成年人监所的单独部分。”

所谓“服刑”，是指罪犯在法院裁判以后执行所判刑罚的一种人身自由受限制的状态。对羁押、服刑的未成年人实行与成年人分别关押的制度，是我国司法实践中正在实行、并且行之有效的监狱管理制度。所谓分别关押，是指将被拘留、逮捕和执行刑罚的未成年人与成年人分别予以关押。例如，将被拘留、逮捕的未成年人与成年人分室关押，将执行刑罚的未成年人犯与成年人犯分别在不同的看守所或者监狱关押，或者在同一改造场所将其分别编队，在监督管理上实行区别对待等。除了《未成年人保护法》和《刑事诉讼法》之外，还有很多法律法规对这一制度作出了明确规定。1990 年颁布实施的《看守所条例》规定，对于羁押的未成年人犯应当与成年人犯分押分管；暂不具备条件的，也应当尽量避免把他们与屡教不改的惯犯、累犯和恶习很深的人犯关押在一起，以防止把关押场所变成未成年人被毒化教唆之地。1994 年颁布实施的《监狱法》在第三十九条规定：“监狱对成年男犯、女犯和未成年犯实行分开关押和管理，对未成年犯和女犯的改造，应当照顾其生理、心理特点。监狱根据罪犯的犯罪类型、刑罚种类、刑期、改造表现等情况，对罪犯实行分别关押，采取不同方式管理。”

之所以如此规定，有以下三点原因：（1）防止未成年犯与成年犯“交叉感染”。看守所与监狱是犯罪分子集中的地方，就像一个“染缸”。如果不实行分管、分押，那么少年犯与成年犯混居一起，天长日久，耳闻目染，难免会染上各种各样的犯罪思想，而且也容易被腐蚀、教唆。要避免出现这种不良后果，分管分押是有效的途径。（2）可以对未成年人进行有针对性的教育。监管场所可以根据未成年人的身心特点，对他们采取区别于成年犯的教育改造方式，进行有针对性的教育，使他们尽早转变思想，矫正恶习，成为遵纪守法的人。要达到这一目的，分管分押是必不可少的前提条件。（3）便于区别对待，更好保护未成年人的合法权益。依据我国有关法律法规的规定，不论是审前羁押期间，还是在判决后服刑期间，未成年人在学习时间、劳动时间、日常生活待遇等方面与成年犯都是不同的。如果未成年人与成年犯关押在一起，这些保护性规定在实施上就会有较大困难。分管分押是实现区别对待、保护未成年人健康成长的有效方法。

山东省济南市看守所加强基础设施建设，优化教化育人环境，将未成年犯罪嫌疑人与成年人分别关押、分别管理、分别教育的做法是值得称赞的。

# 不得披露姓名住所　不得出现照片图像

## ——媒体报道未成年人犯罪案件的限制性规定

张大爷最喜欢看电视节目中的法制新闻。张大爷发现，他所喜欢看的电视台所播放的法制新闻节目中，如果涉及对未成年人犯罪案件的报道，对涉案的未成年人的姓名都是用化名，对涉案的未成年人的图像都用马赛克处理，对涉案的未成年人的声音也做了技术处理，对涉案的未成年人的住所没有披露，观众不能从电视节目中推断出该涉案的未成年人是谁。张大爷心里知道，这都是为了孩子。但不知电视台这样做是自己的惯例还是法律有规定。有一天，张大爷和做律师的邻居一块聊天，张大爷便问律师：对未成年人犯罪案件的报道有什么法律规定吗？

律师告诉张大爷，电视台之所以这样做，那是因为法律有规定必须这样做。

《未成年人保护法》第五十八条规定："对未成年人犯罪案件，新闻报道、影视节目、公开出版物、网络等不得披露该未成年人的姓名、住所、照片、图像以及可能推断出该未成年人的资料。"本条是关于媒体报道未成年人犯罪案件方面的限制性规定。

形形色色的犯罪案件历来是法制报道中不可或缺的重要内容。法律之所以要对媒体报道未成年人犯罪案件方面作出这样的限制性规定，主要是从保护未成年人的角度出发，考虑到未成年人的思想还很不稳定，心理承受能力比成年人弱，其情绪容易受到外界的影响，如果将其姓名、住所、照片等情况，通过新闻报道、影视节目、公开出版物、网络等方式公开化，被他人所知悉，可能造成其精神上相当大的压力，不利于其接受教育改造和重新做人，相反地，容易产生逆反心理和滋生报复社会的思想。为了维护未成年人的名誉，尊重他们的人格，保护他们的自尊心，有利于他们今后的正常成长，很有必要作出有关新闻报道、影视节目、公开出版物、网络等不得披露该未成年人的姓名、住所、照片、图像以及可以推断出该未成年人的资料的规定。作出这样的规定，从法理上讲，主要基于以下三个依据。

1. 关于未成年人犯罪案件不公开审理的原则

我国《刑事诉讼法》第二百七十四条规定："审判的时候被告人不满十八周岁的案件，不公开审理。但是，经未成年被告人及其法定代表人同意，未成年被告人所在学校和未成年人保护组织可以派代表到场。"这样的规定实际上也是国际上大多数国家审理未成年人犯罪案件所共同遵循的原则。另外，由于未成年被告人涉世不深，法庭公开审理容易使其胆怯不知所措，从而影响其当庭供述的真实性。采取不公开审理的审判方式，不仅有利于对未成年被告人的心理保护，也有利于未成年人刑事案件合议庭审判工作的顺利进行。从长远来看，遵循不公开审理的原则，对犯罪的未成年人的教育改造和回归社会具有重要的意义。

2. 关于保护未成年人的隐私权

《未成年人保护法》第三十九条规定了任何组织和个人不得披露未成年人的个人隐私。1991 年 12 月 29 日全国人大常委会批准通过了《儿童权利公约》。自 1992 年 4 月 2 日起，由联合国大会 1989 年 11 月 20 日通过的《儿童权利公约》开始对我国生效。该公约第十六条规定："儿童的隐私、家庭、住宅或通信不受任意或非法干涉，其荣誉和名誉不受非法攻击。""儿童有权享受法律保护，以免受这类干涉或攻击。"

3. 新闻报道等言论自由权的界限

我国《宪法》第三十五条规定："中华人民共和国公民有言论、出版、集会、结社、游行、示威的自由。"新闻媒体等享有言论自由权，是受我国《宪法》保护的。同时，《宪法》为这种言论自由权的行使划定了界限。《宪法》第三十八条规定："中华人民共和国公民的人格尊严不受侵犯。禁止用任何方法对公民进行侮辱、诽谤和诬告陷害。"第五十一条规定："中华人民共和国公民在行使自由和权利的时候，不得损害国家的、社会的、集体的利益和其他公民的合法的自由和权利。"因此，记者、编辑在行使言论自由权利的时候，一定要牢记尊重和保障人权，不得侮辱、诽谤他人，也不得损害国家的、社会的、集体的利益和其他公民的合法的自由和权利。要以法律法规和国家政策为准则，不得侵害公民和法人的名誉权，不得损害公民的人格权、隐私权、肖像权、荣誉权，不得侵害别人的知识产权，不得泄露国家机密。还要注意遵循《未成年人保护法》的相关限制性规定，报道未成年人犯罪案件的时候不得披露该未成年人的姓名、住所、照片、图像以及可以推断出该未成年人的资料。

在理解和执行这条规定的时候，应当注意，这里所说的"不得披露"的资料，不是指对犯罪案件本身不得披露，而是指对犯罪的未成年人本人的姓名、住所、照片、图像等个人情况不得披露。

# 因不满十六不予刑罚　可以由政府收容教养

## ——收容教养

2010年12月22日，11岁的广东省从化女孩小小（化名）因为逃课被父亲用木扫把打了一顿。但就是这顿打，激发了小小心底的杀机。小小在一所废弃的房子里找到浅红色的农药后，收藏在了自己的床底下。命案当天，小小提前吃过午饭，避开了母亲的视线后，悄然将准备好的农药放进了午饭里。和往常一样，干活回家的父亲，在疲惫中端起饭碗狼吞虎咽。看到父母吃下了有毒的饭，小小跑到离家步行十几分钟远的废弃房子里，躲了起来。大约下午2点，在外躲了一个多小时的小小回到家里，看到父亲坐在凳子上休息，呈现出不舒服的状态，一个小时后，因为肚子痛得厉害，父亲直接躺在了床上。又过不久，父亲和母亲被小小的叔叔送往医院，小小一同前往。医院查明，两人的症状为农药所致，但没有人选择报警；父亲、母亲不久即不治身亡。弑父母者的身份一直隐匿到2011年3月16日下午，小小父母的死因才被查明。小小被警察带走后，被政府收容教养。由于当地没有专门的少年管教所，而14岁以下的少年犯重罪的情况也是极其个别的，因此，小小被送到了当时的广东省女子劳教所代管，成为该所收容的年龄最小的学员。2012年12月7日，13岁的小小走出了广东省女子劳教所。两个月后，小小和同学们一起站在小学的操场上，与他人毫无差别地参加了六年级的开学典礼。

少年收容教养是依据我国刑事法律规定所建立的一项制度，也是我国少年矫正制度的重要组成部分。对未成年人的收容教养是一种带有强制性的特殊管教，是一种必要的社会保护措施。其目的是更好地教育、挽救有严重不良行为的未成年人，防止他们再次实施不法行为危害社会。同时，它也弥补有严重不良行为的未成年人在家庭中接受社会化教育的不足，保护未成年人的合法权益，使他们在政府主管部门的严格教育、管束下，重塑新人。

《刑法》第十七条第四款规定："因不满十六周岁不予刑事处罚的，责令他的家长或者监护人加以管教；在必要的时候，也可以由政府收容教养。"

《预防未成年人犯罪法》第三十八条也规定："未成年人因不满十六周岁不予刑事处罚的，责令他的父母或者其他监护人严加管教；在必要的时候，也可以由政府依法收容教养。"这样规定是为了维护正常的社会秩序，也是为了教育行为人，防止其继续危害社会。

关于对未成年人收容教养的审批，依据1982年颁布的《公安部关于少年犯管教所收押、收容范围的通知》规定："对确有必要由政府收容教养的犯罪少年不满十四岁等特殊情况，须报请省、市、自治区公安厅、局审批。"实践中我国的未成年人收容教养的执行场所一般是少年犯管教所，且须与被判刑罚的少年犯分别关押，分别管教。收容教养的期限一般为1年至3年。收容教养不是刑事处罚，因而不计入刑事记录。是由其父母或者其他监护人严加管教，还是由政府收容教养，其关键在于"必要时候"，对"必要时候"的理解，学理上解释纷纭。一般人认为，对"必要时候"的理解，一是要看具有严重不良行为的未成年人主观恶性程度；二是要从有利于帮教的角度考虑。

同时，《预防未成年人犯罪法》第三十九条第一款规定："未成年人在被收容教养期间，执行机关应当保证其继续接受文化知识、法律知识或者职业技术教育；对没有完成义务教育的未成年人，执行机关应当保证其继续接受义务教育。"该条第二款还作出了解除收容教养的未成年人"在复学、升学、就业等方面与其他未成年人享有同等权利，任何单位和个人不得歧视"的规定。

小小所在地的政府相关部门对小小实行收容教养以及解除收容教养后仍然让小小复学的做法是符合法律规定的。

这里，笔者要提醒读者注意一下收容教养与劳动教养、收容教育的区别：（1）适用法律不同。收容教养的法律依据是《刑法》和《预防未成年人犯罪法》；劳动教养的依据是行政管理的法律法规；收容教育是依据《卖淫嫖娼人员收容教育办法》。（2）教养对象不同。收容教养的对象为16周岁以下的人，劳动教养对象则为16周岁以上的人；收容教育对象为14周岁以上的人。（3）教养方式不同。对收容教养人员，重在教育、挽救；对劳动教养人员则实行强制劳动改造；对收容教育人员进行法律、道德教育和生产劳动，使之改掉恶习。（4）劳动教养已经废止，而收容教养与收容教育仍在实行。

# 不满十八周岁　应当宣告缓刑

## ——对被判处拘役、三年以下有期徒刑少年犯的缓刑适用

被告人柳某，男，现年17岁，因涉嫌故意伤害罪被某县人民检察院提起公诉，某县人民法院在审理此案中查明：被告人柳某实施犯罪行为的时间为2011年5月2日，其故意伤害行为致人轻伤乙级，归案后痛哭流涕觉得对不起受害人及其亲属，主动赔偿受害人的医疗费，表示以后一定痛改前非决不再做违法犯罪的事情了，其所居住社区的干部群众也反映柳某平时在社区尊老爱幼、遇到别人碰到灾难还能主动捐款。请问人民法院在对柳某量刑时是否可以适用缓刑?

对柳某量刑时不仅可以而且应当宣告缓刑。

柳某实施犯罪行为的时间为2011年5月2日，对柳某定罪量刑应当适用中华人民共和国第十一届全国人民代表大会常务委员会第十九次会议于2011年2月25日通过，并于2011年5月1日起施行《刑法修正案（八）》修正的《刑法》的相关规定。

修正后的《刑法》第七十二条规定："对于被判处拘役，三年以下有期徒刑的犯罪分子，同时符合下列条件的，可以宣告缓刑，对其中不满十八周岁的人、怀孕的妇女和已满七十五周岁的人，应当宣告缓刑：（一）犯罪情节较轻；（二）有悔罪表现；（三）没有再犯罪的危险；（四）宣告缓刑对所居住社区没有重大不良影响。""宣告缓刑，可以根据犯罪情况，同时禁止犯罪分子在缓刑考验期限内从事特定活动，进入特定区域、场所，接触特定的人。""被宣告缓刑的犯罪分子，如果被判处附加刑，附加刑仍须执行。"

本条是关于缓刑的对象、条件以及宣告缓刑可以同时附加禁止令的规定。

缓刑，是一种刑罚执行制度，而不是一种刑罚。缓刑就是附条件地不执行刑罚。也就是说，对一些特定的犯罪分子，在其具备了法定的条件之后，可以在一定的期间内不予关押，暂缓其刑罚的执行。实行缓刑制度，有利于改造罪犯，也有利于社会的稳定。

《刑法修正案（八）》对原《刑法》第七十二条的规定进行了三处修改：一是对本条第一款适用缓刑的条件作了修改，将“根据犯罪分子的犯罪情节和悔罪表现，适用缓刑确实不致再危害社会的”修改为同时符合“犯罪情节较轻”“有悔罪表现”“没有再犯罪的危险”“宣告缓刑对所居住社区没有重大不良影响”四项条件。二是明确对于符合缓刑条件的不满18周岁的人、怀孕的妇女和已满75周岁的人三类主体，应当宣告缓刑。三是增加规定对宣告缓刑的犯罪分子，人民法院可以根据犯罪情况同时对其在缓刑考验期限内的行为作出限制，禁止其“从事特定活动，进入特定区域、场所，接触特定的人”。

对于一般主体，符合适用缓刑条件的，法律规定可以适用缓刑，从而赋予法官一定的自由裁量权，法官依据案件情况决定宣告缓刑，也可以不适用缓刑。考虑到不满18周岁的人、怀孕的妇女和已满75周岁的人三类主体的特殊情况，从加强对未成年人、未出生婴儿保护的角度，基于人道主义对老年人从宽处理的角度，《刑法修正案（八）》增加规定，对于符合缓刑条件的上述三类主体，应当宣告缓刑。即只要符合适用缓刑条件的，就应当适用缓刑。需要指出的是，这三类主体适用缓刑也必须是被判处拘役、三年以下有期徒刑，同时符合犯罪情节较轻、有悔罪表现、没有再犯罪的危险、宣告缓刑对所居住社区没有重大不良影响四项条件，如果不符合上述条件，也不能宣告缓刑。

本案中的柳某其故意伤害行为致人轻伤乙级，依照《刑法》第二百三十四条第一款的规定：“故意伤害他人身体的，处三年以下有期徒刑、拘役或者管制。”即法定最高刑为三年有期徒刑，符合《刑法》第七十二条关于适用缓刑必须是被判处拘役、三年以下有期徒刑的规定；柳某的故意伤害行为致人轻伤乙级，其犯罪情节较轻；柳某归案后痛哭流涕觉得对不起受害人及其亲属，并主动赔偿受害人的医疗费，说明其有悔罪表现；柳某向司法机关表示以后一定痛改前非决不再做违法犯罪的事情，说明没有再犯罪的危险；柳某所居住社区的干部群众反映柳某平时在社区尊老爱幼、遇到别人碰到灾难还能主动捐款，说明宣告缓刑对所居住社区没有重大不良影响。对柳某适用缓刑完全符合《刑法》的有关规定，所以人民法院在对柳某量刑时应当宣告缓刑。

# 明知有险不予防范　发生伤亡或坐班房

## ——教育设施重大安全事故罪

2009年，安山小学建围墙和混凝土遮雨板时，校长刘某圣未按规范聘请专业人员设计、施工、质检和验收。该围墙与校园内的古戏台、铁门紧靠，学生极易攀爬玩耍。对此，刘某圣没有采取积极有效的防范措施。2012年5月31日8时40分，该校学生刘某兵等十余人在攀爬围墙及遮雨板时，致使遮雨板倒塌，当场砸死三名学生，砸伤三名。对刘某圣应如何追究其法律责任？

《刑法》第一百三十八条规定："明知校舍或者教育教学设施有危险，而不采取措施或者不及时报告，致使发生重大伤亡事故的，对直接责任人员，处三年以下有期徒刑或者拘役；后果特别严重的，处三年以上七年以下有期徒刑。"本条是对教育设施重大安全事故罪及其处刑的规定。

本条是1997年《刑法》修订时增加的规定。校舍和教育教学设施是否安全，直接关系到师生的生命、健康安全，关系到社会的稳定。对此，党和国家都非常重视，三令五申要加强对校舍的管理和安全检查，发现有危险的要及时维修、拆除，并强调各级政府和教育主管部门都有责任。为保障师生的生命安全，防止重大伤亡事故的发生，《教育法》第七十三条规定："明知校舍或者教育教学设施有危险，而不采取措施，造成人员伤亡或者重大财产损失的，对直接负责的主管人员和其他直接责任人员，依法追究刑事责任。"1997年修订《刑法》时将上述内容吸收进来，作了专门规定。

根据本条规定，构成本罪的，必须具备以下条件：（1）构成本罪的主体主要是对学校校舍以及其他教育教学设施的安全负有责任的学校领导和学校上级机关、有关房管部门的主管人员。（2）行为人对发生重大安全事故主观上是过失。（3）必须明知校舍或者教育教学设施有危险，而不采取措施或者不及时报告。这里所说的"校舍"，主要是指各类学校及教育机构的教室、教学楼、行政办公室、宿舍、图书馆、阅览室等；"教育教学设施"，是指用于教育教学的各种设施、设备，如实验室、实验设备、体育器械等；"明知校舍或者教育教学设施有危险，而不采取措施或者不及时报告”，是指明知道校舍或者教育教学设施有倒塌或者发生人身伤害事故的危险、隐患，不履行自己应当履行的职责，采取有效的措施或者向有关主管部门、上级领导报告，以防止事故发生的行为。在现实生活中，校舍及教育教学设施发生重大伤亡事故的原因很多，现有的校舍及教育教学设施，有的已十分陈旧，但由于资金有限，非主观愿望就可以改变现状，立法时充分考虑到这一实际情况，明确规定本罪打击的重点是那些负有领导责任的人员，对学校的危房及存在危险的教育教学设施，漠不关心，发现问题不及时采取防范措施，自己不能解决时，也不向上级领导及有关主管机关及时报告的行为。(4) 必须是发生了重大伤亡事故。

这里所说的“重大伤亡事故”，是指发生校舍倒塌、设备仪器爆裂、爆炸事故，造成人员伤亡等情况。这是区分罪与非罪的界限，如只是发生校舍倒塌、教育教学设施遭到破坏而没有造成人员伤亡，则不构成本罪。

根据本条规定，构成犯罪的，处三年以下有期徒刑或者拘役；后果特别严重的，即造成人员伤亡众多，国家财产遭受特别重大损失，社会影响极为恶劣的情形，处三年以上七年以下有期徒刑。

本案经人民法院审理后认为，被告人刘某圣作为学校的直接主管人员，对学生攀爬围墙和遮雨板存在危险未采取积极有效的防范措施，以致造成遮雨板倒塌砸死、砸伤学生的特别严重后果，其行为构成了教育设施重大安全事故罪，应予处罚，鉴于被告人主动投案，认罪态度好，对其可以酌情从轻处罚并适用缓刑。一审人民法院以教育设施重大安全事故罪，判处被告人安山小学校长刘某圣有期徒刑三年，缓刑四年。

# 下流手段猥亵儿童　构成犯罪从重处罚

## ——猥亵儿童罪

被告人周某原住武陟县北郭乡东安村，因其儿子周占武在焦作市山阳区牛庄村村口经营个体食堂，周某乃于1997年3月到其儿子处居住。其儿子、儿媳以店为家，为周某在牛庄村租了一间房屋，由周某单独居住，并帮忙照看孙子。1997年8月24日上午8时许，本村的幼女田某某（10岁，有癫痫病史，精神不正常）和另外两个小孩（一男一女，均约五六岁）一起到周某的住处找周某的孙子（7岁）玩耍，但其孙子不在家。三个小孩在周家玩了一会儿，其间周某让田某某吃了半个馒头。上午11时许，另两个小孩离去后，周某将田某某搂到跟前亲吻，并用手指抠摸田某某的阴道。经法医检验证明，田某某处女膜3处有轻微裂痕，外阴发痛并稍充血。

河南省焦作市山阳区人民检察院以被告人周某犯猥亵儿童罪于1997年11月13日向焦作市山阳区人民法院提起公诉。被告人周某辩称其仅摸该女的阴道，未抠该女的阴道。其辩护人辩称，本案情节一般，后果不严重，请求对周某从轻处罚。

本案应如何处理？《刑法》第二百三十七条规定："以暴力、胁迫或者其他方法强制猥亵他人或者侮辱妇女的，处五年以下有期徒刑或者拘役。""聚众或者在公共场所当众犯前款罪的，或者有其他恶劣情节的，处五年以上有期徒刑。""猥亵儿童的，依照前两款的规定从重处罚。"本条是关于强制猥亵、侮辱妇女罪、猥亵儿童罪的处刑规定。

猥亵儿童罪是在1997年修订《刑法》时新增设的罪名，是从1979年《刑法》第一百六十条规定的流氓罪中分解出来的。猥亵儿童罪，是指猥亵不满14周岁的儿童的行为。这里所说的"猥亵"，主要是指用亲吻、搂抱、抠摸、吸吮、手淫、鸡奸、指奸等性交以外的淫秽下流的手段猥亵儿童的行为。考虑到不满14周岁的儿童认识能力较差，尤其是对性的认识能力欠缺，为保护儿童的身心健康，猥亵儿童罪有别于强制猥亵、侮辱妇女罪的构成，不要求以暴力、胁迫或其他方法强制进行，只要对儿童实施了猥亵行为，就构成了本条第三款规定的猥亵儿童罪。

在实际执行中应当注意区分猥亵儿童与一般的对儿童表示“亲昵”的行为。猥亵儿童是出于淫秽下流的欲望而实施的卑鄙行为，此种行为对儿童的身心健康会造成伤害或不良影响，也为当地的风俗习惯所不容。而与儿童亲昵的行为，则是出于对儿童的喜爱，用亲昵的方法与儿童逗乐和交流感情，它与猥亵儿童有原则的区别。本案被告人周某出于淫秽下流的目的，对不满 14 周岁的女童亲吻并抠摸其阴道，造成该女童处女膜损伤，外阴发痛并充血，其行为符合猥亵儿童罪的犯罪构成。

对于猥亵儿童的，依照本条第三款的规定，处 5 年以下有期徒刑或者拘役，聚众或者在公共场所猥亵儿童的，处 5 年以上有期徒刑，并且应当在各量刑幅度内从重处罚。

焦作市山阳区人民法院依法不公开开庭审理了本案。该院认为，被告人周某以亲吻和抠摸阴道的手段猥亵 10 岁女童田某某，其行为已构成猥亵儿童罪，应依法惩处。周某辩称其未抠该女阴道，与事实不符，该院不予采纳。该院依照《刑法》第十二条第一款、第二百三十七条第一款和第三款的规定，于 1997 年 12 月 22 日作出刑事判决如下：被告人周某犯猥亵儿童罪，判处有期徒刑 3 年。

宣判后，被告人周某没有提出上诉，人民检察院也未提出抗诉。

本案被告人周某的行为发生在修订后的《刑法》施行之前，而审判在该法施行之后，在适用法律上应依照修订后的《刑法》第十二条第一款规定的从旧兼从轻的原则处理。由于对猥亵儿童罪的处刑，1997 年修订后的《刑法》较 1979 年《刑法》规定的流氓罪的处刑轻，所以焦作市山阳区人民法院适用修订后的《刑法》，以猥亵儿童罪对本案被告人定罪量刑，是正确的。

# 抢夺婴儿卖他人　应为拐卖儿童罪

## ——拐卖儿童罪

2003年1月初，被告人吴某见周某的妻子生育一男婴（刚满月），便产生将该婴儿偷盗出卖的邪念。同年1月11日晚8时许，被告人吴某持一把手电筒窜到周某住房欲偷盗婴儿，见周妻杨某在场，就谎称："你丈夫在外面说我的坏话，我今天要把你孩子抱走"，并动手抱婴儿。杨某见状即上前阻止，吴某便用手掐杨某的脖子，强行抱走男婴，后以10000元的价格卖给他人。案发当晚，被告人吴某被公安机关抓获，公安机关根据被告人吴某交代被拐卖男婴的去向，及时将男婴解救，并追回赃款。被告人吴某辩称没有盗窃婴儿，而是当着婴儿母亲的面把婴儿抱走的。

被告人吴某的行为应当如何定性？

《刑法》第二百四十条规定："拐卖妇女、儿童的，处五年以上十年以下有期徒刑，并处罚金；有下列情形之一的，处十年以上有期徒刑或者无期徒刑，并处罚金或者没收财产；情节特别严重的，处死刑，并处没收财产：（一）拐卖妇女、儿童集团的首要分子；（二）拐卖妇女、儿童三人以上的；（三）奸淫被拐卖的妇女的；（四）诱骗、强迫被拐卖的妇女卖淫或者将被拐卖的妇女卖给他人迫使其卖淫的；（五）以出卖为目的，使用暴力、胁迫或者麻醉方法绑架妇女、儿童的；（六）以出卖为目的，偷盗婴幼儿的；（七）造成被拐卖的妇女、儿童或者其亲属重伤、死亡或者其他严重后果的；（八）将妇女、儿童卖往境外的。""拐卖妇女、儿童是指以出卖为目的，有拐骗、绑架、收买、贩卖、接送、中转妇女、儿童的行为之一的。"

本条第一款第六项规定，"以出卖为目的，偷盗婴幼儿的"，以拐卖儿童罪论处。认定本案的关键就在于如何认定"偷盗"的含义，如果类比盗窃罪之"盗窃"来理解偷盗的含义，对本案就无法以拐卖儿童罪论处，做广义理解的话，就能以拐卖儿童罪论处。

从目前的司法解释来看，对《刑法》第二百四十条第二款规定的拐骗、绑架、收买、贩卖、接送、中转六种行为方式已经作出了扩大解释。比如父母以营利为目的出卖子女或者出卖捡拾儿童的行为，均可以拐卖儿童罪论处。这两类行为的拐卖方式已经超出了上述六种行为方式的范围。笔者认为，应当对“偷盗婴幼儿”之“偷盗”作扩大解释，应当包括抢夺、抢劫等方式在内。造成这一局面的原因就在于，《刑法》第二百四十条第二款对拐卖方式的列举过于具体，不能涵盖各种情况，笔者建议在中转之后加一个“等”字，将《刑法》第二百四十条第一款第六项中的“偷盗婴幼儿”修改为“偷盗或以其他方式获取婴幼儿”，采取列举加概括的规定方式解决这一问题。

# 可怜女儿没有生儿子　收买被拐卖儿童犯罪

## ——收买被拐卖的妇女、儿童罪

被告人郑某花因可怜其女儿朱某仙没有生儿子，打算帮其买个男孩抚养。2007年3月的一天，郑某花便以1.7万元的价钱向邢某彬等人买下一男孩。事后第二天，郑某花发现该小男孩有毛病，就抱着小男孩到乐平县来找邢某彬等人，要求对方领回小男孩，退回买小男孩的1.7万元。在郑某花查找邢某彬等人的同时，被在场的群众发现并向公安机关报案。接警后，公安机关查获邹某艳等人涉嫌拐卖儿童的行为，并将该小男孩解救送往乐平县福利院。2012年1月5日，被告人郑某花到公安机关投案。

被告人郑某花的行为构成了什么罪，应该怎样处罚？被告人郑某花的行为构成了收买被拐卖的儿童罪。

收买被拐卖的妇女、儿童罪，是指不以出卖为目的，收买被拐卖妇女、儿童的行为。

本罪侵犯的客体是被害妇女、儿童的人身不受买卖性。收买被拐卖的妇女、儿童，实际上是将妇女、儿童当作商品买回，将人作为商品购买，就侵犯了被害人的人格尊严权，同时在人贩子和收买人之间的卖与买的交易中，被害人被当作“物”而没有决定自己去向的权利，故意侵犯了被害人的身体自由权。本罪犯罪对象为14周岁以上的妇女和14周岁以下的儿童，而且必须是被拐卖的妇女、儿童。

本罪在客观方面表现为收买被拐卖、绑架的妇女、儿童的行为。所谓收买，是指行为人以货币或其他财物换取他人拐卖的妇女、儿童。如果为了出卖而收买，则其行为不能认定为收买被拐卖的妇女、儿童罪，而是已经直接构成拐卖妇女、儿童罪。

本罪的主体为一般主体，任何达到刑事责任年龄并具有刑事责任能力的自然人均能构成本罪。

本罪在主观上只能是故意。行为人明知自己所收买的妇女、儿童是被他人拐卖的妇女、儿童，但行为人仍然决意收买。收买妇女、儿童的行为，只要不是为了出卖，不管行为人出于什么动机，都不影响本罪的成立。例如，收买妇女是为了使妇女成为自己妻子，为了给自己生育子女，为了供自己奸淫，为了让妇女给自己提供其他各种服务；收买儿童是为了传宗接代，为了对其进行奴役，如此等等，都不影响犯罪的成立。

本罪和拐卖妇女、儿童罪的界限：拐卖妇女、儿童罪中的收买，是为了出卖而收买，收买只是拐卖妇女、儿童犯罪的一个中间环节，犯罪分子收买被拐妇女、儿童后，便将被害妇女、儿童又转手倒卖与他人，从中谋取不义之财。或者虽然不是为了出卖而收买，但是收买后又出卖的，也按照拐卖妇女、儿童罪处罚。

《刑法》第二百四十一条第一款规定："收买被拐卖的妇女、儿童的，处三年以下有期徒刑、拘役或者管制。"对被告人郑某花的行为应当依照本条的规定进行处罚。

值得注意的是，2015 年 11 月 1 日起实施的《刑法修正案（九）》，删除了原《刑法》第二百四十一条第六款中关于对收买被拐卖的妇女、儿童，按照被收买妇女的意愿，不阻碍其返回原居住地的，对被买儿童没有虐待行为，不阻碍对其进行解救的，可以不追究刑事责任的规定。从 2015 年 11 月 1 日起，对收买被拐卖的妇女、儿童的行为一律依法定罪处刑。

# 纠集村民阻碍解救　人财两空还要判刑

## ——聚众阻碍解救被收买的妇女、儿童罪

2012 年 3 月，西部某乡北村的村民柳某花 15000 元钱从人贩子手中买了一个 5 岁的“儿子”韦小江。2012 年 4 月，韦小江的家人得知了韦小江被贩卖在西部某乡北村的信息，就向公安报案。公安在摸清情况后，于同年 5 月 8 日晚上，派一辆警车和 4 名警察进入该村，以实施解救韦小江的工作。柳某的父亲柳震理得知消息后想，一旦公安解救走韦小江，不但自己没了孙子，还白白丢失了 15000 元钱，就是所谓的“人财两空”，就企图想方设法阻碍公安的解救工作。当下，柳震理召集了同村的几十个男女老少，拿了锄头、菜刀、棍棒等器械，聚集在村口，阻止警车和警察的进入。在警察强行进入后，双方发生了轻微的武力冲突，造成一个警察和几个村民轻伤。由于警察行动的坚决，最终还是救出了韦小江，并抓获了柳震理。

对于柳震理的行为该如何定性？对柳震理的行为，应认定为聚众阻碍解救被收买的妇女、儿童罪。

《刑法》第二百四十二条规定：“以暴力、威胁方法阻碍国家机关工作人员解救被收买的妇女、儿童的，依照本法第二百七十七条的规定定罪处罚。”“聚众阻碍国家机关工作人员解救被收买的妇女、儿童的首要分子，处五年以下有期徒刑或者拘役；其他参与者使用暴力、威胁方法的，依照前款的规定处罚。”本条第二款规定的聚众阻碍解救被收买的妇女、儿童罪，是指纠集多人阻碍国家机关工作人员解救被收买的妇女、儿童的行为。

本罪所侵犯的客体为复杂客体，既包括国家机关工作人员依法解救被收买的妇女、儿童的公务活动，同时又包括被收买妇女、儿童的人身权利；其是通过对国家机关工作人员依法执行解救被收买妇女、儿童的职务活动的侵害，来实现其对被收买的妇女、儿童的人身权利的侵害的。

本罪在客观方面表现为聚众阻碍国家机关工作人员解救被收买的妇女、儿童的行为。聚众阻碍，是指有预谋、有组织、有领导地纠集多人阻碍国家机关

工作人员解救被收买的妇女、儿童的行为。根据实践经验，只要纠集三人以上阻碍解救工作的进行，就应当认为是聚众，构成本罪，行为人聚众阻碍国家机关工作人员解救被收买的妇女、儿童的具体行为多种多样。有的是组织、指挥多人以暴力方式侵害执行解救公务的国家机关工作人员的身体；有的是砸毁、扣押解救用的车辆、器械；有的是组织、指挥众人以非暴力的方式围截、干涉国家机关工作人员的解救工作；等等。无论具体行为方式如何，只要行为人客观上实施了聚众阻碍国家机关工作人员解救被收买的妇女、儿童的行为，即构成聚众阻碍解救被收买的妇女、儿童罪。

聚众阻碍解救被收买的妇女、儿童罪是行为犯，不是结果犯。根据本条规定，行为人只要实施了聚众阻碍国家机关工作人员解救被收买的妇女、儿童的行为，即构成本罪。至于解救活动是否因阻碍而中止，被收买的妇女、儿童是否被解救，均不影响本罪既遂状态的成立。实践中应根据这一精神，正确认定行为人的犯罪形态，以做到罚当其罪。

本罪的主体，必须是16周岁以上的聚众阻碍解救被收买的妇女、儿童公务的首要分子。实际上因本罪客观行为特征决定了要有一定威望、号召力的人，故少有未成年人成为该罪主体，由于本条规定的限定，构成该罪的主体必须是首要分子。所谓首要分子是指起组织、纠集、策划、指挥、煽动作用的分子。

本罪在主观方面表现为直接故意。在聚众阻碍解救被收买的妇女、儿童罪中，行为人故意的内容具体表现为，明知对方是国家机关工作人员，并且正在依法解救被收买的妇女、儿童，而故意聚众予以阻碍。这其中包含两重内容：其一，行为人明知对方是依法解救被收买的妇女、儿童的国家机关工作人员；其二，行为人主观上具有聚众的故意，即行为人主观上意图聚集多人，阻碍国家机关工作人员的解救工作。虽然本罪是聚众性犯罪，但并不要求各个行为人的主观故意完全相同。在聚众阻碍解救被收买的妇女、儿童的活动中，只要首要分子的主观故意符合上述要求，即可构成本罪；至于其他各行为人的行为目的和动机如何，不影响本罪的成立。

柳震理的行为完全符合聚众阻碍解救被收买的妇女、儿童罪的犯罪构成要件。2012年7月11日，一审人民法院以柳震理犯聚众阻碍解救被收买的妇女、儿童罪，判处有期徒刑三年；柳震理认为一审量刑过重，上诉于市中级人民法院。2012年11月4日，市中级人民法院终审判决驳回柳震理的上诉，维持了一审判决。

# 重男轻女出卖女儿　构成犯罪判刑六月

## ——遗弃罪

2011 年 11 月，家住河南某乡一山村的被告人吕某的妻子在家生下一女婴，吕某有重男轻女的思想，认为生活在农村养个女儿不能传宗接代，加上吕某家庭经济条件差，夫妻俩自身生活压力都很大，便有意将女儿卖掉。申某夫妇听到此消息后携带现金来到吕某家中，以 16000 元的价格将女婴抱走。

对吕某的行为应如何定性？吕某的行为已构成遗弃罪。

《刑法》第二百六十一条规定："对于年老、年幼、患病或者其他没有独立生活能力的人，负有扶养义务而拒绝扶养，情节恶劣的，处五年以下有期徒刑、拘役或者管制。"本条是关于遗弃罪及其处刑的规定。

对于年老、年幼、患病或者其他没有独立生活能力的人，应当在经济、生活等方面予以供给、照顾、帮助，以维护其正常的生活，这是具有法定扶养义务的人的责任，也是中华民族的优良传统。对于有能力扶养而拒绝扶养的人，如果造成恶劣的社会影响，必须给予相应的法律惩处。

遗弃罪，是指对年老、年幼、患病或者其他没有独立生活能力的人，负有扶养义务而拒绝扶养，情节恶劣的行为。遗弃罪的犯罪对象，是年老、年幼、患病或者其他没有独立生活能力的人。这里所说的"没有独立生活能力"，是指不具备或者丧失劳动能力，无生活来源而需要他人在经济上予以供给扶养，或者虽有经济收入，但生活不能自理而需要他人照顾等情况。遗弃罪的犯罪主体，是指对上述对象负有扶养义务的人。这里所规定的"负有扶养义务"，是指行为人对于年老、年幼、患病或者其他没有独立生活能力的人，依法负有的对上述被扶养人在经济、生活等方面予以供给、照顾、帮助，以维持其正常的生活的义务。扶养关系主要包括以下几个方面：夫妻间有相互扶养的义务；父母对子女有抚养教育的义务；子女对父母有赡养扶助的义务；养父母与养子女、继父母与继子女之间有相互扶养的义务；有负担能力的祖父母、外祖父母对父母已经死亡的未成年的孙子女、外孙子女有抚养义务；有负担能力的孙子女、外孙子女，对于子女已经死亡的祖父母、外祖父母有赡养义务；有负担能力的兄姐对父母已经死亡或者父母无力抚养的未成年弟妹有抚养的义务；等等。遗弃罪的犯罪主体是具有扶养义务的人，如果对没有独立生活能力的人不负有扶养义务，就不存在拒绝扶养的问题，也就不能构成本罪。本罪在客观方面表现为具有扶养义务而拒绝扶养。根据本条规定，遗弃行为必须是情节恶劣的才能构成犯罪。这是划清罪与非罪的重要界限之一。这里所规定的“情节恶劣”，主要是指由于遗弃造成被害人重伤、死亡等严重后果的；有遗弃行为屡教不改的；或者遗弃手段、情节特别恶劣的；等等。

吕某将自己刚出生的女儿卖给别人，不尽应有的抚养义务。法院认为，被告人吕某对于没有生活能力的女儿，负有抚养义务而拒绝抚养，予以出卖，情节恶劣，其行为已构成遗弃罪。2012 年 10 月 12 日，河南省某县人民法院以其犯遗弃罪，判处有期徒刑六个月。

# 抱走婴儿脱离父母　为了收养也属犯罪

## ——拐骗儿童罪

谭某秀欲收养一个小孩，打听到邻村陈大豪的老婆前些天生了个男孩，便请邹某建为其将该小男孩弄到手，并承诺事成后给邹某建 3000 元酬金。邹某建为获取酬金，于 2008 年 6 月 20 日下午邀约董某、李某、唐某、刘某（均已判刑）和罗某乘车来到谭某秀（已判刑）家中；谭某秀带着众人到指认地点，由邹某建等人使用暴力手段将邻村陈大豪刚出生 15 天的婴儿陈小豪从其家中抱走。谭某秀得到小孩后，支付了酬金 3000 元，然后自己将婴儿精心收养。案发后，陈小豪被追回并交还其父母。另查明，2009 年 6 月 4 日被告人邹某建在其父陪同下主动到本地派出所投案。公安机关侦查终结后移送检察院审查起诉。

对邹某建的行为应如何定性？邹某建的行为已经构成拐骗儿童罪。

《刑法》第二百六十二条规定：“拐骗不满十四周岁的未成年人，脱离家庭或者监护人的，处五年以下有期徒刑或者拘役。”本条是关于拐骗儿童罪及其处刑的规定。

拐骗不满 14 周岁未成年人脱离家庭或者监护人，致使未成年人的父母或者监护人不能继续对该未成年人行使监护权，这种行为虽然与拐卖儿童有区别，但严重扰乱社会安定，破坏他人家庭的正常生活，给未成年人及其家庭成员和监护人的身心健康造成重大伤害，也违背了伦理道德要求，必须予以惩处。为此，1979 年《刑法》第一百八十四条规定了拐骗儿童罪。1997 年修订《刑法》时，将拐骗儿童罪修改后纳入。

拐骗儿童罪，是指拐骗不满 14 周岁的未成年人，脱离其家庭或者监护人的行为。这里所规定的“拐骗”，是指用欺骗、利诱或者其他手段，将不满 14 周岁的未成年人带走。“脱离家庭或者监护人”，是指使不满 14 周岁的未成年人脱离家庭或者离开父母或其他监护人，致使不满 14 周岁的未成年人的父母或者监护人不能继续对该未成年人行使监护权。依据我国《民法通则》的有关规定，这里所规定的“监护人”，是指未成年人的父母以及其他依法履行监护职责，保护被监护人的人身、财产以及其他合法权益的人。拐骗不满 14 周岁的未成年人脱离家庭或者监护人的行为多种多样，既可以直接对不满 14 周岁的未成年人本人进行，如利用物质、好处进行引诱，骗得其好感后将其拐骗；也可以对其监护人进行，如假装做保姆，骗得家长信任后，寻机将不满 14 周岁的未成年人带走。

本条在实际执行中应当注意区分拐骗儿童罪与拐卖妇女、儿童罪以及绑架罪的区别。拐骗不满 14 周岁的未成年人脱离家庭或者监护人的行为的目的，往往是出于收养，也可能是出于奴役等目的；如果是以出卖或勒索财物为目的而拐骗未成年人或者偷盗婴幼儿的，应依照本法第二百四十条、第二百三十九条关于拐卖妇女、儿童罪或者绑架罪的规定定罪处罚。

检察院提起公诉后，法院经审理认为，被告人邹某建使用暴力手段，使不满 14 周岁的未成年人脱离监护人和家庭，其行为已构成拐骗儿童罪。本案系共同犯罪，在共同犯罪中，被告人邹某建起了主要作用，是主犯，应当按照其所参与的全部犯罪处罚；被告人邹某建在犯罪后自动投案，并能如实供述自己的犯罪事实，系自首，依法从轻处罚。根据被告人邹某建的犯罪情节和悔罪表现，适用缓刑确实不致再危害社会，可宣告缓刑。为保护公民的人身权利不受侵犯，惩罚犯罪，依照《刑法》第二百六十二条，第二十五条第一款，第二十六条第一、四款，第六十七条第一款，第七十二条第一款，第七十三条第二、三款的规定，判决：被告人邹某建犯拐骗儿童罪，判处有期徒刑一年零六个月，缓刑二年。

# 胁迫组织儿童乞讨　应处主刑并附加刑

## ——组织残疾人、儿童乞讨罪

42 岁的沈成友只有小学文化，安徽临泉人，从 2004 年开始，他带着湖南籍 40 多岁的残疾男子怀某和老家一个小男孩杨某，在四川、重庆的各车站、码头及大街小巷乞讨，一年下来，他发现“利润”可观，于是 2006 年 6 月回老家动员妻子和尚未成年的儿子也参与“经营管理”。

2006 年 6 月以后，沈成友在家乡用哄骗手段招收了张举、伊丽、伊美、罗利、罗斌、王英等小孩，再加上两个“捡”来的残疾人，沈成友的“儿童乞讨团”就此形成。

沈成友给孩子们制定了严格的“乞讨制度”，每天两人一组分头外出，乞讨时间一般从早 5 点直到晚 8 点；每组孩子一天必须完成几百元的任务，少了就要受罚，孩子们要到的钱必须上缴。为节省开支，沈成友让孩子们挤在一间不到 10 平方米的房间内，每天只给吃早、晚两餐饭，四五天才给顿肉吃。他还以找人报复家长来威胁孩子们，以防他们报警或逃跑。

2007 年 12 月 13 日，罗斌在重庆市万州区乞讨时，一位好心人悄悄把电话借给他，罗斌打通表哥电话向家中求救。同村几个孩子的家长得知真相后立即一起赶往重庆。两天后，家长们在万州区找到了几个小孩，随即向当地公安机关报案。沈成友夫妇闻讯外逃。经过网上通缉，2008 年 8 月 6 日，沈成友在河南信阳市落网。

对沈成友的行为该如何定性？《刑法》第二百六十二条之一规定：“以暴力、胁迫手段组织残疾人或者不满十四周岁的未成年人乞讨的，处三年以下有期徒刑或者拘役，并处罚金；情节严重的，处三年以上七年以下有期徒刑，并处罚金。”本条是关于组织残疾人、儿童乞讨罪及其处刑的规定。

在实际生活中，有相当一部分乞讨者是残疾人和未成年人。残疾人由于生理缺陷或残障，谋生能力和自我保护能力较弱。未成年人由于尚不具备独立谋生的能力，心智发育尚不健全，认识社会事物和辨别善恶的能力有限，较容易成为犯罪分子侵害的对象，而且在被侵害时往往不敢反抗。在实际发生的案件中，一些道德败坏的不法人员，在牟利心理的驱使下，通过暴力、胁迫等手段组织残疾人和未成年人乞讨，强占他人乞讨所得。这些行为除侵犯被害人的人格尊严、人身自由及财产权，扰乱社会秩序外，还会给残疾人和未成年人造成严重的伤害，如使残疾人的疾病拖延无法得到治疗，使未成年人丧失受教育的机会，在恶劣环境下成长，形成畸形世界观等，甚至造成被害人人身伤亡的严重后果。为加强对这类行为的惩处力度，2006 年《刑法修正案（六）》在原《刑法》第二百六十二条之后增加了本条规定。

根据本条规定认定组织残疾人、儿童乞讨罪时，应当注意以下两点。

第一，本罪的犯罪主体是一般主体。凡达到《刑法》规定的刑事责任年龄的自然人均可能犯本罪。在司法实践中，对于父母、监护人或者近亲属因为生计所迫，带领残疾亲属或者未成年子女乞讨满足基本生活需要的，甚至为了筹集子女、亲属的医药费、学费等乞讨的，不应按照犯罪处理。

第二，本罪客观上表现为以暴力、胁迫等手段组织残疾人或者不满 14 周岁的未成年人乞讨。所谓“暴力”，是指可以给被害人直接带来生理上的痛苦、伤害或者行为限制的侵袭及其他强制力。所谓“胁迫”，是指行为人以当场实施暴力或其他有损身心健康的行为，以及其他对被害人心理造成强迫的行为相要挟，实施精神强制，使其产生恐惧、不敢反抗的情况。所谓“组织”，是指纠集或者控制一定数量的残疾人或者不满 14 周岁的未成年人，指令或者要求他们乞讨的行为。本条规定的“情节严重”，是指以暴力或者胁迫手段组织残疾人、未成年人乞讨，严重扰乱社会秩序或者造成其他恶劣影响的情形。

沈成友的行为已涉嫌组织残疾人、儿童乞讨罪，应依照《刑法》第二百六十二条之一规定，追究其刑事责任。若经人民法院判决其构成组织残疾人、儿童乞讨罪，则在判处三年以下有期徒刑或者拘役、或者（情节严重）处三年以上七年以下有期徒刑的同时，还要并处罚金。

# 组织小孩“拎包盗窃”　触犯刑法应受刑罚

## ——组织未成年人进行违反治安管理活动罪

李某、刘某均系湖南省常宁市罗桥镇村民。2011 年 11 月的一天，刘某应外号叫“老细”的老乡要求，为其物色一小孩去广东“拎包盗窃”。刘某便托付一辍学少年贺某找到罗桥中学 14 岁的学生曾某，后因“老细”已经另外找到“拎包盗窃”的对象，拒绝了带曾某去广东。于是犯罪嫌疑人刘某同犯罪嫌疑人李某取得联系，李某表示同意带曾某去广东“拎包盗窃”。11 月 29 日，刘某将曾某带到广州市钟落谭镇交给李某，李某开始传授曾某如何盗窃的方法，并告诉曾某如被警察抓住了不要讲真名，用他侄儿的名字代替的开脱方法。12 月 2 日至 4 日，犯罪嫌疑人刘某、李某带着曾某在广州市、东莞市等地 3 次伺机“拎包盗窃”，均未成功。因盗窃未遂，犯罪嫌疑人李某用皮带抽打曾某，并威逼再不盗窃成功就打断其手脚。曾某出于害怕，借机摆脱了犯罪嫌疑人李某等人的控制，到当地公安机关投案并报案，后被当地公安机关通知其家长接回，当地公安机关同时对李某、刘某进行立案侦查。

对李某、刘某的行为应如何定性？李某、刘某的行为已触犯《刑法修正案（七）》对《刑法》第二百六十二条的修正规定，涉嫌组织未成年人违反治安管理活动罪。

《刑法》第二百六十二条之二规定：“组织未成年人进行盗窃、诈骗、抢夺、敲诈勒索等违反治安管理活动的，处三年以下有期徒刑或者拘役，并处罚金；情节严重的，处三年以上七年以下有期徒刑，并处罚金。”本条是关于组织未成年人进行违反治安管理活动罪及其处刑的规定。

社会上一些不法分子利欲熏心，利用未成年人获取不法利益。他们往往是利用未成年人生理、心理的不成熟或因某种原因造成其精神上的空虚、物质上的缺乏等弱点，组织其从事一些牟利性的违法活动，如扒窃、诈骗、抢夺他人财物等违反治安管理的活动。这种组织他人进行违法活动的情况，在一些地方比较突出，性质恶劣，影响很坏，严重危害社会治安秩序，对未成年人的身心健康造成极大的伤害。为了打击这类行为，更好地维护社会治安秩序，保护公民的合法财产不受侵犯，保护未成年人，2009 年《刑法修正案（七）》对组织未成年人实施盗窃、诈骗、抢夺、敲诈勒索等违反治安管理的行为，增加规定为犯罪。

根据本条规定，构成组织未成年人进行违法活动犯罪必须具备以下两个条件：第一，本罪的犯罪主体是一般主体。凡达到《刑法》规定的刑事责任年龄的自然人均可构成本罪的主体。第二，组织者必须实施了组织未成年人实施盗窃、诈骗、抢夺、敲诈勒索等违反治安管理的行为。这里的“组织”，一般是指采取引诱、欺骗、威胁或者说服等办法，以包吃包住或发给一定的报酬等名义，纠集未成年人或将未成年人笼络、控制在自己手下，指令或要求未成年人实施盗窃、诈骗、抢夺、敲诈勒索等违法行为。根据《未成年人保护法》的规定，本条所说的“未成年人”，是指未满 18 周岁的公民；既包括普通的未成年人，也包括身心残疾的未成年人。这里的“盗窃”，是指以非法占有为目的，秘密窃取公私财物的行为。“诈骗”，是指以非法占有为目的，用虚构事实或者隐瞒真相的方法，骗取公私财物的行为。“抢夺”，是指以非法占有为目的，公然夺取公私财物的行为。“敲诈勒索”，是指以非法占有为目的，对公私财物的所有人、保管人使用威胁或要挟的方法，索取公私财物的行为。上述所说的盗窃、诈骗、抢夺、敲诈勒索行为，是由未成年人实施的违反治安管理尚不构成犯罪的行为。

本条所称“情节严重”，是指组织多人、残疾未成年人、多次组织未成年人进行违法活动，对未成年人采取暴力、威胁、虐待等手段，或者通过未成年人的违法行为，获利数额较大等情节。实践中需要注意的是，对于未成年人实施的盗窃、诈骗、抢夺、敲诈勒索等违反治安管理的行为，应根据《治安管理处罚法》的规定予以处罚。同时，根据《治安管理处罚法》第十二条规定：已满十四周岁不满十八周岁的人违反治安管理的，应当从轻或者减轻处罚；不满十四周岁的人违反治安管理的，不予处罚，但是应当责令其监护人严加管教。

实践中应当注意区分盗窃、诈骗、抢夺、敲诈勒索罪与违反治安管理的盗窃、诈骗、抢夺、敲诈勒索行为。对于未成年人实施的盗窃、诈骗、抢夺、敲诈勒索等行为，构成犯罪的，对已满 16 周岁的未成年人，应当分别依照《刑法》关于盗窃、诈骗、抢夺、敲诈勒索罪的有关规定从轻或者减轻处罚；对于组织者，则应当分别以盗窃、诈骗、抢夺、敲诈勒索罪的共犯追究其刑事责任。

本案中的李某、刘某主观上明知受害者是未成年人，客观上多次实施组织未成年人违反治安管理活动的行为，等待他们的将是法律的惩罚。

# 准确把握不起诉条件　还在校学生一片蓝天

## ——对未成年犯罪嫌疑人依法不起诉

2008 年 6 月 8 日下午，随着考试结束铃声的响起，萍乡二中学生谢某、陈某身心轻松地走出高考考场。他们做的第一件事，是拨通了安源区人民检察院的电话，将“考得不错”的好消息告知该院的检察官。电话另一头的检察官李洋欣慰地笑了——曾经误入歧途的两个少年终于回归正途。

2007 年 6 月，因朋友与他人发生矛盾，萍乡二中高二学生陈某、谢某便应朋友之邀，伙同多人持刀将对方砍伤，致一人重伤乙级、一人轻伤甲级的后果。该案由侦查机关侦查终结并将二人以故意伤害罪移送安源区人民检察院，在审查中该院发现二犯罪嫌疑人均是未成年人，且均为从犯，目前都正在高中学习，对该案给予了相当的重视。承办该案的检察员李洋通过三次提审进行法制宣讲教育，到陈某、谢某所在学校及所居住的社区进行接洽、调查了解情况等大量细致工作后，在该院独创的评析报告中对本案进行了详细分析：首先，二位犯罪嫌疑人具有两个法定从轻情节；其次，经过法制教育后，二人的表现发生了巨大变化，改变了原来的不良生活习惯，成绩也有较大进步；再次，二人的家庭经济条件均较窘迫；最后，综合结论认为若对两人作出不起诉决定，将有助于其恢复、回归社会。安源区人民检察院检察委员会经过讨论，同意了该评析意见，决定对两人作不起诉决定。不起诉决定作出后，陈某、谢某均表示一定会痛改前非，重新做人。据回访，后来二人均已顺利进入大学校园中，并表现良好。

人民检察院对案件进行审查后，可以依法作出不起诉的决定。起诉或者不起诉是人民检察院行使法律追诉职权的必然结果。

本案发生在 2007 年，适用的是 1996 年修改后、2012 年修改前的《刑事诉讼法》。本案同时体现了《未成年人保护法》的相关规定。

2012 年修改后的《刑事诉讼法》第一百七十三条是关于不起诉的规定。本条最初由 1979 年《刑事诉讼法》规定，1996 年《刑事诉讼法》修改，取消了免予起诉制度，这一修改是我国《刑事诉讼法》在起诉制度上的重大改革。原来规定的“依照刑法规定不需要判处刑罚或者免除刑罚的，人民检察院可以免予起诉”，被修改为“对于犯罪情节轻微，依照刑法规定不需要判处刑罚或者免除刑罚的，人民检察院可以做出不起诉决定”。1996 年《刑事诉讼法》修改取消了免予起诉制度，规定对犯罪情节轻微，依照《刑法》规定不需要判处刑罚或者免除刑罚的，人民检察院也可以不起诉，这既体现了惩办与宽大相结合的刑事政策，有利于促使一些犯罪分子交待和揭发犯罪，而且也符合法制原则，避免了采用免予起诉所产生的未经法院审判被确定有罪的问题。2012 年修改《刑事诉讼法》时，对犯罪嫌疑人没有犯罪事实的行为，明确规定应当作出不起诉的决定，避免了过去实践中往往退回公安机关，由其根据关于“不应对犯罪嫌疑人追究刑事责任的，应当撤销案件”的规定，作出撤案处理。修改之后，对犯罪嫌疑人没有犯罪事实的，人民检察院即可直接作出不起诉的决定。此外，2012 年的修改还将第三款中的“扣押、冻结”修改为“查封、扣押、冻结”，这是根据实际情况作出的修改；有些证据无法移动，可就此查封。

# 实行教育感化挽救方针
# 坚持教育为主惩罚为辅

## ——办理未成年人刑事案件原则和总体要求

2012 年 5 月 22 日下午，被告人石某（未满 18 周岁）等 7 人在山海关某学校门口与被害人赵某等人发生言语争吵，继而发生厮打，被告人石某意气用事，用随身携带的卡簧刀刺向被害人腹部。经秦皇岛市公安局法医损伤检验鉴定，被害人的损伤程度为轻伤。被告人石某主动赔偿了被害人的损失，并取得了被害人的谅解，对公诉机关指控的犯罪事实无异议，自愿认罪并当庭表示已经深刻认识到自己的错误，以后会好好悔改。庭审前秦皇岛市山海关区人民法院积极走访了被告人所在社区和学校，调查了解到石某一向表现良好，无违法违纪现象。被告人石某实施故意伤害犯罪时，未满 18 周岁，依法可以减轻处罚。该法院根据《预防未成年人犯罪法》第四十四条的规定，判处被告人石某免予刑事处罚。

2012 年 3 月 14 日第十一届全国人民代表大会第五次会议通过的《全国人民代表大会关于修改〈中华人民共和国刑事诉讼法〉的决定》在新增的第五编特别程序中增加了“未成年人刑事案件诉讼程序”一章。该章规定了办理未成年人案件的方针、原则，办理案件的特别规定以及适用于未成年人的附条件不起诉制度和犯罪记录封存制度。该章首条即修改后的《刑事诉讼法》第二百六十六条规定：“对犯罪的未成年人实行教育、感化、挽救的方针，坚持教育为主、惩罚为辅的原则。”“人民法院、人民检察院和公安机关办理未成年人刑事案件，应当保障未成年人行使其诉讼权利，保障未成年人得到法律帮助，并由熟悉未成年人身心特点的审判人员、检察人员、侦查人员承办。”本条是关于办理未成年人刑事案件原则和总体要求的规定。

我国一贯重视对未成年人的保护，并着眼于行之有效的针对未成人犯罪治理与预防的刑事政策，自 1979 年党中央首次提出对违法犯罪的未成年人要实行“教育、挽救、改造”的方针以来，颁发了一系列文件，明确要求对违法犯罪的未成年人“必须坚决实行教育、感化、挽救的方针，着眼于挽救”，强调对未成年人要始终立足于教育的政策思想。这一政策，在随后的立法中以法律形式予以确立，成为一项法律原则。《未成年人保护法》第五十四条明确规定：“对违法犯罪的未成年人，实行教育、感化、挽救的方针，坚持教育为主、惩罚为辅的原则。”《预防未成年人犯罪法》第四十四条也就此作了明确规定。2012 年修改《刑事诉讼法》，也将其作为办理未成年人刑事案件的方针和原则，并通过一系列的具体措施，确保这一方针和原则在刑事诉讼中得以贯彻落实。

本条第一款是关于办理未成年人刑事案件的方针和原则的规定。“教育、感化、挽救的方针”是指在依法追究未成年人刑事责任时，必须立足于教育、感化、挽救，通过教育、感化增加法制观念，认识错误改过自新，重新回归社会。而“教育为主、惩罚为辅的原则”，主要是指在处理教育与惩罚的关系时，要以教育为主要目的，而不能以刑罚作为目的；刑罚是对其教育的一种手段，服从于教育、感化、挽救的目的。这就要求在办理未成年人犯罪案件过程中应当查清犯罪事实，确保法律正确适用，保护其合法权利，同时根据犯罪原因有针对性地对其进行法制教育，以矫正其犯罪心理和不良行为习惯，促使其改过自新，重新融入社会。

本条第二款是关于司法机关办理未成年人案件应当保障未成年人诉讼权利，以及对办理未成年人案件人员的要求条件的规定。未成年犯罪嫌疑人、被告人不仅享有与成年犯罪嫌疑人、被告人相同的诉讼权利，在刑事诉讼中还享有一些特殊的权利。如《刑事诉讼法》规定，对未成年人犯罪的案件，犯罪嫌疑人、被告人没有委托辩护人的，司法机关应当通知法律援助机构指派律师为其提供辩护；在讯问和审判时，应当通知未成年犯罪嫌疑人、被告人的法定代理人到场；审判时被告人不满 18 周岁的案件不公开审理等，对这些权利都应当依法予以保障。“保障未成年人得到法律帮助”则要求司法机关在办理未成年人案件时，让未成年人了解法律的有关规定，包括涉及其犯罪行为定罪量刑的有关规定，也包括其享有的诉讼权利和其他合法权利的法律规定。如果未成年犯罪嫌疑人、被告人没有委托辩护人的，司法机关应当通知法律援助机构指派律师为其提供辩护，以使其获得法律帮助。由熟悉未成年人身心特点的审判人员、检察人员、侦查人员办理未成年人案件，是对人民法院、人民检察院和公安机关在办理未成年人刑事案件时人员安排上的特别要求。司法人员熟悉未成年人身心特点、善于做未成年人的思想教育工作，有利于教育、感化、挽救方针的落实，也有利于与未成年人的沟通，促进其悔过自新。因此，2012年修改《刑事诉讼法》将其作为办理未成年人案件的一项人员条件予以规定。

修改后的《刑事诉讼法》于2013年1月1日起实施，秦皇岛市山海关区人民法院对石某的判决虽然是修改后的《刑事诉讼法》生效前作出的，但在审理该案的过程中，该院自始至终贯彻了对犯罪的未成年人实行教育、感化、挽救的方针，坚持了教育为主、惩罚为辅的原则，是符合当时的有关法律规定和修改后的《刑事诉讼法》的立法精神的。

# 没有委托辩护律师　法援机构为其指派

## ——法律援助机构为未成年人指派辩护律师

2013年1月，北京市怀柔区人民检察院未成年人检察处在受理胡某涉嫌聚众斗殴、赵某涉嫌盗窃案件后，经审查，发现二人均系未成年人，却都未委托辩护人。为此怀柔区人民检察院未成年人检察处首次向怀柔区法律援助中心发出法律援助通知辩护函，要求该中心为胡某、赵某二人指派法律援助律师。怀柔区法律援助中心接到通知函后，仅用一天时间就分别为两名未成年犯罪嫌疑人指定了相应的辩护律师。2013年1月8日，北京市怀柔区人民检察院收到怀柔区法律援助中心的两份回函，告之该院已指派律师分别承担未成年犯罪嫌疑人胡某、赵某的法律援助工作。这是怀柔区检察院首次为没有委托辩护人的未成年犯罪嫌疑人指定辩护律师。

2012年3月14日修改、2013年1月1日开始施行的《刑事诉讼法》第二百六十七条规定："未成年犯罪嫌疑人、被告人没有委托辩护人的，人民法院、人民检察院、公安机关应当通知法律援助机构指派律师为其提供辩护。"本条是关于为没有委托辩护人的未成年犯罪嫌疑人、被告人予以法律援助的规定。

2013年3月14日第十一届全国人民代表大会第五次会议通过的《全国人民代表大会关于修改〈中华人民共和国刑事诉讼法〉的决定》增加了本条规定。未成年犯罪嫌疑人、被告人具有不完全责任能力，在正确表达个人意见、充分依法行使诉讼权利方面可能会受到一定限制，因而由辩护人帮助他们维护合法权益的作用尤为重要。在未成年犯罪嫌疑人、被告人没有委托辩护人时，对其提供法律援助，指派律师为其提供辩护。

根据本条规定，在未成年犯罪嫌疑人、被告人没有委托辩护时，人民法院、人民检察院、公安机关应当通知法律援助机构指派律师为其提供辩护。1996年《刑事诉讼法》第三十四条规定，公诉人出庭公诉的案件，人民法院应当指定承担法律援助义务的律师为没有委托辩护人的未成年被告人提供辩护。相对于原规定，本条规定有以下几点变化：第一，将为未成年人提供律师法律援助的时间提前到侦查和审查起诉阶段，只要办理案件的公安机关、人民检察院发现该未成年犯罪嫌疑人没有委托辩护人的，就应当及时通知有关部门为其提供法律援助，以保障其诉讼权利的充分行使。第二，明确规定了公检法机关保障未成年人法律援助的义务，一旦发现未成年人没有委托辩护人，则应当通知法律援助机构。第三，进一步明确了为未成年犯罪嫌疑人、被告人提供法律援助的工作机制，即由公检法机关通知，由法律援助机构指派律师提供辩护。根据相关法律规定，直辖市、设区的市或者县级人民政府司法行政部门根据需要设立本行政区域的法律援助机构。法律援助机构负责受理、审查法律援助申请，指派或者安排人员为符合条件的公民提供法律援助。法律援助机构接到司法机关通知后，应当及时指派律师为未成年犯罪嫌疑人、被告人提供法律援助服务，并对律师的法律援助活动进行业务指导和监督，以确保法律援助案件的办理质量。接受指派的辩护律师应当根据事实和法律，提出未成年犯罪嫌疑人、被告人无罪、罪轻或者减轻、免除刑事责任的材料和意见，维护未成年犯罪嫌疑人、被告人的诉讼权利和其他合法权益。

北京市怀柔区人民检察院在办理胡某涉嫌聚众斗殴、赵某涉嫌盗窃案件时，发现二人均系未成年人却都未委托辩护人，则依照修改后生效的《刑事诉讼法》第二百六十七条的规定，及时为没有委托辩护人的未成年犯罪嫌疑人指定辩护律师，是有法必依的具体表现。

# 办理未成年人案件　可以进行社会调查

## ——对未成年犯罪嫌疑人、被告人有关情况的调查

16 岁的刘某是在校初三的学生，因看不惯同学王某，伙同他人将王某打成重伤。该案在县人民检察院起诉后，县团委、县妇联接到县人民法院委托后指派了两名社会调查员。社会调查员通过深入全面地调查，了解到：刘某在校学习战绩较好，但法制观念淡薄，交友不慎，哥们义气重，做事冲动。案发后，感到非常后悔，在老师的劝说下到公安机关投案自首，归案后如实供述自己的罪行，其法定代理人已积极赔偿了被害人的经济损失。合议庭综合庭审情况并参考社会调查员的调查报告，判处被告人刘某有期徒刑二年、缓刑三年。

社会调查是指公安机关、人民检察院、人民法院办理未成年人刑事案件时，对未成年犯罪嫌疑人、被告人的成长经历、犯罪原因、监护教育等情况进行调查。

2012 年修改后《刑事诉讼法》第二百六十八条规定："公安机关、人民检察院、人民法院办理未成年人刑事案件，根据情况可以对未成年犯罪嫌疑人、被告人的成长经历、犯罪原因、监护教育等情况进行调查。"本条是关于行政机关、司法机关办理未成年人案件可以进行社会调查的规定。

在办理未成年人案件时进行社会调查，了解其生活背景，分析其犯罪原因，从而有针对性的采取相应措施，对其施以教育，矫正其不良习性，可以起到更加良好的社会效果。

根据本条规定，公安机关、人民检察院和人民法院在办理未成年人案件时，根据案件的具体情况，都可以对该未成年人的成长经历、犯罪原因、日常所受到的监护、教育情况进行调查。司法机关工作人员既可以在案件的侦查、起诉和审理过程中自行了解未成年犯罪嫌疑人、被告人的个人情况，也可以委托有关组织和机构了解未成年犯罪嫌疑人、被告人的相关情况。具备相关资质的社会组织接受委托开展社会调查的，公安机关、人民检察院、人民法院应当说明委托调查的主要事项，社会调查员在委托机关的协助下，在确定的调查项

目和调查权限内开展工作。

社会调查应当由两名以上具有未成年人工作经验和相关知识背景的工作人员或者专业人员进行。未成年犯罪嫌疑人、被告人为女性的，应当有女性社会调查员参加调查工作。社会调查员与案件有利害关系的，应当自行回避。司法机关发现社会调查员与案件有利害关系的，应当决定回避。未成年犯罪嫌疑人、被告人或者其法定代理人、辩护人提出社会调查员与案件有利害关系的，经办理该案件的司法机关决定，社会调查员应当回避。社会调查工作应当尽量避免对未成年犯罪嫌疑人、被告人的就学、就业和生活造成负面影响。

社会调查应当包括以下内容：一是犯罪嫌疑人、被告人的性格特点、家庭情况、社会交往、成长经历、是否具备有效监护条件或者社会帮教条件。二是犯罪嫌疑人、被告人涉嫌犯罪前后的表现。三是犯罪嫌疑人、被告人在案件审理期间的表现。四是有关单位、人员对犯罪嫌疑人、被告人涉嫌犯罪的处理意见。条件具备的，可以对犯罪嫌疑人、被告人进行心理评估及逮捕必要性、社会危险性评估；并可以就社区矫正的可行性和适用非监禁刑及拟禁止事项提出评估建议，一并写入社会调查报告。

司法机关根据所获取信息来判定该未成年人犯罪的主观恶性程度、是否有再犯罪的可能等，为确定是否采取强制施，是否适用附条件不起诉，以及施以何种刑罚提供参考。对未成年犯罪嫌疑人、被告人适用强制措施、量刑和实施教育、矫正，应当参考社会调查报告的内容。

应当注意的是，调查获得的信息形成材料，只能对司法机关办理未成年人刑事案件提供一定的参考，并不能作为定罪量刑的依据。

审理本案的县人民法院在县人民检察院起诉后委托县团委、县妇联对未成年被告人刘某进行社会调查，并在量刑中参考社会调查报告的内容，最后作出判处被告人刘某有期徒刑二年、缓刑三年的判决，是符合《刑事诉讼法》规定的。

# 认真听取律师意见　依法不予批准逮捕

## ——严格限制适用逮捕措施

陈某，男，17周岁，无锡某酒店服务员领班。2012年9月21日，陈某伙同他人盗窃同宿舍人员财物5000余元。案破后，财物均已追缴，侦查机关提请逮捕。江苏省无锡市滨湖区人民检察院在审查该案过程中，根据2012年3月14日修改后《刑事诉讼法》的精神，指定熟悉未成年人身心特点的检察人员办理该案，办案人员讯问了未成年犯罪嫌疑人陈某，还认真听取了辩护律师对本案的意见，认为对陈某无逮捕必要，最终该院于2012年10月29日对陈某作出了不予批准逮捕的决定。

《刑事诉讼法》第二百六十九条规定："对未成年犯罪嫌疑人、被告人应当严格限制适用逮捕措施。人民检察院审查批准逮捕和人民法院决定逮捕，应当讯问未成年犯罪嫌疑人、被告人，听取辩护律师的意见。""对被拘留、逮捕和执行刑罚的未成年人与成年人应当分别关押、分别管理、分别教育。"本条是关于对未成年犯罪嫌疑人、被告人严格适用逮捕措施以及对未成年人关押、管理、教育形式的规定。

2012年3月14日，第十一届全国人民代表大会第五次会议通过的《全国人民代表大会关于修改〈中华人民共和国刑事诉讼法〉的决定》增加了本条规定。根据"教育、感化、挽救"的方针以及"教育为主、惩罚为辅"的原则，办理未成年人案件，应当充分保护未成年犯罪嫌疑人、被告人的合法权益不受侵犯。严格限制逮捕强制措施的适用，在决定逮捕前听取当事人与其辩护律师的意见，是维护未成年犯罪嫌疑人、被告人的人身权利的有力保障。

本条分为两款。第一款是关于对未成年犯罪嫌疑人、被告人严格适用逮捕措施的规定，主要体现在以下两个方面。

第一，人民检察院或者人民法院在批准或者决定对未成年人适用逮捕措施时，应准确把握适用逮捕措施的条件。2012年修改后的《刑事诉讼法》第七十九条对适用逮捕的条件作了规定：其一，对有证据证明有犯罪事实，可能判处徒刑以上刑罚的犯罪嫌疑人、被告人，采取取保候审尚不足以防止发生法律列明的社会危险性，包括可能实施新的犯罪；有危害国家安全、公共安全或者社会秩序的现实危险；可能毁灭、伪造证据，干扰证人作证或者串供；可能对被害人、举报人、控告人实施打击报复；企图自杀或者逃跑的社会危险性的，应当予以逮捕。其二，对有证据证明有犯罪事实，可能判处十年有期徒刑以上刑罚的，或者有证据证明有犯罪事实，可能判处徒刑以上刑罚，曾经故意犯罪或者身份不明的，应当予以逮捕。其三，被取保候审、监视居住的犯罪嫌疑人、被告人违反取保候审、监视居住规定，情节严重的，可以予以逮捕。在批准或者决定逮捕未成年犯罪嫌疑人、被告人时，应当根据未成年犯罪嫌疑人、被告人的实际情况，依法适用逮捕措施，防止错误逮捕。在确定是否有逮捕必要时，可捕可不捕的不捕。对于罪行较轻，具备有效监护条件或者社会帮教措施，没有社会危险性，不会妨害诉讼正常进行的未成年犯罪嫌疑人、被告人，不应适用逮捕措施。

第二，人民检察院审查批准逮捕或者人民法院决定逮捕未成年犯罪嫌疑人、被告人，程序上有更严格的要求。根据本条规定，人民检察院、人民法院在批准或者决定逮捕前，应当讯问未成年犯罪嫌疑人、被告人，并听取辩护律师的意见。这一程序的设置，有利于核实其是否具有犯罪行为，是否符合逮捕条件，防止错误逮捕。根据《刑事诉讼法》第二百七十条的规定，讯问未成年犯罪嫌疑人、被告人，应当通知法定代理人到场，无法通知、法定代理人不能到场或者法定代理人是共犯的，也可以通知未成年犯罪嫌疑人、被告人的其他成年亲属，所在学校、单位、居住地基层组织或者未成年人保护组织的代表到场，到场的法定代理人可以代为行使未成年犯罪嫌疑人、被告人的诉讼权利。讯问女性未成年犯罪嫌疑人，应当有女性工作人员在场。除讯问之外，检察机关、人民法院在批准或者决定逮捕未成年犯罪嫌疑人、被告人之前，还应听取其辩护律师的意见。辩护律师可以就该未成年犯罪嫌疑人、被告人是否应当适用逮捕措施提出意见。

本条第二款是关于对被拘留、逮捕和执行刑罚的未成年人与成年人分别关押、分别管理、分别教育的规定。被拘留、逮捕的未成年犯罪嫌疑人、被告人由看守所羁押。根据相关法律规定，看守所对成年人和未成年人，应当分别羁押。这样规定可以让未成年人在羁押过程中免受成年人的不良影响，防止发生对未成年人的不法侵害，更有利于对未成年人教育、矫治工作的开展。

本案虽然发生在2012年修正的《刑事诉讼法》施行（2013年1月1日）前，但江苏省无锡市滨湖区人民检察院根据修改后的《刑事诉讼法》的精神，对未成年犯罪嫌疑人严格限制适用逮捕措施，在审查批准逮捕时讯问了未成年犯罪嫌疑人陈某，并认真听取了辩护律师对本案的意见，对陈某作出了不予批准逮捕的决定，是符合《刑事诉讼法》立法精神的。

# 讯问未成年嫌疑人　请“合适成年人”到场

## ——讯问、审判未成年诉讼参与人的特别规定

2014 年 2 月，江西省萍乡市安源区检察院受理汤某、易某涉嫌盗窃一案后，承办人在审查案卷时发现汤某在案发时仅 17 岁，系未成年人，但汤某的父母远在外省务工，外公年事已高，均不能到场。考虑到这一情况，该院主动联系共青团安源区委员会、安源区妇联、安源区司法局等单位，经上述单位推荐，最后选择段华胜老人作为汤某的合适成年人，并为他指派了一名法律援助中心律师。这是安源区检察院自 2013 年出台《安源区人民检察院合适成年人到场制度实施办法》以来，办理的第一起合适成年人到场案件。

2012 年 3 月 14 日第十一届全国人民代表大会第五次会议通过的《全国人民代表大会关于修改〈中华人民共和国刑事诉讼法〉的决定》增加了第二百七十条，对讯问、审判未成年犯罪嫌疑人、被告人作出了特别规定，以保障未成年犯罪嫌疑人、被告人的诉讼权利。本条第一款规定：“对于未成年人刑事案件，在讯问和审判的时候，应当通知未成年犯罪嫌疑人、被告人的法定代理人到场。无法通知、法定代理人不能到场或者法定代理人是共犯的，也可以通知未成年犯罪嫌疑人、被告人的其他成年亲属，所在学校、单位、居住地基层组织或者未成年人保护组织的代表到场，并将有关情况记录在案。到场的法定代理人可以代为行使未成年犯罪嫌疑人、被告人的诉讼权利。”

1996 年《刑事诉讼法》第十四条第二款规定，对于不满十八岁的未成年人犯罪的案件，在讯问和审判时，“可以”通知犯罪嫌疑人、被告人的法定代理人到场。本款将上述规定修改为“应当”通知其法定代理人到场，将授权性规范变为了义务性规范，进一步加强了对未成年人诉讼权利的保护。

更为重要的是，修改后的《刑事诉讼法》第二百七十条第一款规定，法定代理人无法通知，或者虽经通知但因故不能到场，或者法定代理人是同案犯，到场可能发生串供等妨碍讯问、审判活动的，司法机关可以选择通知未成年犯罪嫌疑人、被告人的其他成年亲属，所在学校、单位、居住地基层组织或

者未成年人保护组织的代表到场。这一规定为法定代理人不能到场的未成年人提供了保护措施，进一步体现了对未成年人在讯问中权利的保护。

第二款规定："到场的法定代理人或者其他人员认为办案人员在讯问、审判中侵犯未成年人合法权益的，可以提出意见。讯问笔录、法庭笔录应当交给到场的法定代理人或者其他人员阅读或者向他宣读。"

73 岁的段华胜老人是一名退休干部，从 1981 年以来，他一直坚持义务帮教触犯过法律的失足人员，至今已帮教 300 多人。2012 年 2 月 2 日，他被中华孔子学会、中国伦理学会德育专业委员会联合授予"影响中国 2011 年度十大道德人物"称号，2014 年还被评选为"江西省十大法治人物"。在该案审查起诉期间，段华胜老人以"合适成年人"身份在检察官讯问汤某时履行到场职责，并发表意见，承办人将有关情况如实记录在案，切实保障了未成年犯罪嫌疑人的诉讼权利。

许多少年走上犯罪道路，都是因为缺乏家庭与社会的引导和关爱所致。本次通知适用"合适成年人"参与讯问，首先是依法办事，监督检察机关的执法行为，保障未成年犯罪嫌疑人的合法诉讼权利；其次是能让未成年嫌疑犯感受到社会的关怀和关注，认识自身的错误行为，为争取早日坦白交代、从宽处理提供帮助。

# 符合法律规定条件　可以附条件不起诉

## ——附条件不起诉的适用及异议

2013年1月10日，某县公安局以涉嫌抢劫罪，将该县某中学学生喻某移送县检察院审查起诉。审查后，案件承办人认为，喻某已构成抢劫罪，但案发时喻某刚满16岁，为在校学生，且本次犯罪系初犯、偶犯、从犯。案发后，喻某悔罪态度较好，并取得被害人谅解；建议对该案作附条件不起诉，有利于喻某改过自新。案件审查后，该院检委会讨论决定对喻某实行附条件不起诉。1月29日，县检察院对喻某送达了附条件不起诉通知书。如果喻某在未来6个月内完全遵守所附条件，县检察院将正式作出不起诉决定，不追究其抢劫罪的刑事责任。喻某的考察期限为6个月，所附条件除要求其当场写出书面悔过材料，真诚向被害人道歉，得到被害人谅解外，还要求其在期限内每半个月参加学校或村干部安排的公益性劳动一次；不得进入网吧、游戏厅、台球场所；每月向检察机关承办人汇报一次思想动态。

《刑事诉讼法》第二百七十一条规定："对于未成年人涉嫌刑法分则第四章、第五章、第六章规定的犯罪，可能判处一年有期徒刑以下刑罚，符合起诉条件，但有悔罪表现的，人民检察院可以作出附条件不起诉的决定。人民检察院在作出附条件不起诉的决定以前，应当听取公安机关、被害人的意见。""对附条件不起诉的决定，公安机关要求复议、提请复核或者被害人申诉的，适用本法第一百七十五条、第一百七十六条的规定。""未成年犯罪嫌疑人及其法定代理人对人民检察院决定附条件不起诉有异议的，人民检察院应当作出起诉的决定。"本条是关于检察机关办理未成年人案件可以作出附条件不起诉决定的规定。

2012年3月14日第十一届全国人民代表大会第五次会议通过的《全国人民代表大会关于修改〈中华人民共和国刑事诉讼法〉的决定》增加了本条规定。附条件不起诉，是指对一些犯轻罪的未成年人，有悔罪表现，人民检察院决定暂不起诉，对其进行监督考察，根据其表现，再决定是否起诉的制度。这是2012年修改《刑事诉讼法》对未成年人设定的一项诉讼制度。附条件不起诉制度也给犯轻罪的未成年人一次改过自新的机会，避免了执行刑罚对其造成不利影响，有利于使其接受教育，重新融入正常的社会生活。近年来，司法机关对未成年人犯罪附条件不起诉制度的建立进行积极的探索，2012年修改《刑事诉讼法》将附条件不起诉作为办理未成年人刑事案件的一项制度作出了规定。

本条分为三款。第一款是关于附条件不起诉适用条件的规定。根据本款规定，对涉嫌犯罪的未成年人适用附条件不起诉应当同时符合下列条件：第一，未成年人所犯罪名为《刑法》分则第四章“侵犯公民人身权利、民主权利罪”，第五章“侵犯财产罪”，第六章“妨害社会管理秩序罪”中规定的罪名。在此范围之外的其他罪名，不得适用附条件不起诉。第二，根据法律规定，该未成年人的罪行可能会被判处一年有期徒刑以下刑罚。应当指出的是，这里所说的“一年有期徒刑以下刑罚”是指对该未成年被告人可能适用的刑罚，而不是指其所犯罪的法定刑。第三，犯罪事实已经查清，证据确实、充分，符合起诉条件的。如果其犯罪情节轻微，依照《刑法》规定不需要判处刑罚或者免除刑罚的，人民检察院则可以直接作出不起诉决定。需要指出的是，对于事实不清、证据不确实充分的，应当通过补充侦查，查明犯罪事实，而不得适用附条件不起诉。第四，未成年人具有悔罪表现。表现为认罪态度好，向被害人赔礼道歉，积极赔偿，取得被害人谅解等。人民检察院只有在上述条件都具备时，才能对涉案未成年人作出附条件不起诉的决定。同时，根据本款规定，人民检察院在作出决定前还应听取公安机关和被害人的意见，充分了解案件情况和未成年人的个人情况，在此基础上判断对其使用附条件不起诉是否合适。

本条第二款是关于公安机关、被害人对检察机关附条件不起诉决定有异议如何复议的规定。根据本款规定，公安机关认为检察机关附条件不起诉的决定不符合法定条件，可以依据《刑事诉讼法》第一百七十五条的规定，要求作出决定的检察机关对该决定进行复议，如果请求复议的意见不被接受，可以向上一级人民检察院提请复核。案件被害人对附条件不起诉决定不服的，根据《刑事诉讼法》第一百七十六条的规定，可以自收到决定书后七日以内向上一级人民检察院申诉，请求提起公诉。人民检察院应当将复查决定告知被害人。对人民检察院维持附条件不起诉决定的，被害人可以向人民法院起诉，被害人也可以不经申诉，直接向人民法院起诉。

本条第三款是关于未成年犯罪嫌疑人及其法定代理人对附条件不起诉的决

定有异议如何处理的规定。如果未成年犯罪嫌疑人或者其法定代理人认为，该未成年人行为不构成犯罪，或者犯罪情节轻微，依照《刑法》规定不需要判处刑罚或者免除刑罚，对检察机关附条件不起诉的决定提出异议的，检察机关应当作出起诉的决定，依法提起公诉，由人民法院对其是否构成犯罪以及如何定罪量刑作出判决。

本案的未成年人犯罪嫌疑人喻某所犯的抢劫罪罪名为《刑法》分则第五章“侵犯财产罪”中规定的罪名；根据法律规定，喻某的罪行可能会被判处一年有期徒刑以下刑罚；喻某犯罪事实已经查清，证据确实、充分，符合起诉条件；喻某认罪态度好，向被害人赔礼道歉，积极赔偿，取得被害人谅解具有悔罪表现；人民检察院可以对喻某作出附条件不起诉的决定。

# 严格监督考察　帮教管教并行

## ——对附条件不起诉未成年犯罪嫌疑人的监督考察

四川省大英县人民检察院对附条件不起诉未成年人帮教工作进行了探索，提出帮教工作的四项原则。即，凡属于义务教育阶段应继续接受学校教育或者有意愿上学的未成年人，力争让其回归校园的原则；没有继续学习条件的未成年人，力争让其学习一门生活技能的原则；督促家长履行监护义务的原则；未成年人帮教考察的不公开原则。在坚持四项原则的基础上，该院从三个方面开展工作，做好对附条件不起诉的未成年犯罪嫌疑人的帮教。

第一方面，检察官制定好个性化矫治方案，采取定期检查与不定期抽查相结合的主导矫治措施。对于检察院作附条件不起诉的案件，确定六个月至一年的矫治期，并选择合适的帮教方式，由承办检察官根据个案特点，制订适应未成年犯罪嫌疑人身心发展规律和特点的个性化矫治计划，规定或者限制未成年人的某些行为，比如该院办理的王某抢劫案，在矫治计划中禁止王某在矫治期内进入网吧，必须参加学校学习。

第二方面，督促监护人和学校尽到责任。检察官与不起诉对象及其监护人、委托帮教的特邀辅导员签订《不起诉考察教育协议书》，要求未成年犯罪嫌疑人及其监护人每个月或者每季度主动向检察机关汇报思想、行为状况。此外，检察机关还在学校设置“工作室”，加强参与社会管理创新工作，结合修改后《刑事诉讼法》的要求，对涉嫌犯罪的未成年人进行帮教，并对其他未成年人进行犯罪预防教育。

第三方面，聘请特邀辅导员协助帮教，弥补检察人员不足。在未成年人帮教考察工作中借鉴检察机关聘请人民监督员和特邀检察员的成功经验，根据案情和确定的矫治方式，对每名帮教对象均聘请一名特邀辅导员协助检察机关对帮教对象进行监督帮教；选聘对象优先考虑富有爱心和青少年工作经验的居委会、村委会干部，学校老师，片区民警等。

《刑事诉讼法》第二百七十二条规定：“在附条件不起诉的考验期内，由人民检察院对被附条件不起诉的未成年犯罪嫌疑人进行监督考察。未成年犯罪嫌疑人的监护人，应当对未成年犯罪嫌疑人加强管教，配合人民检察院做好监督考察工作。附条件不起诉的考验期为六个月以上一年以下，从人民检察院作出附条件不起诉的决定之日起计算。被附条件不起诉的未成年犯罪嫌疑人，应当遵守下列规定：（一）遵守法律法规，服从监督；（二）按照考察机关的规定报告自己的活动情况；（三）离开所居住的市、县或者迁居，应当报经考察机关批准；（四）按照考察机关的要求接受矫治和教育。”本条是关于对被适用附条件不起诉的未成年犯罪嫌疑人进行监督考察的规定。

本条分为三款。第一款是关于附条件不起诉监管主体的规定。根据本款规定，对被决定附条件不起诉的未成年犯罪嫌疑人由人民检察院对其进行监督考察，其监护人予以协助。检察机关在决定对该未成年犯罪嫌疑人适用附条件不起诉前，已经充分了解案情和未成年人的个人情况，由检察机关在考验期间对其进行监督考察和帮教，有利于监督考察工作的顺利进行，也有利于工作上的衔接，在考验期满后及时作出不起诉的决定，或者继续提起公诉。监护人本身就有抚养、教育未成年人的义务，在考验期间内，监护人应当加强对未成年犯罪嫌疑人的管教，协助、配合检察机关做好对未成年犯罪嫌疑人的帮教监督考察工作。

本条第二款是关于附条件不起诉考验期限的规定。根据本款规定，附条件不起诉的期限为六个月以上一年以下，从人民检察院作出决定之日起计算。实践中，检察机关应综合考虑未成年犯罪嫌疑人罪行的轻重、主观恶性的大小等因素，确定具体的考验期限。

本条第三款是关于被适用附条件不起诉的未成年犯罪嫌疑人应当遵守的规定。

附条件不起诉是对犯罪嫌疑人的行为已经构成犯罪的认定，但又是一种对涉罪未成年人的特殊保护措施，其意义在于让失足的未成年人通过教育感化重新回归社会。对未成年犯罪嫌疑人附条件不起诉的考验期间是否能严格遵守有关规定，监督考察起着关键性作用，因此，对附条件不起诉的未成年犯罪嫌疑人进行监督考察，要把“教育、感化、挽救”方针贯彻于办案始终，树立对未成年人特殊保护的刑事司法理念，使失足的未成年人通过真诚帮教、细心疏导转化为服务社会的有用之才。四川省大英县人民检察院对附条件不起诉未成年人帮教工作进行的探索是值得借鉴的。

# 考验期内又犯新罪 撤销附条件不起诉

## ——附条件不起诉的撤销与不起诉决定的作出

2013年1月10日，某县公安局以涉嫌抢劫罪，将该县某中学学生喻某移送县检察院审查起诉。审查后，案件承办人认为，喻某已构成抢劫罪，但案发时喻某刚满16岁，为在校学生，且本次犯罪系初犯、偶犯、从犯。案发后，喻某悔罪态度较好，并取得被害人谅解；建议对该案作附条件不起诉，有利于喻某改过自新。案件审查后，该院检委会讨论决定对喻某实行附条件不起诉。1月29日，县检察院对喻某送达了附条件不起诉通知书。如果喻某在未来6个月内完全遵守所附条件，县检察院将正式作出不起诉决定，不追究其抢劫罪的刑事责任。2013年7月20日，喻某潜入本小区一住户家，偷走现金5568元，该住户报警后公安机关将喻某抓获。本案应如何处理？

《刑事诉讼法》第二百七十三条规定："被附条件不起诉的未成年犯罪嫌疑人，在考验期内有下列情形之一的，人民检察院应当撤销附条件不起诉的决定，提起公诉：（一）实施新的犯罪或者发现决定附条件不起诉以前还有其他犯罪需要追诉的；（二）违反治安管理规定或者考察机关有关附条件不起诉的监督管理规定，情节严重的。被附条件不起诉的未成年犯罪嫌疑人，在考验期内没有上述情形，考验期满的，人民检察院应当作出不起诉的决定。"本条是对适用附条件不起诉的未成年犯罪嫌疑人作出起诉或者不起诉决定的规定。

2012年3月14日第十一届全国人民代表大会第五次会议通过的《全国人民代表大会关于修改〈中华人民共和国刑事诉讼法〉的决定》增加了本条规定。对被适用附条件不起诉的未成年犯罪嫌疑人，考验期间的表现是衡量其是否确已悔改，是否需要追究其刑事责任的重要考量指标。如果在考验期间，该未成年人继续实施犯罪行为或者是有其他法定情形，应当提起公诉的，检察机关将启动后续的刑事诉讼程序，依法对其提起公诉，由法院对其判处刑罚，如果在考验期内，被适用附条件不起诉的未成年犯罪嫌疑人不具有应当起诉情形的，考验期满则应当作出不起诉的决定。本条规定了对适用附条件不起诉的未成年犯罪嫌疑人是否经过考察监督，决定是否起诉的程序。

本条第一款是关于对被适用附条件不起诉的未成年犯罪嫌疑人撤销附条件不起诉决定，提起公诉的规定。根据本款规定，对有以下两种情形的，检察机关应当撤销附条件不起诉的决定，提起公诉：第一，被适用附条件不起诉的未成年犯罪嫌疑人在考验期内实施新的犯罪，或者发现在决定附条件不起诉以前还有其他需要追诉的行为，在这种情况下，无论新实施的犯罪或者被发现的漏罪是否属于严重罪行，检察机关都应当依法撤销对该未成年犯罪嫌疑人的附条件不起诉决定，提起公诉，由人民法院依据《刑法》的规定对其判处相应的刑罚。第二，有违反治安管理规定或者考察机关有关附条件不起诉的监督管理规定，情节严重的行为。违反治安管理的规定属于违法行为，附条件不起诉的，只有在其违法行为情节较为严重时，才应决定撤销，提起公诉。“情节严重”主要包括违反治安管理规定，情节严重，或者多次违反治安管理规定，屡教不改等情形。违反考察机关有关附条件不起诉的监督管理规定，是指违反《刑事诉讼法》第二百七十二条关于被附条件不起诉的未成年犯罪嫌疑人应当遵守法律法规，服从监督；按照考察机关的规定报告自己的活动情况；离开所居住的市、县，或者迁居，应当报经考察机关批准；按照考察机关的要求接受矫治和教育的规定。违反上述监管规定的应先以教育为主，只有在该未成年人的行为达到“情节严重”程度，才能撤销附条件不起诉的决定，提起公诉。这里的“情节严重”主要是指违反监督管理规定的情节严重，或者多次违反监督管理规定的情形。

本条第二款是关于检察机关在考验期满后，对符合条件的未成年犯罪嫌疑人作出不起诉决定的规定。根据本款规定，对被适用附条件不起诉的未成年犯罪嫌疑人，在考验期内，如果没有实施新的犯罪、未发现决定之前有漏罪、没有实施违反治安管理规定、违反考察机关监管规定，情节严重的行为，考验期满后，检察机关应当依法作出不起诉的决定。

喻某在检察院决定对其实行附条件不起诉的考验期内实施新的犯罪，检察院依法应该撤销对喻某附条件不起诉的决定，提起公诉。

# 审判时不满 18 周岁　不得进行公开审理

## ——不公开审理及其例外

某共同杀人案件，共有 3 名被告人，其中一个被告人危某 17 岁，另两名被告系成年人。2013 年 2 月，某县人民法院为了进行法制宣传，在征得未成年被告人危某同意后，全案予以公开审理。人民法院的做法是否正确？

《刑事诉讼法》第二百七十四条规定：“审判的时候被告人不满十八周岁的案件，不公开审理。但是，经未成年被告人及其法定代理人同意，未成年被告人所在学校和未成年人保护组织可以派代表到场。”本条是关于未成年人案件不公开审理原则的规定。

2012 年 3 月 14 日第十一届全国人民代表大会第五次会议通过的《全国人民代表大会关于修改〈中华人民共和国刑事诉讼法〉的决定》增加了本条规定。为保证法律规定的一致性，2012 年 10 月 26 日，第十一届全国人民代表大会常务委员会第二十九次会议决定，将《预防未成年人犯罪法》第四十五条第二款修改为：“对于审判的时候被告人不满十八周岁的刑事案件，不公开审理。”对未成年人案件不公开审理，是对未成年人保护的重要措施。未成年人还在成长时期，避免其以罪犯身份出现在公众视野，有利于其今后回归社会，避免因犯罪受到歧视，从而影响其将来的工作和生活；同时，未成年人的心智尚未成熟，不公开审理，也可以避免使被告人受到刺激，对身心健康造成不利影响。

1996 年《刑事诉讼法》第一百五十二条第二款对未成年人案件不公开审理作了规定：“十四岁以上不满十六岁未成年人犯罪的案件，一律不公开审理。十六岁以上不满十八岁未成年人犯罪的案件，一般也不公开审理。”相比该规定，本条有以下几点不同：第一，明确了凡是不满十八周岁的未成年人案件，一律不公开审理。同时，进一步明确以审判当时为结点来衡量被告人是否已满十八周岁，解决了实践中对未成年人不公开审理的年龄依据究竟是被告人“犯罪时”的年龄，还是“审判时”的年龄认识不统一的问题。第二，对未成年人案件不公开审理的原则作了例外的规定，即经本人及其法定代理人同意，特定人员可以到场旁听未成年人案件的审理。

本条规定有以下两层含义。

其一，被告人审判时不满18周岁的案件，不公开审理。人民法院在对检察机关提起公诉的涉及未成年人的案件进行审查时，应当对证明该未成年人年龄的材料进行认真核实。如果该被告人在人民法院决定开庭审理时，未满18周岁的，不公开审理。对不公开审理的未成年人案件，既不允许除诉讼参与人以外的其他人员旁听案件审理，也不允许媒体对案件的审理情况进行报道。

其二，是关于对不公开审理原则例外的规定，经未成年被告人及其法定代理人同意，未成年被告人所在学校和未成年人保护组织可以派代表到场。规定上述人员到场，主要是为了便于他们了解案件有关情况，在审判结束后对未成年罪犯进行法制教育。近年来，一些地方在法庭判决后对未成年人教育进行了探索，这一规定，有利于这种教育的开展。但是，这些人员到场必须取得未成年被告人及其法定代理人的同意，如果被告人及其法定代理人由于保护隐私等原因，不同意其他人员到场的，人民法院应当尊重其意见。

在共同犯罪案件中，只要有一名被告人不符合公开审理的条件，全案均不得公开审理。本案被告人危某在审判时不满18周岁，不得公开审理。某县人民法院为了进行法制宣传，即使征得了未成年被告人危某的同意，将全案予以公开审理，其做法也是违反法律规定的。

# “冰冻”歧途档案　促使回归正路

## ——犯罪记录封存

2012年7月，15岁的小林在上海市浦东新区芦潮港镇的一小弄堂处，趁无人之际，捂住一名路人嘴巴，将其拖倒在地，劫得人民币380余元及价值500多元的一部手机。小林因犯抢劫罪，被法院判处有期徒刑9个月，缓刑1年。案件判决后，浦东新区法院法官没有简单地一判了之，而是深入了解小林犯罪背后的原因。原来，小林3岁时父母离异，法院判决他随父亲生活。但他的父亲无业，他实际由爷爷奶奶抚养，读初中后又转由外公外婆照顾，现在随母亲共同生活。但是小林的母亲是市容协管员，收入不高。小林因自小生活环境不稳定，性格内向，沉默寡言，和母亲因多年未共同生活也不太亲近。案发时正是暑假期间，小林刚结束中考，因为自我感觉成绩不理想，心情郁闷。再加上平时零花钱不多，也不愿向母亲要，一时冲动实施了抢劫行为。事后小林十分后悔，表示愿意悔改。但他十分担心这次犯错会影响自己的未来，因此判决前他一度情绪低落。法官告诉他根据新修订的《刑事诉讼法》，他可以申请封存犯罪记录，只要他不再犯错，不会影响他将来读书、就业等前途。2013年1月7日，小林正式向浦东新区法院提出封存犯罪记录申请并获得通过。

《刑事诉讼法》第二百七十五条规定：“犯罪的时候不满十八周岁，被判处五年有期徒刑以下刑罚的，应当对相关犯罪记录予以封存。”“犯罪记录被封存的，不得向任何单位和个人提供，但司法机关为办案需要或者有关单位根据国家规定进行查询的除外。依法进行查询的单位，应当对被封存的犯罪记录的情况予以保密。”本条是关于未成年人犯罪记录封存的规定。

2012年3月14日第十一届全国人民代表大会第五次会议通过的《全国人民代表大会关于修改刑事诉讼法的决定》增加了本条规定。犯罪记录会给被判处刑罚的未成年人在升学、就业、生活等方面带来一些消极影响，甚至为他们重新犯罪埋下隐患。根据“教育、感化、挽救”的方针，以及“教育为主，惩罚为辅”的原则，我国的未成年人刑事司法应注重对未成年人的教育、感化和挽救，目的是使他们能较好地回归社会。未成年人犯罪记录封存制度不仅有效巩固了刑事诉讼过程中已经实现的对未成年人的教育功能，同时还体现了刑事司法制度对未成年人的人文关怀，也是贯彻落实宽严相济刑事政策的应有之义。2012 年修改后的《刑事诉讼法》确立了未成年人犯罪记录封存制度，同时也为合理的需求留有余地，规定司法机关为办案需要或者有关单位根据法律规定可以进行查询。

本条分为两款。第一款是关于对犯罪时不满 18 周岁，并且被判处 5 年有期徒刑以下刑罚的未成年人犯罪记录予以封存的规定。根据本款规定，封存犯罪记录应当符合以下条件：第一，年龄条件，以行为时为准，该未成年人犯罪时未满 18 周岁；第二，刑罚条件，根据法院生效判决，该未成年人被判处了 5 年有期徒刑以下刑罚。如果依据《刑法》规定，该未成年人被判处的刑罚超过 5 年有期徒刑，说明其行为的社会危害性较大，其个人的人身危险性也较大，将其犯罪记录予以封存，不利于《刑法》社会防卫功能的发挥。被封存的犯罪记录包括在侦查、审查起诉和审理过程中形成的与未成年人犯罪相关的各种材料。司法机关封存符合条件的未成年人犯罪记录，不仅要对未成年犯罪嫌疑人、被告人的材料采取保密措施，妥善保存，非因法定事由不得向外界提供；在有关方面要求为未成年人出具有无犯罪记录证明时，司法机关不应当提供有犯罪记录的证明。此外，我国《刑法》第一百条规定，依法受过刑事处罚的人，在入伍、就业的时候，应当如实向有关单位报告自己曾受过刑事处罚，不得隐瞒。犯罪的时候不满 18 周岁被判处 5 年有期徒刑以下刑罚的人，免除上述报告义务。

本条第二款是关于不得向任何单位、个人提供犯罪记录及例外的规定。对被封存的犯罪记录，除法律规定的例外情形外，司法机关不得向任何单位和个人提供，不允许其他人员查阅、摘抄或者复制未成年人犯罪材料。本款规定了可以对未成年人犯罪记录进行查询的两种例外情形：其一，司法机关为办理案件需要可以查询。当司法机关办理具体案件需要从未成年犯罪嫌疑人、被告人的犯罪记录中获取线索及有关定罪量刑的信息时，可查询其犯罪记录。其二，有关单位根据国家规定可进行查询。在这种情况下，相关单位必须根据法律规定，限于法定事由方能查询。本款同时规定了查询单位的保密义务。依法进行查询的单位，应当对被封存的犯罪记录的情况予以保密，其经查询获取的信息只能用于特定事项、特定范围。也就是说，即使是有关司法机关要查阅符合上述条件的未成年被告人诉讼档案，也不能“想查就查”，必须持正式介绍信和查阅人员本人的工作证（身份证），并应事先填写查阅预约申请单，办理相关手续；查阅后严禁向外界透露未成年人的姓名、照片等个人信息，确保“冰冻”不光彩的过去，促使孩子们回归正路，开创美好未来。

# 出台相关规定　封存犯罪记录

## ——细化未成年人犯罪记录封存制度

“从今天起你就和其他同龄人一样，不必再为这件事耿耿于怀，但你一定要珍惜机会，正视人生道路，放下思想包袱，把以后的人生道路走稳、走好。”萍乡市安源区人民检察院主办检察官对犯罪嫌疑人小黄（化名）如此说道。该院未成年刑事检察办公室决定对一名失足未成年犯罪嫌疑人实施犯罪记录封存。

2013 年 7 月的一天晚上，犯罪嫌疑人小黄（17 周岁）、邓某发现钱包丢失，遂怀疑出租车司机文某拾得钱包拒不退还，双方发生争执，小黄实施威胁后，抢得文某约 650 元现金。萍乡市安源区检察院认定此案中的小黄犯罪时未满 18 周岁，如实供述自己的罪行后积极退赃，且有悔罪表现，对小黄可以作出附条件不起诉的决定。

小黄为自己的一时冲动后悔不已，同时也为自己犯罪的历史记录忐忑不安，心想自己的年纪还小，以后的日子还很长，生怕自己的这次犯罪记录给自己以后生活带来影响，而这次对他的犯罪记录予以封存使他吃了定心丸。

2013 年 5 月，萍乡市安源区人民检察院出台了《未成年人犯罪记录封存制度实施办法》（以下简称《实施办法》），指导该院检察人员在办理未成年人犯罪时如何封存未成年人犯罪记录，以维护未成年人合法权益。

该《实施办法》共二十条，规定了未成年人犯罪记录封存制度适用的对象、条件，对于符合条件的未成年犯罪案件，以适用犯罪记录封存为原则，以不适用为例外，全面促进未成年人健康成长。

《实施办法》要求，检察机关在作出不起诉决定时，发现符合封存规定的，制作未成年人犯罪记录封存告知书，送达未成年罪犯及其法定代理人，以及公安机关、负责审前调查的司法行政机关等留存未成年人犯罪记录的部门；案件办理完毕后，将案件档案移交该院档案管理部门签收、封存。对封存的未成年人犯罪记录档案材料，严格落实保密制度。

在审查未成年人犯罪案件时，《实施办法》要求应由未检办负责人指定未检办成员或委托社会调查员，采取调阅原审卷宗审查犯罪事实，走访刑罚执行机构、帮教负责人及就读学校，调查申请人居住地居民，与申请人谈话等方式，对申请人的悔改表现、认罪态度等进行考察。

安源区人民检察院出台的《实施办法》，是根据2012年3月14日第十一届全国人民代表大会第五次会议修改的《刑事诉讼法》中关于未成年人刑事案件诉讼程序的规定制定的。修改后的《刑事诉讼法》第二百七十五条规定："犯罪的时候不满十八周岁，被判处五年有期徒刑以下刑罚的，应当对相关犯罪记录予以封存。……"本条是此次修改增加的规定。

犯罪记录的存在，会给被判处刑罚的未成年人在升学、就业、生活等方面带来一些消极影响，甚至为他们重新犯罪埋下隐患。根据"教育、感化、挽救"的方针，以及"教育为主，惩罚为辅"的原则，我国的未成年人刑事司法应注重对未成年人的教育、感化和挽救，目的是使他们能较好地回归社会。未成年人犯罪记录封存制度不仅有效巩固了刑事诉讼过程中已经实现的对未成年人的教育功能，同时还体现了刑事司法制度对未成年人的人文关怀，也是贯彻落实宽严相济刑事政策的应有之义。

修改后的新《刑事诉讼法》在未成年人特别程序专章中规定的犯罪记录封存，比较宏观和粗放，安源区人民检察院《实施办法》的出台，让检察人员在办理未成年人犯罪案件时有据可查、有据可依，将进一步规范承办人的办案，更好地保护未成年人的合法权益。

# 立足教育和保护　及时预防和矫治

## ——预防未成年人犯罪的原则

小胖14岁，发育较早，读初中二年级，他无论身高还是体重，在班级里都是顶级的。小胖父母忙于做生意，没太管小胖的学习和生活。小胖仗着自己身材高大，不时威胁强拿初一年级同学的学习、生活用品或钱财，幸亏老师发现后及时制止和批评教育，并与小胖的父母沟通、交涉，使小胖认识到自己行为的错误。促使小胖将强拿的初一年级同学的学习、生活用品或钱财退还。小胖的父母从此配合学校加强了对小胖的家庭教育和监护，小胖最终改正了不良行为，成为了一名好学生。

《预防未成年人犯罪法》第二条规定："预防未成年人犯罪，立足于教育和保护，从小抓起，对未成年人的不良行为及时进行预防和矫治。"本条是关于预防未成年人犯罪的原则的规定。

本条所指的"教育"，主要是指按照"预防未成年人犯罪"这一目的和要求，对未成年人的思想道德、法制观念及其行为等施以正面引导的一种有计划的培养过程。本条所指的"保护"，主要是指为达到"预防未成年人犯罪"这一目的，使未成年人不受各种不良行为、严重不良行为、违法犯罪行为的侵蚀、引诱或侵害，从而确保其不走上犯罪道路或者使其不遭受犯罪行为的侵害。教育和保护原则，实际上是"教育原则"和"保护原则"的合称，二者相辅相成，教育中见保护，保护中有教育，二者在预防未成年人犯罪这一共同目标下发挥着各自不同的作用，不可偏废。

所谓"从小抓起"，是指预防未成年人犯罪应当力争"早抓"或"抓早"，从儿童期着眼，从细小行为上入手，具体包含两层含义：一是在年龄上，预防未成年人犯罪应当从儿童期就抓起，以达到早年就养成良好品行、树立起预防犯罪意识的目的；二是在行为上，预防未成年人犯罪应当从细小行为上抓起，即从未成年人轻微的不良行为抓起，以达到预防犯罪于早期不良行为的目的。

所谓"及时"，即毫不拖延，以适应需要，也即通常所说的适时。

所谓“预防”，即事先防备。要有效地预防未成年人犯罪，应立足于超前性，把防线前移到对未成年人不良行为的预防上来，把预防未成年人不良行为，视作预防未成年人犯罪的第一道防线，以确保不至于让未成年人的不良品行已恶性发展到实施犯罪行为时，才被动地去应付。

所谓“矫治”，主要是指通过必要的教育、批评、惩治等手段，帮助未成年人改正或纠正自己的不良行为，从而使其重新回到正确的道路上来。对未成年人不良行为的“预防”，并不等于未成年人的不良行为就会由此而被彻底“消灭”在“预防”之时，不免仍有个别不良行为发生，因而也就存在着对未成年人的不良行为及时进行“矫治”的问题。如果把“预防”未成年人的不良行为视作预防未成年人犯罪的第一道防线，那么，“矫治”未成年人的不良行为，就是其第二道防线。矫治未成年人的不良行为，虽然在防范不良行为的发生上具有某种消极、被动的成分，但是，在防范未成年人犯罪的发生上则无疑具有积极、主动的意义，因此，一旦发现某个未成年人有不良行为，就应及时进行矫治，这对预防其进而滑向犯罪泥坑具有举足轻重的作用。

犯罪学、预防犯罪的实践与研究成果表明，犯罪人大都要或明或暗地经历一个由量变到质变的过程，即实施“一般不良行为—严重不良行为—犯罪行为”的过程，因此，预防未成年人犯罪，决不能仅仅立足于对犯罪行为的预防，而应当将其提前到对不良行为的预防和矫治上来，以达到预防犯罪于早期不良行为的目的。

发生在未成年人中的那些以大欺小、恃强凌弱、以多欺少，或者使用暴力，硬要、明夺、敲诈、劫取其他未成年人的学习、生活用品或钱财的“恶少”案件，多数在开始时只是欺负一下小同学，以后尝到了甜头，就一发不可收拾，导致严重的犯罪行为的发生。所以，对中小学生来说，不要认为年龄小、事情小就无关紧要，殊不知，事物是在不断发展变化的，如果预防不从小开始，不从小事做起，就可能积小错为大错，积小恶为大恶，从错误发展演变到违法，从违法蜕变到犯罪，届时就难逃法律的惩罚。就学校而言，则要根据作案过程的特点，从日常学习、生活、交往等方面注意观察学生的心理行为变化，一旦发现反常现象和不良倾向，立即予以早期干预，切不可平时不抓不管，到学生违法犯罪行为发生后，方采取严厉的处置。

本案例中无论小胖所在的学校还是小胖的家长，发现小胖的不良行为后，对其进行的“矫治”都是及时的、得法的，也是有效的。

# 结合年龄生理心理特点<br>加强预防犯罪对策研究

## ——加强研究预防未成年人犯罪

2013年7月31日，由中国预防青少年犯罪研究会主办，广西钦州市委、市政府、市社会管理综合治理委员会和中国预防青少年犯罪研究会少年司法制度专业委员会共同承办的“新刑事诉讼法实施与未成年人刑事司法一体化全国交流会”在广西钦州举行。

交流会上，来自最高人民法院、最高人民检察院、司法部等有关部门的领导和来自北京师范大学、中国人民公安大学、广西大学、上海政法学院等院校的专家学者以及基层司法实务部门的代表齐聚一堂，就涉罪未成年人社会调查制度、合适成年人制度、未成年人犯罪轻罪记录封存制度和社区矫正制度等问题进行了深入探讨和交流。

《预防未成年人犯罪法》第五条规定：“预防未成年人犯罪，应当结合未成年人不同年龄的生理、心理特点，加强青春期教育、心理矫治和预防犯罪对策的研究。”本条是关于应当加强研究预防未成年人犯罪的规定。

研究预防未成年人犯罪，应当结合其生理、心理特点来进行。未成年人在不同的年龄阶段，其生理、心理具有不同的特点，即使处于同一年龄阶段，男性和女性未成年人在生理、心理上也具有不同的特点。人生下来以后，具有一个较长的生理上、心理上不能独立生活的依赖期。这个依赖期，通常要长达16年之久，其中，最初6年为婴儿期、幼儿期，属于完全依赖时期，而随后的10年，则为儿童期、少年期，属于大部分或部分依赖时期。由此可见，在研究预防未成年人犯罪时，不仅仅只是将未成年人与成年人区分开来研究，更重要的是应当严格区分未成年人的不同年龄和不同年龄阶段，逐一把握其相应的生理特点和心理特点，进行有针对性的、具有不同年龄层次的预防未成年人犯罪的研究，切忌不区分其年龄，不结合其相应的生理、心理特点，进行不切实际的、“大大小小一把抓”的“模糊研究”。

研究预防未成年人犯罪，应当加强青春期教育的研究。所谓“青春期”，主要是指男女性发育成熟的时期。通常，女性发育较男性大约早两年，因此，女孩进入青春期大多是十一二岁，男性的青春期通常是十三四岁。随着生活水平的提高，性发育的年龄有提前的趋势。长期以来，我们的家庭、学校、社会未能很好地对未成年人进行青春期教育，致使许多未成年人对生理知识、性知识、性行为的知识知之甚少，并对两性关系怀有神秘感，从而把目光转向不健康的音像制品和读物，有的甚至走上违法犯罪的道路。因此，预防未成年人犯罪，应当结合未成年人不同年龄的生理、心理特点，在不同年龄阶段的未成年人群体中，进行有针对性的青春期教育，包括性知识方面的教育、卫生教育、道德教育和安全防范教育，使行将进入青春期的未成年人做好思想准备，消除其好奇心、不安全感、恐惧心；使已进入青春期的未成年人有一个良好的心理状态，加强其心理卫生指导。

研究预防未成年人犯罪，应当加强心理矫治的研究。本条所指的“心理矫治”，主要是指为预防未成年人犯罪或重新犯罪而通过科学的、心理学的手段、方法，以有效地纠正或改正未成年人的不良心理、犯罪心理，使其重新形成正常的、健康的心理结构的活动和过程。

未成年人的不良心理、犯罪心理均由一系列要素构成，区别仅在于严重程度不同，这些要素有：不良的意识或反社会意识；不良的需要或强烈异常的需要；不良的动机或犯罪的动机；等等。要有效地对未成年人的不良心理、犯罪心理进行“心理矫治”，就不能不围绕上述不良心理、犯罪心理的一系列要素进行研究，以尽可能消除其中的消极、负面因素。

研究预防未成年人犯罪，应当加强预防犯罪对策的研究。所谓“对策”，也即策略或办法。预防犯罪的对策，在预防未成年人犯罪方面具有举足轻重的作用。切实可行的预防犯罪对策，能在预防未成年人犯罪工作中行之有效，增强人们的预防信心，鼓舞人们的预防斗志。与此相反，不切实际、缺乏可操作性的对策，往往事倍功半，甚至一事无成。

钦州会议旨在深入探讨如何贯彻宽严相济的刑事司法政策，扎实做好失足未成年人的教育、感化和挽救工作，积极探索未成年人犯罪惩治、教育和预防一体化的未成年人犯罪刑事司法工作机制。与此同时，总结修改后的《刑事诉讼法》实施以来，各地取得的成功经验和存在的问题，并进一步研讨未成年人刑事司法一体化模式以及预防青少年犯罪工作的新思路和新举措，为预防青少年犯罪工作提供更多科学的理论支撑。

# 达到义务教育年龄　应受预防犯罪教育

## ——预防未成年人犯罪教育主要内容和起始时间

周小秋今年七岁，他已经在城南小学就读了一年，他和同学李小冬最近常常被同校四年级的张小春欺负：主要是强行索要零花钱，不给就辱骂。周小秋很生气，后向班主任反映了张小春欺负他的情况。学校马上对张小春进行批评教育，并让他马上向周小秋和李小冬道歉，退还强行索要的零花钱。预防未成年人犯罪教育主要内容有哪些，应从什么时候开始呢?

《预防未成年人犯罪法》第六条第一款规定：“对未成年人应当加强理想、道德、法制和爱国主义、集体主义、社会主义教育。对于达到义务教育年龄的未成年人，在进行上述教育的同时，应当进行预防犯罪的教育。”

本条在关于预防未成年人犯罪的教育的总体性规定中，明确了对于达到义务教育年龄的未成年人，在进行理想、道德、法制和爱国主义、集体主义、社会主义教育的同时，应当进行预防犯罪的教育。

预防未成年人犯罪的教育中的主要教育内容包括：

1. 理想教育

对未成年人来说，理想对其行为具有定向和指导作用，是其学业和事业成功的起点，是力量的源泉。理想既是激发其健康成长、迅速前进的内在动力，也是在思想上消除和抵制不良行为、违法犯罪行为引诱和侵蚀的重要保障。

2. 道德教育

道德教育有利于提高未成年人的素质，从而有利于未成年人预先构筑起预防犯罪的内在防线。

3. 法制教育

加强未成年人的法制教育，对预防未成年人犯罪具有重要作用。在未成年人中广泛开展法制教育，有助于从小培养其法律意识和法制观念，自觉地运用法律规范自己的行为，依照法律维护自己的合法权益，成为一个知法守法的公民。

4. 爱国主义教育

在爱国主义教育中应教育未成年人树立起民族自尊心和民族自信心，使其不仅要热爱祖国的大好河山、悠久的文化，而且要热爱中国共产党领导下的社会主义祖国和人民，正确认识祖国悠久的历史和蓬勃向上的发展现状，增强民族自豪感，增强其建设社会主义祖国、积极预防违法犯罪的信心，并勇于同一切犯罪行为作斗争。

5. 集体主义教育

应当教育未成年人正确理解集体主义思想，让他们懂得在社会集体中人民的根本利益是一致的，个人服从集体、集体关心个人。当个人利益与集体利益发生矛盾时，应当首先服从集体利益，因为个人与集体是利害与共、祸福相依的，使其自觉地同极端个人主义、集团利己主义等作斗争。

6. 社会主义教育

要教育未成年人懂得爱祖国首先就应当爱社会主义制度，使未成年人懂得我国的法律是社会主义的法律。因此，热爱祖国，热爱社会主义，首先应当自觉遵守社会主义法律，自觉预防违法行为和犯罪行为的发生，以保障社会主义建设事业的顺利进行。

7. 预防犯罪的教育

对于达到义务教育年龄的未成年人，进行预防犯罪的教育是很重要的，它直接服务于预防未成年人犯罪的工作。达到义务教育年龄的未成年人，他们的生活空间日渐扩大，参与社会活动的机会也大为增加，这是其迅速成长的必要条件，但也带来某些不安全因素。一方面，他们年龄偏小，社会经验匮乏，对法律知识了解甚少，辨别是非的能力、确认或控制自己行为的能力具有很大的局限性，极易受违法犯罪行为的引诱和侵蚀，因此，他们极易在无知或冲动中失足犯罪；另一方面，由于未成年人缺乏被害预防的意识，抵抗能力也极为有限，因而也极易遭受犯罪行为受害。此外，他们又大多在小学、中学接受学校教育，正在进行较为集中、较为系统、较为全面的义务教育，其接受知识、接受教育的能力和自觉性已较幼儿期大为提高。

根据本法第二条明文规定的“预防未成年人犯罪，立足于从小抓起”的原则，对于已达到义务教育年龄的未成年人，应当结合其接受预防犯罪教育的必要性、可能性和重要性，加强对其进行预防犯罪的教育，以切实保障其自身不实施犯罪行为，降低未成年人的犯罪率，遏制犯罪现象的低龄趋势，同时也切实保障其自身免遭犯罪行为的侵害，为其创造有益于身心健康发展的良好社会环境。

本案中四年级学生张小春强行向一年级同学索要零花钱，不给就辱骂，属于不良行为。学校发现后马上对张小春进行批评教育，并让他立刻向周小秋和李小冬道歉，退还强行索要的零花钱，实际上就是对张小春进行预防犯罪的教育，因为做得及时，使张小春彻底克服了不良行为。可见，《预防未成年人犯罪法》关于达到义务教育年龄的未成年人，在进行理想、道德、法制和爱国主义、集体主义、社会主义教育的同时，应当进行预防犯罪的教育的规定是科学的。

# 纳入教育教学计划　进行预防犯罪教育

## ——应当将预防犯罪的教育纳入学校教育教学计划

一名在押的少年犯在谈到他如何走上犯罪道路时说，他曾经是个品学兼优的好学生，虽然学校也设有法律常识课，但班主任和老师把这门课当成副课，只重视几门主要课程的成绩，老师在讲法律常识时也只是照本宣科，他们大部分同学根本不理解枯燥理论背后的含义。有一次，他与几个同学在放学路上看到同班另一名同学与别人打架，想都没想，抓起一块砖头冲上去将另一学校的一名中学生打成重伤后致终身瘫痪，这位少年罪犯追悔莫及地说："如果老师能在讲法律课时能让我们明白什么是犯罪，犯罪应承担什么样的责任的话，我是说什么也不去干这种傻事的，也许我这时在大学校园的教室里学习呢!"

《预防未成年人犯罪法》第七条规定："教育行政部门、学校应当将预防犯罪的教育作为法制教育的内容纳入学校教育教学计划，结合常见多发的未成年人犯罪，对不同年龄的未成年人进行有针对性的预防犯罪教育。"本条是关于应当将预防犯罪的教育纳入学校教育教学计划等方面的规定。

本条所指的"教育行政部门"，主要是指各级人民政府中主管教育工作的行政部门，它们是对全国或地方教育工作行政事务进行组织和管理的职能部门，如国家教育部，各省、市、县级的教育行政部门。本条所指的"学校"，包括正规学校教育体系中的公立与民办的普通中小学、中等专业学校、职业中学、农业高级中学、各类职业技术学校及普通高等学校，还包括盲人学校、聋哑学校、弱智学校、工读学校等特殊学校。

本条具体规定了以下几个方面的内容。

1. 应当将预防犯罪的教育纳入学校教学计划

学校是对未成年学生进行法制教育、预防犯罪教育的重要基地，达到义务教育年龄的未成年人均在学校进行有组织、有计划的学校教育，教育行政部门、学校应充分利用这一有利条件，根据国家对未成年人犯罪的预防要求对受教育者进行有目的、有计划、有组织的系统教育，除传授科学文化知识和技能外，法制教育亦是学校教育工作的重要环节之一，它有助于未成年学生从小树立起法制观念，有助于其在接受法律知识的教育中从小树立起依法办事、严格守法的意识和行为习惯，而预防犯罪的教育则是法制教育中的重要内容之一。它有助于未成年学生从小树立起法制观念，有助于其在接受法律意识和法律知识的教育中从小树立起依法办事、严格守法的意识和行为，而预防犯罪的教育在学校教育中具有法定的性质：一是预防犯罪教育是学校法制教育中的法定内容，学校法制教育中必须进行预防犯罪的教育，否则，其法制教育是不完整的；二是预防犯罪的教育是学校教学计划中的法定组成部分，教学计划中必须包括预防犯罪教育方面的具体计划，直至具体实施措施等，否则即为违法。

2. 应当进行有针对性的预防犯罪教育

所谓“常见多发”的未成年人犯罪，即司法实践中经常遇见、经常接触到的那些发案率高的未成年人犯罪类型及其罪种，它常因时期、阶段、地区的不同而发生变化。据有关部门调查分析，常见多发的未成年人犯罪从具体罪种而言，盗窃罪占未成年人犯罪案件总数的28.1%；抢劫罪占22.4%；强奸罪占17.5%；聚众斗殴、寻衅滋事、侮辱妇女等犯罪占19.6%；杀人罪占2.85%；伤害罪占5.5%；破坏公私财产罪占1.69%；其他犯罪占2.36%。从犯罪类型而言，财产犯罪十分严重，仅盗窃罪和抢劫罪就达未成年人犯罪案件总数的50.5%；暴力犯罪也十分突出，仅抢劫罪、强奸罪、杀人罪和伤害罪这四种主要暴力犯罪就达48.25%。从年龄上而言，未成年犯罪人年龄为14岁的占6.6%；15岁的为32.8%；16岁的为25.7%；17岁的为26.9%。从文化程度而言，在未成年人罪犯中，文盲占3.56%；小学文化程度的占28.24%；初中文化程度的占47.2%；高中文化程度以上的占21%。从就学情况而言，在未成年人罪犯中，在校学生占28.1%；流失生、辍学生占47.1%；其他成分的占24.8%。此外，在未成年人犯罪中，团伙犯罪形式十分严重，暴力性、突发性、智能性犯罪十分突出，女性未成年人犯罪人数也在激增，且大多是以追求“钱财”和“淫乱”为特征的财产犯罪和性犯罪；未成年人吸毒贩毒人数也在迅速增加；未成年人重新犯罪率上升。

因此，各级教育行政部门、各类学校应当结合常见多发的未成年人犯罪，对不同年龄的未成年人进行有针对性的预防犯罪教育。具体而言，对于尚未达到刑事责任年龄的14周岁以下的未成年人，应当抓好预防犯罪方面的早期教育，从预防不良行为和严重不良行为入手，逐步提高其预防犯罪的意识，从而为其进入刑事责任年龄后的健康发展奠定良好的基础；对于已进入刑事责任年龄的 14 周岁以上的未成年人，要充分认识对其进行预防犯罪教育的紧迫性、艰巨性。对于已进入或将要进入青春期的未成年人，要有针对性地进行青春期教育、性犯罪预防教育，和常见多发的犯罪方面的预防教育。切忌不分年龄阶段、文化层次和性别差异，采取千篇一律的教育方式。只有进行有针对性的预防犯罪的教育，才能达到预期的效果。

党的十八届四中全会作出的《中共中央关于全面推进依法治国若干重大问题的决定》强调：“把法治教育纳入国民教育体系，从青少年抓起，在中小学设立法治知识课程。”

应该指出，教育行政部门、学校将预防犯罪的教育纳入学校教育教学计划的法定义务至今普遍履行得不好，有的地方甚至根本不作为，其原因是多方面的。如今应乘十八届四中全会的东风，切实把法治教育纳入国民教育体系，在中小学设立法治知识课程，在法治知识课程中将预防犯罪的教育纳入教学计划，结合常见多发的未成年人犯罪，对不同年龄的未成年人进行有针对性的预防犯罪教育。

# 结合实际开展活动　提高预防犯罪效果

## ——学校举办预防未成年人犯罪教育活动

2014年6月16日下午，山西师大实验中学邀请了临汾市检察院公诉一处副处长曹迎春就预防未成年人违法犯罪为初一、初二年级全体学生做了一堂生动的法制教育报告。

曹迎春主要从事未成年人案件的办理，曾获得“山西省优秀公诉人”等荣誉称号。本次讲座以“与法同行，走好青春每一步”为主题，从青少年违法犯罪的成因、特点及预防对策，结合近年来临汾市检察院办理的一系列真实、典型的青少年犯罪和受侵害案件，深入浅出地为学生讲解了《预防未成年人犯罪法》等法律知识，就未成年人容易发生的盗窃、故意伤害、聚众斗殴、寻衅滋事等犯罪问题和相关法律知识作了分析，并向同学们讲述了什么样的行为是违法犯罪，以及如何有效预防违法犯罪。

讲座结束后，该校还组织了“预防未成年人犯罪——健康成长”签名活动，并为同学们发放了未成年人法制宣传教育材料，教育大家要时刻警钟长鸣，提高法律意识，健康成长。

《预防未成年人犯罪法》第八条第二款规定：“学校应当结合实际举办以预防未成年人犯罪的教育为主要内容的活动。教育行政部门应当将预防未成年人犯罪教育的工作效果作为考核学校工作的一项重要内容。”

根据本款的规定，学校应当举办预防犯罪的教育活动，提高预防犯罪教育的工作效果。

这里所指的学校应当“结合实际”，主要是：一是应当结合目前全国或本地区、本学校未成年人犯罪的实际情况，有针对性地举办预防未成年人犯罪的教育活动；二是应当结合本学校某些未成年学生的不良行为等实际情况，进行早期预防的教育，对这些未成年学生予以重点教育、帮助和矫治，以点带面，坚决刹住不良行为的蔓延和质变，及时预防本校未成年学生实施犯罪行为；三是应当结合本校未成年学生的不同年龄、不同年级、不同性别等实际情况，分别举办相应的预防犯罪的教育活动；四是应当结合当地其他部门和组织在这方面开展的法制宣传活动的实际情况，以便步调一致，有计划、有系统地举办预防犯罪的教育活动；五是应当结合本校、本年级、本班级预防犯罪教育的教学计划、教学进度等实际情况，有计划、有系统、有步骤地举办这方面的教育活动，从而使“教学”与“活动”有机地结合起来，提高其预防犯罪的教育质量。

关于“活动”的形式，本款则没有明确的规定，各个学校可从实际出发，采取灵活多样的形式，如座谈会、讲演比赛、案例分析、模拟法庭、报告会、展览会、报刊图片展览等。总之凡有助于预防犯罪而又不会产生消极影响的任何形式均可采用。“活动”的内容，则应当紧紧围绕着预防未成年人犯罪这一主题来展开，具体主要包括两个方面：一是有助于未成年人预防自身违法犯罪；二是有助于未成年人预防自身受到侵害。活动的内容力求具体，预防的措施力求具有可操作性，并符合未成年人的身心特点。

本条所指的“工作效果”，是指由于开展该项工作而产生的有效的结果或成果。

就学校而言，预防未成年人犯罪教育的“工作效果”并不等于未成年学生在有关预防未成年人犯罪测验中的“考试成绩”，该方面的考试成绩充其量也不过是衡量其工作效果的一个方面。衡量预防未成年人犯罪教育的“工作效果”是个较为复杂的问题，需要确定许多具体的指标，各个具体指标所占的分值也并不是均等的。其具体指标如：口试或笔试方面的指标，如未成年人的法制观念、遵纪守法的意识、防范违法犯罪的意识、对相关法律知识的掌握、对违法犯罪行为的危害性及其法律责任的了解等；客观行为方面的指标，如实施不良行为的人数，实施严重不良行为的人数，被司法机关追究一般违法责任的人数，被采取非刑罚处罚的人数，被司法机关追究刑事责任的人数，被追究的一般违法责任，刑事责任的轻重程度，上述人数占学生总数的比例，上述人数比往年增减的比例，对不良行为、严重不良行为及其他违法行为的矫治效果良性转化率等。此外，衡量学校预防未成年人犯罪教育的“工作效果”时，还涉及许多非学校自身原因方面的因素，如学生原来素质的高低、家长的配合程度、社区基层组织的配合力度，其他方面的社区、社会因素等。工作效果必须是实际发生和存在的成绩，切不可弄虚作假。

山西师大实验中学邀请本地检察官就预防未成年人违法犯罪问题为学生作法制教育报告的做法，是符合《预防未成年人犯罪法》规定的。

# 应当聘任法制教育教师
# 可聘请校外法律辅导员

## ——关于学校聘任法制教育教师和聘请校外法律辅导员的规定

2014 年 7 月 18 日，海南省教育厅、司法厅等 5 部门联合下发《关于进一步加强全省青少年学生法制教育的实施意见》（以下简称《意见》）。《意见》指出，各地各校要把社会主义法治理念贯穿于大中小学法制教育全过程，重点抓好中小学生的法制教育，保证法制教育时间，中小学要聘用 1—2 名专任或兼任法制教育课教师。

《意见》要求，教育行政部门要将法制教育纳入学校总体教育计划，保证法制教育时间，不得挤占或减少法制教育课时和法制教育活动时间。《意见》强调，中小学法制教育课由思想政治课教师担任；专任教师不足的，可由班主任或其他科任教师兼任。中小学要聘用 1—2 名专任或兼任法制教育课教师，县级教育行政部门可采取多校共同聘用法制教育课教师的方式。有条件的普通高中和中职学校，应该录用一些法律专业的大学生担任法制教育专任教师。高等学校要根据法律基础课教师配置的要求配齐专、兼职任课教师。

《预防未成年人犯罪法》第九条规定："学校应当聘任从事法制教育的专职或者兼职教师。学校根据条件可以聘请校外法律辅导员。"本条是关于学校应当聘任从事法制教育的教师、可以聘请校外法律辅导员的规定。

所谓"聘任"，即聘请担任某一职务。所谓"专职"，即由专人担任的职务。与专职相对应的是"兼职"，即指在本职之外兼任的其他职务。

根据本条规定，学校应当聘任思想品质优秀、作风正派、热心法制教育工作的教师或具有法律专业知识的有关人员从事本校的法制教育工作，具体负责各年级、各班级的法制教育工作。聘任的方式既可以是专职的，在条件不具备的情况下也可以是兼职的，兼职方式如聘任有关班主任老师、从事思想品德教育的老师、从事政治理论课教育的老师，以及从事党团工作、少先队工作的有关老师，让其兼任法制教育的任务。法制教育的目的主要是提高在校学生的法制观念，使学生从小树立起严格依法办事、自觉守法、积极预防犯罪的意识，以有效地预防不良行为、严重不良行为和违法犯罪行为。法制教育的内容是多方面的，包括帮助学生树立起法制观念，帮助其增强遵纪守法意识、防范违法犯罪的意识，向其传授、讲解有关法律知识，组织、举办有关法制教育的活动等。

从事法制教育的专职或者兼职教师，应当切实搞好法制教育工作，认真讲课，互相交流经验，共商法制教育的计划、方式、步骤等，使各年级之间的法制教育具有连贯性、衔接性、系统性。学校要及时组织从事法制教育的专职或者兼职教师总结教育经验，改进教育方式，调整教育计划，提高教育效果，表彰先进、鼓励后进，并根据情况变化对专职或兼职教师作出相应的调整，不断充实、加强法制教育的师资力量，切实搞好全校、各年级、各班级的法制教育工作，推动预防未成年人犯罪的工作。

所谓学校“根据条件”，主要是指学校根据自身的经费条件、地理条件、学生人数、学生品行状况、教学设备情况等多个方面的实际情况决定是否聘请校外法律辅导员。

所谓学校“可以”，在本处主要是许可、允许的意思。法律法规中的“可以”二字，不同于“应当”二字。在法律法规中，“应当”属于硬性规定，违反了“应当”所规定的具体内容，即视为违法。而“可以”，则属于弹性规定，具有“两可”的含义，照“可以”的具体内容办事，是合法行为，而未照“可以”的内容去做也不为违法。当然，“可以”有时还具有提倡的含义，具体内容则应当按照其规定的内容去正确理解。

所谓“辅导”，即帮助和指导。因此，本处所指的“校外法律辅导员”，是指经学校聘请，由校外有关人士对学生的法律学习、法制教育工作进行帮助和指导的人员。

海南省教育厅、省司法厅等5部门联合下发的《意见》是符合《预防未成年人犯罪法》规定的。

# 父母负有直接责任　家庭学校密切配合

## ——家庭在未成年人法制教育中的应尽职责

小钱是初中一年级的学生，他的妈妈爱占小便宜。小钱每次帮妈妈去买东西的时候，妈妈都会让他向店员多要些东西。有一次，小钱悄悄地从商店里偷了一支笔出来，他的妈妈非但没有批评他，还叮嘱小钱以后要注意“拿”的时候别让人看见。小钱的妈妈这样做对吗？

《预防未成年人犯罪法》第十条规定：“未成年人的父母或者其他监护人对未成年人的法制教育负有直接责任。学校在对学生进行预防犯罪教育时，应当将教育计划告知未成年人的父母或者其他监护人，未成年人的父母或者其他监护人应当结合学校的计划，针对具体情况进行教育。”本条是关于家庭在未成年人法制教育中的应尽职责、家庭与学校应当密切配合等方面的规定。

未成年人自出生时起，直到成年，他们对父母或者其他监护人都存在着不同程度的依赖性，需要其父母或者其他监护人的关怀、照顾、监督和教育。按照法律的规定，未成年人的父母或其他监护人对未成年人必须履行其监督、教育、保护的义务。

本条关于“未成年人的父母或者其他监护人对未成年人的法制教育负有直接责任”中的“责任”，即职责、义务。未成年人在与其父母或者其他监护人长期生活在一起的过程中，无不潜移默化地受其父母或者其他监护人一言一行的影响，其是非标准、荣辱观念、行为习惯等的形成，其父母或者其他监护人无疑负有直接责任、主要责任。因此，对其进行遵纪守法、严格依法办事的法制教育，无疑也是其父母或者其他监护人应尽的职责和义务。

为更好地履行对未成年人进行法制教育的直接责任，首先，未成年人的父母或者其他监护人，应当在思想上对法制教育的重要性提高认识，真正清醒地认识到对未成年人进行法制教育不仅事关全国、全社会的大局，而且也事关其未成年子女的前途和切身利益，事关其家庭的荣誉。其次，未成年人的父母或者其他监护人应当带头学法、守法，从而对未成年人起到表率作用，并对其未成年子女更好地发挥其帮助、辅导作用。同时，未成年人的父母或者其他监护人应当对未成年人严格要求，从小事做起，从不良习惯或不良行为抓起，使未成年人从小养成遵纪守法的意识和行为习惯。

未成年学生分别在家庭、学校、社区和社会等空间内生活、学习或活动，因此，对未成年学生的教育，家庭、学校、社区乃至全社会各种力量应当共同参与、互相配合，从不同途径、不同方面形成共同教育的合力，从而确保对其的教育在教育主体、教育内容、教育途径、教育时间、教育空间等方面具有立体性、多维性、全面性、整体性、综合性、连续性、衔接性和长期性。对未成年学生的预防犯罪教育也是如此，不仅是学校方面的事，同时，也是各家庭的事，因此，学校与家庭首先应当共同参与、密切配合，以期收到更好的教育效果与预防效果。

为此，学校应当将预防犯罪的教育计划及时告知未成年人的父母或者其他监护人，以取得家庭教育的密切配合。只有取得家庭的配合，才能发挥教育的综合效应。至于“告知”的方法，既可以是书面告知，也可以是口头告知。

本条所说的“针对具体情况”，主要是指针对下述具体情况：如未成年人的父母或者其他监护人针对其未成年人的年龄、性别等具体情况；针对其在家庭中的表现等具体情况；针对其在假期中的表现、其交友态度等具体情况；针对其在学校中不易暴露而在家庭中较易发生的不良行为等具体情况；针对其在家庭生活中、交友过程中、假期交往中偶尔或经常发生的严重不良行为等具体情况；等等。

本案中，小钱妈妈的做法是错误的，父母首先应该在学法守法方面做未成年子女的表率，同时有责任对未成年子女进行法制教育。对于小钱的偷笔行为，小钱的妈妈应该予以制止并进行相关的法制教育。

# 针对社区实际情况　开展预防犯罪宣传

## ——社区应当开展预防未成年人犯罪的法制宣传

上海市徐汇区漕河泾街道正南居民委员会所辖居民区地处上海南站，是一个集火车、地铁、长途客运为一体的交通枢纽地，外来人口流量大，各居民小区居住人口结构复杂，诱发未成年人违法犯罪的因素较多。正南居民委员会每年都利用学校假期组织所辖居民区未成年人开展预防未成年人犯罪的法制宣传教育活动，邀请派出所民警、律师或者其他法律专家为未成年人讲法制课，教育未成年人慎重交友、不去商业性网吧和游戏机房，克服不良行为，做一个懂法、守法的人。功夫不负有心人，有耕耘就会有收获，近10年来，正南居民委员会所辖居民区未成年人犯罪率为零，正南居民委员会历年均被评选为上海市徐汇区或者漕河泾街道未成年人工作优秀集体或者先进单位。

《预防未成年人犯罪法》第十三条规定："城市居民委员会、农村村民委员会应当积极开展有针对性的预防未成年人犯罪的法制宣传活动。"本条是关于社区基层组织应当开展预防未成年人犯罪的法制宣传活动的规定。

"城市居民委员会"和"农村村民委员会"，不属于基层政权，既不是地方人民政府的行政机关，也不是地方人民政府的派出机关，它们是城市居民或农村村民进行自我管理、自我教育、自我服务的基层群众性自治组织，同时也是社区基层自治组织。它们协助地方基层人民政府（及其有关派出机关）开展工作，在工作上应当接受地方基层人民政府（及其有关派出机关）的指导，并取得其支持和帮助。因此，它们既是地方人民政府及其派出机关的得力助手，同时也是其社区内广大居民或广大村民的知心朋友。

进行法制宣传，协助维护社会治安，是城市居民委员会和农村村民委员会的共同任务，而预防未成年人犯罪的教育，不仅是法制宣传的重要内容，也是维护社会治安所必需的。因此，本法规定，积极开展有针对性的预防未成年人犯罪的法制宣传活动，是其法定的职责和义务之一。未成年人均生活在各自的社区中，未成年人犯罪也大多在其生活的社区内发生，从而对其社区内的社会治安构成严重的威胁，而预防未成年人犯罪，不仅仅是家庭、学校、职业教育培训机构、用人单位的事情，同时也是社区基层组织的重要工作之一。

本条所指的“针对性”，主要是指针对以下实际情况、实际需要而言：地方基层人民政府预防未成年人犯罪工作规划的实际内容、实际要求、实际步骤等；本社区内未成年人犯罪的实际情况、特点、动向与趋势；本社区内未成年人中存在的不良行为、严重不良行为等实际情况；本社区内未成年人及其居民或村民的预防犯罪意识高低强弱程度等实际情况；本社区内有关学校对学生进行预防犯罪教育中的教育计划、教育进度等实际情况；未成年人不同年龄的生理、心理特点等实际情况；等等。目的在于要求其法制宣传活动必须切合实际，有计划、有步骤，不搞形式主义，不千篇一律。

至于其法制宣传的“活动”形式，本条未作具体规定，也未作具体限制，关键在于必须符合城市居民的特点或农村村民的特色，采用并探索出一些分别为城市居民或农村村民所喜闻乐见的、有实际教育效果的各种法制宣传活动。上海市徐汇区漕河泾街道正南居民委员会根据本地的实际情况，积极开展有针对性的预防未成年人犯罪的法制宣传活动，取得了实际的、很好的效果。

# 携带管制刀具　难免气盛伤人

## ——杜绝未成年人不良行为

某个周末，小李在街上闲逛，看见一个地摊上摆满了各式刀具。小李来了兴趣，他蹲下来慢慢看，出于好奇，他问老板："这东西有啥用啊?"老板看了看他，嘿嘿一笑，回答说："小伙子，我这刀具可锋利着呢！你可以用它削水果啊。但是我觉得对于你们这些年纪的男孩子，这刀就更有用了。你想啊，随身带着把刀，到学校还有人敢欺负你？被人欺负了也能拿出来防身。"小李身形瘦弱，平时在学校就曾受身材高大同学的嘲讽和欺负。他想，要是有了这个东西，就再不会受别人欺负啦！当时他用零花钱买下了一把带有自动装置的弹簧刀。一天，他与同学去学校，二人因为昨天班级足球赛输了怪谁这样的小事发生了争执。当时两个人都很冲动，扭打在一起。因为两人身体素质实在悬殊——小李瘦弱力薄，小王强壮高大——很快小李就处于下风了。小李心中气闷，联想到平时总是被别人欺负，所以心中只想着这次可再也不能输了！情急之下，他掏出在地摊上买的弹簧刀，不顾一切地向小王扎下去。小王当场血流如注。后来小李被送入少年犯管教所服刑。

小李的行为由不良行为发展为犯罪行为，构成犯罪，被追究刑事责任。

《预防未成年人犯罪法》第十四条规定："未成年人的父母或者其他监护人和学校应当教育未成年人不得有下列不良行为：（一）旷课、夜不归宿；（二）携带管制刀具；（三）打架斗殴、辱骂他人；（四）强行向他人索要财物；（五）偷窃、故意毁坏财物；（六）参与赌博或者变相赌博；（七）观看、收听色情、淫秽的音像制品、读物等；（八）进入法律、法规规定未成年人不适宜进入的营业性歌舞厅等场所；（九）其他严重违背社会公德的不良行为。"本条是关于未成年人不良行为种类的规定。

不良行为是指轻微违法或者违背社会公德的行为。不良行为是消极行为，不构成犯罪，但是不良行为的恶性发展，可能导致犯罪行为。所以，预防和消除犯罪必须防微杜渐，防患于未然。实施不良行为是未成年人走向违法犯罪道路的开始，预防未成年人犯罪应当加强对未成年人不良行为的预防与教育，告知不良行为有哪些，以便对未成年人违法犯罪进行积极的防范与疏导。

本条列举了九类未成年人不得实施的不良行为。小李就是具有上述九类不良行为中的“携带管制刀具”的不良行为。

由于携带管制刀具容易发生人身伤亡事件，为了保障公民人身安全，防止不法分子利用刀具作为凶器进行违法犯罪活动，我国的一些法律规定严禁非法携带管制刀具。

管制刀具的范围包括匕首、三棱刀（包括机械加工用的三棱刮刀）、带有自动装置的弹簧刀（跳刀）以及其他相类似的单刃、双刃、三棱尖刀。只有依法规定的人员才能持有上述刀具。匕首，除中国人民解放军和人民警察作为武器、警械配备的以外，专业狩猎人员和地质、勘探等野外作业人员必须经县级以上公安机关批准，发给匕首佩带证，方准持有佩带。佩带匕首人员如果不再从事原来的职业，应将匕首交还配发单位，将匕首佩带证交回原发证公安机关。三棱刮刀，只能由机械加工人员在其工作场所使用，不得随意带出工作场所。法律规定，严禁非法携带管制刀具，严禁任何单位和个人非法制造、销售和贩卖管制范围的各种刀具。对于非法携带管制刀具进入车站、码头、机关、公园、商场、影剧院、展览馆或其他公共场所和乘坐火车、汽车、轮船、飞机的，应当依据《治安管理处罚法》规定，由公安机关没收其非法携带的管制刀具，并处15日以下拘留、200元以下罚款。

由于管制刀具均用于某种特定目的，未成年人除少数已就业并基于工作需要获准合法持有使用管制刀具的以外，绝大部分的未成年人没有携带管制刀具的合法理由。未成年人携带管制刀具可能伤害别人，也可能被伤害，容易导致违法犯罪活动的发生。未成年人的父母或者其他监护人和学校应当教育未成年人不得携带管制刀具，一旦发现，应当予以没收，交公安机关处理。公安机关除没收管制刀具和教育未成年人以外，还得查清该管制刀具的来源，依法追究有关当事人的责任。当然，由于民族风俗习惯的原因，少数民族的未成年人需要佩带刀具的，由民族自治地方依照有关规定管理；如离开本民族自治地区，也不允许佩带管制刀具。

# 加强家庭学校教育　预防制止吸烟酗酒

## ——防止未成年人吸烟、酗酒

小敏是某中学初中二年级的学生，他从去年开始和学校的高年级“小混混”及本班几个同学在厕所吸烟。由于不敢向家里要钱来买烟，他们便欺负低年级的同学，向他们索要财物，若遭到他们的拒绝或者反抗，就对他们拳打脚踢，在学校造成了极坏的影响。此事应如何处理？

《预防未成年人犯罪法》第十五条规定：“未成年人的父母或者其他监护人和学校应当教育未成年人不得吸烟、酗酒。任何经营场所不得向未成年人出售烟酒。”本条是关于防止未成年人吸烟、酗酒的规定。

吸烟、酗酒是严重威胁人类生命与健康的社会问题。吸烟的危害性在于吸烟时产生大量的危害人体健康的物质，如一氧化碳、尼古丁和焦油，这些物质对人体的心肺功能造成很大的损害。一氧化碳可以使人体的红细胞失去吸氧功能，尼古丁使人产生依赖性而成瘾，焦油可以直接产生致癌作用。根据有关研究资料表明，日吸烟在20支以上的人与不吸烟者相比，前者得肺癌的比率是后者的10倍，气管炎、肺气肿为6倍。由于未成年人的身体生理和心理机能都未成熟，抵抗吸烟带来的危害性的能力较弱，他们吸烟之后更容易导致上述后果。同时，吸烟对未成年人会造成心理行为的不良影响，未成年人开始吸烟往往同意志消沉、自暴自弃、失恋、模仿偶像等负面情绪有关，这些心理状态有害于未成年人的个性发展。未成年人吸烟之后一方面使得正常的人际交往出现障碍，另一方面则强化了他们与社会上不法分子交往的倾向，并且随着吸烟的数量和档次越来越高，经济开销也越来越大，常常由于缺乏稳定的经济来源而走向偷盗、抢劫的犯罪道路。吸烟对未成年人的负面影响极大，因此，未成年人不应吸烟，已染上吸烟恶习的应早日戒烟。

酗酒也称过量饮酒。酗酒的直接后果是容易患上酗酒综合征，即人体过多地依赖酒精的作用来维持正常的生活，一旦酒瘾发作时，做事情往往事与愿违，只要一活动就会出现发颤、抖动的感觉，并常伴有心率加快、瞳孔扩大、烦躁不安、产生幻觉等症状。同时，酗酒者可能因酗酒而致颓废、堕落，给家庭带来过多的经济负担，破坏家庭和睦关系，引发大量的车祸和其他违法犯罪活动。未成年人酗酒的后果显得更为严重，酗酒导致他们身体机能损耗，记忆力下降，无法坚持学习，进而流浪街头，诱发违法犯罪活动和过早死亡。

为了有效地预防和制止未成年人吸烟、酗酒，加强家庭和社会教育与管理，本条规定了未成年人的父母或者其他监护人和学校应当教育未成年人不得吸烟、酗酒，并规定任何经营场所不得向未成年人出售烟酒。如果经营场所肆意违反法律的规定，向未成年人兜售烟酒，有关部门可依法对其进行行政处罚，如取缔其营业执照、勒令停业、罚款等，如果情节严重，构成犯罪的，应当依照我国《刑法》中有关非法经营罪的规定对其追究刑事责任。

另外，我国相关法律都明文规定了未成年人不得吸烟和酗酒。如《未成年人保护法》第十一条规定，父母或者其他监护人应当以健康的思想、品行和适当的方法教育未成年人，引导未成年人进行有益身心健康的活动，预防和制止未成年人吸烟、酗酒、流浪以及聚赌、吸毒、卖淫。

本案中，小敏的吸烟、向他人索要财物的行为都是不良行为，学校和家长应积极引导、教育小敏，让他尽快改掉恶习，茁壮、健康地成长。

# 旷课及时联系家长　夜不归宿报告公安

## ——中小学生旷课、夜不归宿应如何处理

正在读初三的小彬是个爱玩的孩子，常常和同学一起出去游玩，有时玩得尽兴时甚至旷课。随着中考的日益临近，小彬感到学习的压力很大，想和同学一起去外地玩两天放松一下心情。他和父母说了他的想法，但是由于临近考试，父母让他安心学习，没有同意。小彬很生气，觉得父母不理解他。于是，他偷偷和同学们一起去外地游玩而且夜不归宿。针对小彬这种情况，应该怎么处理？

《预防未成年人犯罪法》第十六条规定："中小学生旷课的，学校应当及时与其父母或者其他监护人取得联系。""未成年人擅自外出夜不归宿的，其父母或者其他监护人、其所在的寄宿制学校应当及时查找，或者向公安机关请求帮助。收留夜不归宿的未成年人的，应当征得其父母或者其他监护人的同意，或者在二十四小时内及时通知其父母或者其他监护人、所在学校或者及时向公安机关报告。"本条是关于中小学生旷课、脱离监护、夜不归宿，学校和家庭等应如何处理的规定。

旷课是学校所不允许的违纪行为，未成年学生旷课势必影响学习成绩，也容易造成未成年学生在旷课的时间里流浪街头，参与违法犯罪活动，影响社会治安，当中小学生旷课时，学校应及时采取相关措施，表示对未成年学生的关心和爱护。因此，本条规定，中小学生旷课的，学校应当及时与其父母或者其他监护人取得联系。

学校在中小学生旷课时应当及时与其父母或者其他监护人取得联系，使未成年人的父母或者其他监护人能马上获知未成年人旷课的消息，便于其父母或者其他监护人进一步了解未成年学生旷课的原因，做好教育的准备。同时，学校通过与其父母或者其他监护人相互交流之后了解学生没有上课的真正原因，可以避免对旷课学生的误解。如果发现旷课学生的父母或者其他监护人也不知道情况的，那么学校应当协同他们继续查明真相，了解未成年学生旷课的原因，必要时请求有关部门帮助调查。

学校在查明中小学生旷课的真相之后，除了个别情况以外，应当按照学校纪律对其进行处理，防止其以后再次旷课。老师也应当及时做好补课工作，使旷课的中小学生能够跟上教学进度。

学校要采取积极有效措施，加强学校教育管理工作，切实解决中小学生旷课的问题。学校对学习成绩较差的学生，应当加强个别教学，从实际水平出发，采取多种形式，使之逐步达到教学计划要求。学校要因人制宜地安排教学，注意提高学生学习能力，培养学生良好的学习习惯和方法，激发学习兴趣，以避免因学习成绩差而发展成为学习、品德“双差”，严格防止学生旷课、逃学问题的发生。

夜不归宿对未成年人危害较大，是未成年人不得实施的不良行为之一。一般而言，绝大部分的父母或者其他监护人在发现未成年人夜不归宿时会及时查找未成年人的去向，并与学校、亲友取得联系。在夜不归宿的未成年人回家后多数能做好思想教育工作，避免以后再次离家出走。但是也有部分父母或者其他监护人往往麻痹大意，放松警惕，以为自己的孩子当日未回家可能到奶奶、姥姥或其他亲友家中了，特别是那些常常在外留宿的未成年人的父母或者其他监护人更是具有这种心态。这样的父母或者其他监护人很容易失去及时寻找未成年人的机会，等过了若干天以后才发现自己的子女或被监护的人已失踪或者出了其他问题了，再去寻找就非常麻烦。因此，任何父母或者其他监护人发现未成年人已经深夜还未回家时都应当通过各种途径查找未成年人的去向。

如果未成年人是在学校寄宿的，由于未成年人的父母或者其他监护人不可能及时地知道未成年人是否夜不归宿的情况，而且大多数寄宿在学校的未成年人的父母或者其他监护人的居住地离学校很远，其没有及时查找夜不归宿的未成年人的便利条件，而未成年人寄宿的学校则比较容易发现未成年人夜不归宿的情况。因此，对于在学校寄宿的未成年人，学校负有及时发现未成年学生夜不归宿的情况并及时寻找他们的义务。当然，必要时，未成年人的父母或者其他监护人或寄宿制学校在自己寻找夜不归宿的未成年人的同时，还可以请求公安机关帮助查找。

夜不归宿的未成年人也有可能被他人容留过夜，容留未成年人过夜的人应当征得其父母或者其他监护人的同意。如果是在紧急的情况下，如在半夜三更，是应未成年人请求而让其留宿的，此时，为了避免其父母或者其他监护人担心焦虑，也为了避免寻找者做无效的工作，应当在 24 小时内通知其父母或者其他监护人。不能及时通知的，则可以向其所在地的公安机关报告，由公安机关负责通知。

针对小彬这种情况，小彬所在的学校和父母应该按照上述规定妥善处理。

# 及时制止　适时报案

## ——发现未成年人组织或者参加实施不良行为的团伙时应该如何处理

鲁小梁今年13岁了，平时在学校不但不好好学习，还到处惹祸，经常和同学打架。一天，同学小王向班主任郝老师汇报，说鲁小梁前些日子加入了“兄弟会”，正在向低年级同学收受保护费。“兄弟会”是一个以欺压本校低年级学生、索要财物为主的少年团伙，在周围的学校里都有极坏的评价，郝老师得知后，应该怎么处理？

《预防未成年人犯罪法》第十七条规定：“未成年人的父母或者其他监护人和学校发现未成年人组织或者参加实施不良行为的团伙的，应当及时予以制止。发现该团伙有违法犯罪行为的，应当向公安机关报告。”本条是关于发现未成年人组织或者参加实施不良行为的团伙时应该如何处理的规定。

“不良行为的团伙”是指在一定地域内、自愿结合、多次实施一种或多种不良行为的3名以上的人所组成的群体。未成年人具有结群性的特点，他们在与朋友、伙伴交往中的互相影响极大。未成年人具有对群体的依赖性和归属感，这是因为生理上的不成熟使其只有在群体内才有一种获得保护的安全感，于是，他们往往组成一些志趣相投的某些个人的联合体——团伙。未成年人参加的不良行为的团伙往往靠“哥儿们义气”聚集在一起，很容易向犯罪团伙发展。

未成年人的父母或者其他监护人和学校发现未成年人组织或者实施不良行为的团伙时，应当及时对未成年人进行教育，阐明其危害性，对于组织实施不良行为的团伙的未成年人，还得责令其解散该团伙；对于积极参加此类团伙的未成年人，应当教育其停止参加；对于被胁迫参加的未成年人，则应向其说明家庭、学校和社会对其强大的保护力量，告之不用担心；对于被教唆和诱骗参加的未成年人，则应向其阐明是非，使其辨清是非黑白，不再被教唆和诱骗参加到这种团伙中去。未成年人的父母或者其他监护人和学校发现该团伙有犯罪行为的，则应向公安机关报告，必要时，未成年人的父母或者其他监护人和学校应当相互配合做好未成年人的转学工作，让其摆脱周围不良伙伴的影响。

公安机关在其日常工作中应当及时、有效地发现未成年人实施不良行为的团伙，有针对性地采取措施，防止事情的恶化，防患于未然。公安机关对团伙的核心成员和骨干分子除进行思想教育和法制教育以外，必要时得对其实行拘留、收容教养、派送工读学校就读等措施，以及时对其进行矫正，防止未成年人的主观恶性趋向严重；对一般参加人员，除了对其进行思想教育、法制教育以外，还应当责令其父母或者其他监护人严加管教，必要时，也可送工读学校学习或由政府收容教养。如果发现未成年人的父母或者其他监护人对参加犯罪团伙的未成年人有包庇行为，应予制止并依法追究其责任；情节严重，构成犯罪的，则按《刑法》有关规定追究其刑事责任。

本案中，郝老师得知后，应该马上主动找鲁小梁进行劝导、教育，予以制止，让鲁小梁脱离“兄弟会”这样的不良团伙，并应该及时和他的父母沟通，让他们也对鲁小梁进行教育、引导，让他早日脱离“兄弟会”，恢复到正常的学习、生活中来。

# 发现教唆违法犯罪　应当报告公安机关

## ——发现教唆、胁迫、引诱未成年人违法犯罪的处理

15 岁的小金是个不懂事的孩子，他总是到处闯祸，学习成绩也不好，家长为此操碎了心。小金常常和邻居大李混在一起，大李是个无业游民，每天无所事事，到处坑蒙拐骗。小金在大李的影响下也开始走向堕落，常常欺凌弱小、索要财物。一日，小金看见同学小贾的 PSP 十分新潮，自己也想买个，但是无钱购买，心里很是恼火，便向大李倾诉，大李便对小金说："这还不容易，你直接把小贾的 PSP 抢来用就是。"幸亏这话让小钟听到告诉了小金的父母，小金的父母，立即向公安机关报告了此事。

《预防未成年人犯罪法》第十八条规定："未成年人的父母或者其他监护人和学校发现有人教唆、胁迫、引诱未成年人违法犯罪的，应当向公安机关报告。公安机关接到报告后，应当及时依法查处，对未成年人人身安全受到威胁的，应当及时采取有效措施，保护其人身安全。"本条是关于发现教唆、胁迫、引诱未成年人违法犯罪应当如何处理的规定。

"教唆未成年人违法犯罪"是指用告诉、劝说、示意、请求、命令、挑拨、刺激、怂恿等方法，唆使未成年人实施违法犯罪行为。教唆未成年人违法犯罪的人自身不实施被教唆的行为，而是通过上述方式使得原先不具有违法犯罪意图的未成年人，或虽有违法犯罪的意图但还没有决定实施的违法行为的未成年人，产生或增强违法犯罪的念头，进而实施违法犯罪活动。

"胁迫未成年人违法犯罪"是指用暴力或以暴力相威胁，逼迫未成年人实施违法犯罪的行为。暴力常指用刀刺、拳打、绳绑、鞭笞等手段逼迫未成年人参加违法犯罪活动。以其他手段威胁包括揭发未成年人的隐私、伤害其亲友、损坏其财产相威胁等，以此迫使未成年人实施违法犯罪活动。

"引诱未成年人实施违法犯罪活动"是指通过掩盖违法犯罪的真相，在未成年人不知道自己是在实施违法犯罪活动的情况下诱骗其实施违法犯罪行为，或向未成年人许以满足其某种要求诱使其实施违法犯罪活动。

一般而言，教唆、胁迫、引诱未成年人违法犯罪的人是成年人，在犯罪团伙中，往往是主犯、累犯较多地教唆、胁迫、引诱未成年人参与违法犯罪活动。教唆、胁迫、引诱未成年人违法犯罪的行为，对未成年人具有很强的腐蚀性。许多案件表明，未成年人走向违法犯罪道路的原因往往是交友不慎，受多次参与实施违法犯罪活动的“朋友”的影响而滑向堕落的深渊。

父母或者其他监护人如发现有人教唆、胁迫、引诱未成年人违法犯罪的，应当及时向公安机关报告情况，同时可以采取转学、迁居等方式避免未成年人进一步参加违法犯罪活动。

未成年人参加违法犯罪活动也往往可以从其学校活动中反映出来，特别在某些地区的学校形成一种不良风气，即高年级的学生教唆、胁迫、引诱低年级的未成年学生参加违法犯罪活动，并结成违法犯罪小团体，形成恶性循环。学校在这种情况下除了依法按校纪校规处罚主要责任人员以外，应及时教育被教唆、胁迫和引诱而加入违法犯罪小团体的未成年学生，同时向公安机关报告。对于经常性逃学、旷课的学生，学校和教师应当详查其逃学、旷课的原因，发现社会上有人教唆、胁迫和引诱他们违法犯罪的，也应及时向公安机关报告。如果教唆、胁迫或者引诱未成年人违法犯罪的人就是该未成年人的近亲属的情况下，学校更应该肩负起教书育人的责任，加强对未成年人的教育，并应向公安机关报告。

公安机关对于未成年人的父母或者其他监护人和学校反映的有人教唆、胁迫和引诱未成年人违法犯罪的情况，应当依法及时查明真相，对确有其事的，除追究相关人员的法律责任以外，应协助未成年人的父母或者其他监护人和学校做好迁居、转学工作；对于未成年人的人身安全受到威胁的，应采取包括对威胁未成年人人身安全的责任者采取拘留等行政处罚手段，来保护未成年人的人身安全。此外，发现未成年人的父母或者其他监护人教唆、胁迫和引诱未成年人违法犯罪的，应当协同未成年人居住所在地的居民（村民）委员会等有关部门另行指定监护人。

本案中的大李的行为属于教唆未成年人小金违法犯罪，小金的父母知道后立即向公安机关报告是明智的、合法的。公安机关接到报告后，应当及时对大李进行查处。关于教唆、胁迫、引诱未成年人违法应当承担的法律责任，《治安管理处罚法》规定，教唆或者胁迫、诱骗他人违反治安管理的，按其所教唆、胁迫、诱骗的行为处罚。对教唆、胁迫、引诱未成年人违法的人可以予以警告、罚款或者拘留，并可从重处罚。构成犯罪的，应依法追究其刑事责任。

# 不得放任不管　不得迫使离家

## ——未成年人监护人的监护职责

14 岁的鲁萌萌是独生子，父子关系一向很好，鲁萌萌的父亲对鲁萌萌更是要什么给买什么。鲁萌萌的父亲认为，现在的孩子可不像二十世纪五六十年代的孩子，那时的孩子是父母说什么就是什么，而现在的孩子成熟比较早，对什么都知道，见识也比较多，与其对他们进行严格管教，不如放任他们个性的发展，吃一堑，长一智，他们是应该知道怎么做的。加上自己是工程师，每天都在加班加点，所以疏忽了对儿子的管教。鲁萌萌和其邻居也是同班同学的章东东是好朋友，两个人除了上课外，其余作息时间都在一起。在去年暑假的一天，两人忽然觉得在城市待久了没什么意思，便萌发了出去转一转，看看名山大川的念头，于是两人一拍即合，决定坐车去河南嵩山少林寺。由于两人从未单独出过远门，一下车就迷失了方向，加上天黑，两人是又惊又怕，但第二天经过问路，他们终于来到了目的地。刚刚过去的恐惧随之抛于脑后，忘乎所以，在山上你追我赶，一不小心，鲁萌萌从山上滚落下来，造成重伤。

这是一起典型的未成年人脱离父母的监护而酿成灾祸的例子。从这个例子来看，鲁萌萌的父亲没能对其儿子起到真正的监护作用。鲁萌萌的父亲认为自己只要对儿子百依百顺，要什么给什么就足够了。其实不然，鲁萌萌因为才 14 岁，是未成年人，他对其将来所要发生的行为根本没有预见的能力，如果没有父母跟随，很可能要酿成祸患。所以，鲁萌萌父亲的这种行为是不可取的。

《预防未成年人犯罪法》第二十条规定："未成年人的父母或者其他监护人对未成年人不得放任不管，不得迫使其离家出走，放弃监护职责。""未成年人离家出走的，其父母或者其他监护人应当及时查找，或者向公安机关请求帮助。"本条是关于未成年人的父母或者其他监护人监护职责的规定。

未成年人的健康成长与其父母或者其他监护人适当履行其监护职责密切相

关。许多未成年人走上犯罪的道路，是与其父母或者其他监护人未尽监护职责有关。一些未成年人的父母或者其他监护人对未成年人放任不管，甚至迫使其离家出走，放弃了监护职责，而未成年人由于正处于体力、智力发育过程中，阅历浅，社会知识少，容易受到坏思想或者坏人的欺骗和引诱，这是很多未成年人发展为罪犯的社会原因。《民法通则》第十八条规定，“监护人应当履行监护职责，保护被监护人的人身、财产及其他合法权益”。为了保证监护人依法履行各项监护职责，预防未成年人犯罪，《预防未成年人犯罪法》第二十条作了相应规定。

本条共分两款。依照本条第一款的规定，未成年人的父母或者其他监护人对未成年人不得放任不管，不得迫使其离家出走，放弃监护职责。本款规定列举了放弃监护职责的两种主要表现。一是对未成年人放任不管。这里所规定的“放任不管”，主要是指未成年人的父母或者其他监护人在思想教育方面对未成年人放任不管，放弃管理和教育的职责。在现实生活中，有的父母或者其他监护人因为自己的孩子有不良行为或者违法犯罪行为，觉得生气、失望或者丢了面子就不再进行管教，有的父母或者其他监护人因为自己的孩子学习不好、有残疾等原因又不敢遗弃就对其放任不管，也有的父母或者其他监护人忙于工作，认为给子女提供优越的生活条件就算尽到了责任，对孩子的思想教育放任不管。但无论有什么原因，有什么理由，未成年人的父母或者其他监护人，都应当适当履行其监护职责，不能对未成年人放任不管。二是迫使未成年人离家出走。这里所规定的“迫使”，是指采用任何方法和手段，致使未成年人无法忍受，不得不离家出走，实践中经常表现为采取粗暴管教、打骂、侮辱和虐待等手段，致使父母与子女关系恶化，严重对立。迫使未成年人离家出走，不仅仅是放弃法律规定的监护职责的表现，有时还会直接侵害未成年人的合法权益。对于以虐待等方式侵害未成年人的合法权益的，应当依法追究其法律责任。

本条第二款是关于未成年人离家出走的，其父母或者其他监护人的责任的规定。本款所说的“离家出走”，包括被其父母或者其他监护人迫使离家出走的、被引诱离家出走的和自己决定离家出走等各种情况。无论未成年人是因为什么原因离家出走的，其父母或者其他监护人都应当及时查找，或者向公安机关请求帮助。公安机关应当应其请求查找该未成年人的下落。

由此看来，未成年人若要离开家庭要事先征得父母的同意，如果父母同意，自然很好；如果父母不同意，要和父母说明理由，千万不可自己离家出走。在这个例子中，鲁萌萌的父亲对已酿成的后果后悔不已，认为平时太疏于对儿子的管教了，太放任其自由发展了，以致后来儿子做什么事也不与父母商量就付诸实施了，其结果是惨痛的，其教训是深远的。因此，未成年人做什么事情都要先和父母商量，然后才可实施，这样就可能避免很多不该发生的事情。

# 父母虽然离异　教育义务仍在

## ——离异父母对未成年人的教育责任

陈某与妻子朱某因感情不和提出协议离婚，朱某起初坚决不同意。陈某承诺独自抚养3岁的女儿小嫚长大成人，不要朱某负担抚养费，并写入离婚协议后，朱某才勉强同意离婚。离婚后，朱某改嫁，小嫚随陈某生活。

小嫚5岁时，陈某遇车祸死亡，小嫚只得随爷爷奶奶生活。去年小嫚到了上学的年龄，爷爷奶奶因年迈体弱再也无力抚养教育小嫚，他们多次要求朱某承担抚养教育小嫚的责任，但朱某总搬出“离婚协议”予以拒绝。小嫚无奈只得将生母告上法庭要求朱某承担抚养教育和监护的责任。小嫚的诉讼请求能够得到法院的支持吗？

《预防未成年人犯罪法》第二十一条规定：“未成年人的父母离异的，离异双方对子女都有教育的义务，任何一方都不得因离异而不履行教育子女的义务。”本条是关于离异父母对未成年人的教育责任的规定。

在大多数情况下，夫妻双方都能履行教育子女的义务，但在双方离异的情况下，由于感情矛盾、抚养费纠纷等因素使得双方经常在教育子女的问题上相互推诿、逃避责任。为了防止因父母离异而使得未成年人不能享受教育的权利，我国的相关法律、法规明确了父母的义务，以确保未成年人受教育权利的实现。我国《宪法》规定，中华人民共和国公民有受教育的权利和义务。父母有抚养教育未成年子女的义务。《未成年人保护法》规定，父母或者其他监护人应当尊重未成年人接受教育的权利，必须使适龄未成年人按照规定接受义务教育，不得使在校接受义务教育的未成年人辍学。

对子女承担教育的义务包括进行家庭教育和保证未成年人接受学校教育的权利，夫妻双方都要合理承担子女的教育费用。新修订的《婚姻法》第三十七条规定：“离婚后，一方抚养的子女，另一方应负担必要的生活费和教育费的一部或全部，负担费用的多少和期限的长短，由双方协议；协议不成时，由人民法院判决。”夫妻离异的，对未成年子女的抚养教育问题原则上以如下方式解决：哺乳期内的子女原则上由哺乳的母亲抚养教育；2 周岁以上 10 周岁以下的未成年子女由何方抚养首先应由父母在自愿的基础上达成协议；对于 10 周岁以上的未成年子女随父或随母生活发生争执的，应考虑未成年人自己的意见。如果未成年人在父母离异时是由父或母一方抚养教育，但后来该方无力继续抚养教育未成年子女的，或不尽抚养教育义务及虐待未成年子女的；或其与子女共同生活对子女身心的健康有不利影响时，可以变更由另一方抚养教育，以确保未成年人能得到完整、健康的教育。

如果离异的夫妻或一方拒不履行教育未成年子女义务且情节恶劣的，应当依照《刑法》第二百六十一条规定追究其刑事责任，处 5 年以下有期徒刑、拘役或者管制。

受理本案的法院经审理后认为，父母均有抚养子女的义务，朱某不能凭离婚协议逃避对小嫚的抚养责任。朱某虽和陈某依法解除了婚姻关系，并且约定所生女儿小嫚由陈某独自抚养，这只是表明陈某放弃要求朱某承担抚养费的权利，但对女儿小嫚来说，她并没有放弃要求母亲承担抚养义务的权利。因此，只要女儿未成年，而且提出母亲要履行抚养义务的要求，朱某就依法负有抚养的责任，不能以离婚协议为由推卸责任。所以当陈某去世后，不论小嫚的爷爷奶奶有无抚养承担能力，作为生母的朱某都有抚养女儿的义务。法院判决由朱某承担对小嫚的抚养教育和监护的义务。

# 加强教育管理　不得歧视放任

## ——学校对具有不良行为的未成年人负有教育、管理责任

15岁的少年满某，在很小的时候就经历了父母离婚、母亲再婚。继父对他非打即骂，他从未感受到家庭的温暖，因此经常夜不归宿。不幸的家庭使他自卑感很强，致使他在校无心学习，经常旷课，学习成绩自然很差。因此，老师看不起他，同学冷落他，初二后他就辍学了。他开始游荡在社会上，经常光顾游戏厅、录像厅，在那里结识了许多社会上不三不四的人。用满某自己的话说：有一些在游戏厅里玩游戏的孩子不太好，我就是在游戏厅里学会了抽烟、打架，终于因犯抢劫罪被判处有期徒刑8年进了监狱。

《预防未成年人犯罪法》第二十三条规定："学校对有不良行为的未成年人应当加强教育、管理，不得歧视。"本条是关于学校对具有不良行为的未成年人负有教育、管理责任的规定。

不良行为是指本法第十四条规定的行为。即旷课、夜不归宿；携带管制刀具；打架斗殴、辱骂他人；强行向他人索要财物；偷窃、故意毁坏财物；参与赌博或者变相赌博；观看、收听色情、淫秽的音像制品、读物等；进入法律、法规规定未成年人不适宜进入的营业性歌舞厅等场所，以及其他严重违背社会公德的不良行为。由于未成年人尚处在生理、心理的发育时期，思想还不成熟，尚未定型，具有极大的可塑性。对具有上述不良行为的未成年人，学校应当加强教育、管理，不得歧视，更不得放弃对他们的帮教。这是本条规定的学校在预防有不良行为的未成年人犯罪方面应当承担的义务和责任。

学校，是未成年人从家庭走向社会，顺利实现社会化的重要场所。学习阶段的未成年人是身体增长、情绪反应强烈、精力充沛的时期，不仅对物质需求日益增长，对精神需求增长更快。因此，学校的教育功能完整、全面的发挥是未成年人社会化顺利实现的根本保障，是防止未成年人走上违法犯罪道路的有效防线。如果在这一过程中，学校的教育和管理出现偏差和失误，比如，为了片面追求升学率，把一切力量和精力都放在学习成绩好的学生身上，对于成绩

较差、表现不好的学生则听之任之，放任自流，动辄给予处分，小则记过，大则开除，把这些未成年学生推向社会，则很可能会使有些未成年人跌入违法犯罪的深渊。

未成年人不良行为的产生有些是家庭原因，有些是学校的教育不当，不论起因如何，学校都有责任加强未成年人预防违法犯罪工作，尤其是对有不良行为的未成年人应当加强教育和管理，不得歧视。

教育和管理是从两个方面对有不良行为的未成年人进行帮助。教育主要是采取多种形式，有针对性地对其具有的不良行为进行矫正。首先，学校、教师要关心他们，了解他们的所思所想，对他们身上存在的不良行为的原因进行分析，找出病源，对症下药，着重从心理上对他们进行矫治。绝大多数有不良行为的未成年人，一开始都是对学习抱消极态度，学习成绩不好，纪律涣散，慢慢地对学习失去兴趣。为此，他们经常挨老师、家长的批评、指责甚至惩罚，以致自暴自弃，有的产生逆反心理，但实际上，他们的自尊心很强，对事情也非常敏感。因此，学校和教师除了在学习上帮助他们外，还应从感情上接近他们，维护他们的自尊心，了解他们的性格、爱好，尤其是要发现他们的“闪光点”，以取得共同语言，通过关心、爱护、感化以达到帮助、教育他们的目的。这种有针对性的教育是十分重要的，在此基础上，还要对他们进行严加管理。管理主要是以严格的纪律、制度约束他们，要求他们，帮助他们克服不良行为。

有不良行为的未成年人也不一定就会发展成为违法犯罪分子。未成年人可塑性强，人生道路漫长，拉一把可能使他们成为社会主义建设事业的有用之材，推一把也可能使他们走到社会的对立面。因此，如何对待有不良行为的未成年人，往往会决定这个未成年人的一生。实际上，未成年人的不良行为可能是由多方面因素造成的，消除这些因素，不良行为可能会自动消失，也可能会因有针对性的思想教育而消失。因此，学校对有不良行为的学生应当加强教育、管理，不应当歧视、排挤他们。

在上述案例中，家庭的分裂和错误的教育方法是满某走上歧途的开始，而缺乏正规的学校教育，过早地步入社会，又进一步把他推向犯罪的深渊。学校对于满某这样失去家庭温暖、心理上很自卑的学生，不仅没有采取适当的关怀和教育措施，反而歧视，导致其辍学。辍学后的满某闲散在社会上无人管理、无人教育，游戏厅等娱乐场所成了他的栖息之处，而这些场所的一些不健康因素，使他受到了不良影响，因而走上犯罪道路就是难免的了。

# 校长带女生开房　开除公职坐班房

## ——依法处理不良品行的教师

2013年5月8日，海南省万宁市后郎小学6名就读六年级的小学女生集体失踪，引起老师和家长极度恐慌，原来该6名小学女生被万宁市第二小学校长陈在鹏及万宁市一政府单位职员冯小松带走开房。2013年5月15日下午，海南万宁纪委监察局通报：涉嫌猥亵儿童的陈在鹏和冯小松被开除党籍、开除公职。当天上午，万宁市检察机关已对两名嫌犯批捕。

《预防未成年人犯罪法》第二十五条规定："对于教唆、胁迫、引诱未成年人实施不良行为或者品行不良，影响恶劣，不适宜在学校工作的教职员工，教育行政部门、学校应当予以解聘或者辞退；构成犯罪的，依法追究刑事责任。"本条是关于教育行政部门、学校应当如何处理有不良品行的教师的规定。

学校，是未成年人除家庭外的最主要的生活场所。作为"人类灵魂工程师"的教师与未成年人关系非常密切，对未成年人的成长影响非常大。

在我国的教师队伍中，大多数都具有良好的品性与较高的文化修养。他们兢兢业业地在自己的岗位上精心地培育着祖国的"花朵"、未来的"栋梁"。然而有一些教师却具有某些不良行为，不适宜从事教学工作，其具体表现为以下几个方面：

1. 教唆、胁迫、引诱未成年人实施不良行为

教唆，是指故意引诱未成年人实施不良行为意图的行为。教唆的方式多种多样，如授意、劝说、怂恿、命令、挑拨、刺激。

胁迫，是指用暴力或以暴力相威胁，逼迫未成年人实施不良行为。暴力常常指刀刺、拳打、绳绑、鞭笞等手段。以暴力相威胁常常指以将揭发未成年人的隐私、伤害其亲友、损害其财产相威胁。

引诱，是指以金钱、物质或者允诺帮助其达到一定的目的等手段进行诱导的行为。

关于未成年人不应具有的不良行为以及严重不良行为，本法第十四条和第

三十四条对此已经明确作出规定。

对有教唆、胁迫、引诱未成年人实施不良行为的教师，教育行政部门、学校除给予其相应的处分外，还应根据本条的规定对其予以解聘或辞退。对教唆、胁迫、引诱未成年人实施不良行为构成犯罪的，应当依照《刑法》有关规定追究其刑事责任。

2. 品行不良，影响恶劣者

品行不良，是指个性品质偏离了社会公认的道德标准，行为性质违背了社会道德规范。影响恶劣主要是指给学生造成严重不良影响或引起严重不良后果，而在学生、家长中反应甚为强烈的。比如，一些教师经常侮辱、打骂、体罚学生，强行向学生索要财物或经常变相收受、索取家长礼物，参与赌博或变相赌博，经常观看色情、淫秽的刊物、音像制品，对学生传授淫秽思想、对异性学生进行性骚扰等。

对于品行不良、影响恶劣者，教育行政部门、学校应当予以解聘或辞退，以免给在校的未成年人带来更大的不良影响。

3. 其他不适宜从事教学工作者

一般来说，具有下列问题的教师也不适宜从事教学工作。

（1）教育方法不妥当，难以胜任教育、引导、影响学生的工作。未成年人对外界充满好奇、精力充沛且辨别能力较差，他们在学校生活中难免会出点小差错，又由于未成年人智力以及学习刻苦程度上的不同，学习成绩有高、低之分，如果老师对待出点差错的学生或学习成绩较差的学生，不是耐心地说服教育，而是简单、粗暴地加以训斥或是根本不予关心，放任自流，或是经常讽刺挖苦，这都会伤害学生的自尊心，引起学生的对立情绪和厌学情绪，不仅不会使学习成绩较差、有不良行为的未成年人得到充分的教育和修正，反而会使他们产生自暴自弃，破罐破摔的消极行为。

（2）不安心教学工作，责任心差。教师职业的特点要求教师对学生、对工作抱有极大热情，关心学生、了解学生，为学生解决学习、生活上的问题等。但有的教师不安心教学工作，责任心差，缺乏为学生服务的精神，虽然从事教师职业，却把大部分甚至是全部精力都放在做兼职、跑生意上，教书育人的职责被放置一边，不愿意钻研业务，不注重表达能力的培养；不肯精心备课，而仅仅是为了敷衍教学任务而照本宣科。这样的教师，无法激发未成年人的学习兴趣，带动他们的学习热情，从而也难以完成教学任务。

对于具有上述行为的教师，学校及有关教育行政部门应当告诫其改进教学方法，端正教学思想，加强自身修养，提高工作热情，如果经多次告诫仍无改进者，为了充分保护在校未成年人接受良好教育的权利，有关教育行政部门和学校应当对其予以解聘或辞退。

海南万宁“校长带女生开房案”中的万宁市第二小学校长陈在鹏，不仅品行不良，影响恶劣，而且构成犯罪，依法应追究刑事责任。后来，该案在海南省第一中级人民法院不公开开庭审理，并当庭宣判。以强奸罪，分别判处被告人陈在鹏有期徒刑十三年零六个月，剥夺政治权利三年；判处被告人冯小松有期徒刑十一年零六个月，剥夺政治权利一年。

# 未成年人不宜进入场所禁止在中小学附近开办

## ——禁止在中小学附近开办歌舞厅、电子游戏厅

沈大通是个精明的商人，他见家附近新建了一所中学，便通过种种渠道申请开办了一家在学校附近的游戏厅。从此之后，每天的中午、放学后就有好多学生光顾他的游戏厅，生意兴隆得不得了。好多学生因为沉迷于游戏而逃课、辍学，在学校造成了极坏的影响。为此，校领导向相关的文化行政管理部门反映，要求将沈大通的游戏厅停业。本案应如何处理?

《预防未成年人犯罪法》第二十六条规定：“禁止在中小学校附近开办营业性歌舞厅、营业性电子游戏场所以及其他未成年人不适宜进入的场所。禁止开办上述场所的具体范围由省、自治区、直辖市人民政府规定。”“对本法施行前已在中小学校附近开办上述场所的，应当限期迁移或者停止。”本条是关于禁止在中小学附近开办歌舞厅、电子游戏厅以及其他未成年人不宜进入的场所的规定。

未成年人不宜进入的场所，是指以成年人为服务对象，供成年人娱乐消遣而不适宜未成年人身心健康发展需要的一些特定的娱乐场所。未成年人不宜进入的场所具体包括：营业性歌舞厅、电子游戏厅、酒吧、夜总会、带有赌博性的娱乐室、游乐场、营业性台球厅，正在放映“儿童不宜”影片、录像的影剧院或录像厅等。

营业性歌舞厅、酒吧、夜总会等是供成年人娱乐的高消费场所，不论是活动内容、活动方式还是环境、气氛等，都不适宜未成年人，不能达到未成年人陶冶情操、增长知识、提高欣赏水平等目的。相反，由于未成年人好奇心理、易模仿、辨别能力差等特点，歌舞、酒吧中的不健康的东西会慢慢腐蚀未成年人的心灵；再者这些场所都是营利性的高消费场所，而未成年人又没有经济收入，为了进入歌舞厅，未成年人往往会采取非正当手段去“赚钱”，甚至走上违法犯罪道路。

有关调查显示，青少年迷恋电子游戏机，不但浪费钱财，荒废学业，而且还会诱发大量偷窃、敲诈、说谎、不良交往、旷课等不良行为。青少年迷恋电子游戏机，已经成为一个严重的社会问题。法律之所以规定在中小学校附近禁止开办营业性歌舞厅、电子游戏场所以及其他未成年人不适宜进入的场所，其原因主要有：未成年人上学、放学时会经常路过这些场所，从这些场所传出的歌舞声以及进进出出的与他们迥然不同的人们，都会引起未成年人的好奇，进而产生或多或少的诱惑力；有的未成年学生可能溜到校门口附近的电子游戏厅打游戏机。因而，在中小学附近开办未成年人不适宜的场所，增强了对未成年人的诱惑力，增加了未成年人进入上述场所的可能性，加大了对未成年人进入上述场所管理和控制的难度，对未成年人容易产生严重的不良影响。根据国家有关规定，除国家规定的节假日外，电子游戏厅（室）一律不得向未满 18 周岁的少年儿童开放，凡经营的电子游戏厅（室）必须远离学校 200 米以外。具体禁止开办上述场所的范围由省、自治区、直辖市人民政府规定。

本案中，沈大通不可以在学校附近开办游戏厅，但由于已经开办了，根据上述法律规定，应当对他的游戏厅采取限期迁移或停业的处理方式。

# 行为严重危害社会　尚不构成刑事处罚

## ——未成年人严重不良行为

某中学初中学生牛某（16岁），由于父母离异后随爷爷生活，老人无力管教，牛某以前在学校内外经常骂人、打架、吸烟、酗酒，有时放学后在学校附近截住低年级学生索要物品并恶言恶语威胁。小同学反映到学校后，老师也曾严厉批评教育，学校给予牛某处分，但收效不大。近来，牛某不但经常打架斗殴，盗窃、赌博屡教不改，而且还公然把一些淫秽的书刊带到学校给其他同学看，经常携带管制刀具到校，有时在向低年级学生强行索要财物时拿出来威胁。牛某觉得自己还没有满18岁，只要不杀人放火，就不会受到法律的惩罚，学校和老师对他也就奈何不了，所以行为更加嚣张。牛某近来的行为属于什么性质？

牛某近来的行为属于未成年人严重不良行为。

《预防未成年人犯罪法》第三十四条对未成年人“严重不良行为”作出了法律上的界定以及分类。本条界定“严重不良行为”是指严重危害社会，尚不构成刑事处罚的违法行为。未成年人严重不良行为是其不良行为的发展与恶性表现，它作为一种违法行为，虽不构成刑事处罚，但它却严重危害社会，扰乱正常的社会秩序和公共安全，同时也给这些未成年人的家庭和自身带来不幸，成为影响社会稳定的一个因素。

本条列举了未成年人不得实施的九类严重不良行为：

（1）纠集他人结伙滋事，扰乱治安。此类行为的表现主要有：在公共场合或交通要道等地聚众打群架；起哄闹事，向人体、车辆、住宅等处抛弃废物及石块；在市场上硬拿强要，扰乱正常的贸易活动与秩序，结伙用下流的语言或动作调戏、侮辱妇女等。

（2）携带管制刀具、屡教不改。公安部公布的《对部分刀具实行管制的暂行规定》（以下简称《规定》）明确指出：“本规定所管制的刀具是：匕首、三棱刀（包括机械加工用的三棱刮刀）、带有自锁装置的弹簧刀（跳刀）以及其它相类似的单刃、双刃、三棱尖刀。”同时，该《规定》还指出：“严禁非法携带上述刀具进入车站、码头、机场、公园、商场、影剧院、展览馆或其它公共场所和乘坐火车、汽车、轮船、飞机。”因此，凡未成年人携带上述规定的管制刀具，经劝阻、教育后仍屡教不改的，即构成本法中的严重不良行为。

（3）多次拦截殴打他人或者强行索要他人财物。许多有严重不良行为的未成年人常常以其同龄人或低龄未成年人为侵害对象，表现为多次拦截殴打或者强行索要未成年人的财物，而达到其非法目的。未成年人选择未成年人作为实施不法行为的对象，往往由于未成年人彼此接触多，身体、心理、智力发育相近，其行为成功的概率较针对成年人实施的不法行为大。且被害者年龄尚小，易对他们产生畏惧感，使有严重不良行为的未成年人能够以强凌弱，实施不法行为。

（4）传播淫秽的读物或者音像制品等。指未成年人将淫书、淫画、淫秽录像或者其他淫秽物品通过播放、出租、出借、邮寄、携带等方式致使其在社会上广泛散布，并在较大范围内得以扩散的行为。未成年人传播淫秽物品，毒害人们特别是同龄人的身心健康，诱发犯罪，许多青少年深受其害而走上强奸、卖淫、偷盗、杀人等违法犯罪道路，因此，该行为危害极大。

（5）进行淫乱或者色情、卖淫活动。进行淫乱或者色情、卖淫活动是性罪错的一种表现形式。淫乱通常表现为非经济利益型，即未成年人实施为满足自身或他人性欲而超越社会行为规范的制度、妨害社会风化的行为。色情、卖淫则通常表现为受经济利益的驱动、出卖性权利以获取金钱或有价物品的行为。

（6）多次偷窃。偷窃是指以秘密的手段窃取国家、集体、个人的财物并非法地据为已有的行为。所谓秘密的手段窃取，也就是不使用暴力，在不使财物的所有人、保管人或经手人察觉的情况下窃取财物的行为。未成年人产生不良偷窃行为与《刑法》上规定的盗窃罪在规定犯罪而负刑事责任上有以下两个界限：一是未成年人是否达到法律规定的应负刑事责任的年龄；二是未成年人偷窃财物的数额。

（7）参与赌博，屡教不改。赌博是指以金钱或金钱以外有经济价值的物品作标的抵押，在通过各种形式的输赢较量后，使得上述的抵押品在投注人之间有所更易或转移的一种行为。它作为违反社会道德和法律的行为，对未成年人的危害甚大。这种危害不仅仅表现在污染社会风气、破坏家庭成员间的正常关系上，更主要的，它是一具孕育各类未成年人犯罪的温床，是通向犯罪的桥梁。

（8）吸食、注射毒品。吸毒与贩毒已是当今举世瞩目的世界性问题。吸毒，主要侵害的是未成年人的身心健康。从医学角度看，吸食、注射毒品造成了躯体依赖性，并使未成年吸食、注射毒品者产生抗药性，从而不断地追加吸、注毒品的剂量。

（9）其他严重危害社会的行为。未成年人产生严重不良行为的表现有许多种类，单凭几个条款很难将其囊括其中，因此，本款规定了其他危害社会的行为即指在认定其他严重不良的行为中，符合本条前八款以外的具有严重危害社会性质的其他类似行为。这种行为主要有：放火行为、投毒行为、绑架行为、多次诈骗、情节恶劣的故意损坏公私财物的行为、严重哄抢行为、出于多种动机谎报险情制造混乱等尚不够刑事处罚的行为。

本案例中牛某以前在学校内外经常骂人、打架、吸烟、酗酒，有时放学后在学校附近截住低年级学生索要物品并恶言恶语威胁的行为是不良行为，而近来不但经常打架斗殴，盗窃、赌博屡教不改，而且还公然把一些淫秽的书刊带到学校给其他同学看，经常携带管制刀具到校，有时在向低年级学生强行索要财物时拿出来威胁，其行为属于严重不良行为。

# 小偷小摸不制止　长大或为盗窃犯

## ——制止未成年人偷窃行为

未成年人小偷小摸的轻微偷窃行为与要受刑事制裁的盗窃犯罪之间并没有不可逾越的鸿沟，小偷小摸的人可以发展成为盗窃犯。现实生活中，许多盗窃犯在回顾自己的犯罪生涯时，往往会追溯到少年时代的劣迹。下面就是一个盗窃犯在服刑时写下的悔过信：

尊敬的各位：

我叫郑醒梦，今年十九岁，因犯盗窃罪被判刑一年零六个月，现在监狱服刑。在服刑接受改造的半年多时间里，我天天接受干警的教育，面对高墙铁网我深深忏悔自己犯下的罪行。今天，我决定把埋藏在自己心底的悔恨倾诉出来，以告诫世人特别是未成年人要以我为戒，切忌做违法犯罪的事，否则会受到世人的唾弃，自己也会良心不安、悔恨终生。

我从小被父母溺爱惯了，平时花钱就没有节制，十五岁时当钱不够我挥霍时，我就偷拿父母的钱去用，或把家中的物品拿出去变卖，以为偷自己家里的东西没有什么大不了。父母发现我的毛病没有严格管教，只是加强了对钱和物品的管理，使我没有可乘之机。十六岁那年有一天我路过商店时发现店主把很多衣服都堆在商店门外甩卖，其中有件我喜欢的T恤。我看当时很多人都围在那里选衣服，店主一个人根本看不过来，于是就在人群的掩护下偷偷将T恤塞进自己外衣内，然后迅速离开现场。

初中毕业后我没有考上高中，由于读书太少找工作好难。后来托熟人、找关系找到了一份工作，但是我忍受不了工作的辛苦，好逸恶劳的思想作怪，只想不劳而获，无所事事结交了一些不务正业的人，并视为朋友。有一次一个朋友喊我去一个娱乐城旁边的僻静处要我站在那里，任务是看到有人来就发信号，结果他偷了一辆摩托车，我后来才知道这是望风，系共同犯罪行为。十七岁到十八岁我一共作案三次，一次盗窃电脑，两次盗窃摩托车，分得部分赃款。就因为贪图这不劳而获的钱财，使我失去了一份十分难得的工作，而且把我送入了牢房。我的人生道路才刚刚开始却写下了这极其丑陋的一页，蒙上了一个永久的污点。但我决不会就这样颓废一生，我会安心服刑努力改造，洗心革面重新做人。出狱以后找一份合适的工作，努力劳动自食其力，远离犯罪，做一个守法公民。我要以实际行动洗刷我的人生污点，以忠诚回报社会，回报所有教育我、关心我、帮助我的人。

悔罪人郑醒梦

从这封悔过信不难看出，郑醒梦在未成年人时就有多次偷盗的严重不良行为，但没有得到及时的管教和矫正，以至沦为盗窃犯。

《预防未成年人犯罪法》第三十五条规定："对未成年人实施本法规定的严重不良行为的，应当及时予以制止。""对有本法规定严重不良行为的未成年人，其父母或者其他监护人和学校应当相互配合，采取措施严加管教，也可以送工读学校进行矫治和接受教育。""对未成年人送工读学校进行矫治和接受教育，应当由其父母或者其他监护人，或者原所在学校提出申请，经教育行政部门批准。"本条是对有严重不良行为的未成年人进行行为制止、家庭管教及送工读学校进行教育与矫正的规定。

及时制止未成年人实施严重不良行为，是预防未成年人发生违法犯罪行为的重要措施，也是社会主义精神文明建设的重要任务。家庭、学校相互配合，对具有严重不良行为的未成年人采取措施严加管教，这是家庭、学校固有的犯罪预防功能的体现。因为家庭是未成年人身心发展的第一环境，也是未成年人社会化的起点。在家庭预防未成年人的严重不良行为过程中，其父母或者其他监护人起着至关重要的作用。社会的安定发展离不开家庭，家庭必须立足于社会。家庭的这种社会性，要求父母或者其他监护人预防子女的严重不良行为或犯罪。因为未成年人的严重不良行为与犯罪不仅严重危害社会，也危害家庭自身。无论从有严重不良行为未成年人与家庭成员间的亲和、互保角度，还是其成员间的平等共处的角度，其父母或者其他监护人都有预防未成年人严重不良行为的责任。

学校作为行使国家教育职能的部门，作为满足社会发展需要的单位，在培养造就国家需要的人才，抵制、预防未成年人走向违法犯罪方面必须与国家和社会保持一致。预防未成年人违法犯罪是国家赋予学校的神圣职责。这种职责形成学校预防未成年人产生不良行为及犯罪行为的预防功能的社会基础和思想基础。

本条第三款规定了工读学校招收具有严重不良行为的未成年人的法定程序。即由其父母或者其他监护人或者原所在学校提出申请，并经当地教育行政部门批准。

写上述悔过信的郑醒梦，如果没有未成年时期偷窃劣迹的影响，或者经过父母和学校的及时有效的管教改掉了偷窃行为，或者由其父母或者其他监护人或者所在学校提出申请，经教育行政部门批准，对其送工读学校进行矫治和接受教育，后来可能就不会沦为盗窃犯了。

# “反引诱”“反侵害”以免误入歧途

## ——未成年人应对犯罪加强自我防范

学生蒋某假期与邻居苟某及其几个朋友在一起玩，一天蒋某和苟某等人坐中巴车出去玩，在中巴车上，蒋某听他们说：等一下要将那人的手机抢来，另外还要搜一下他身上看有没有钱。蒋某听了这话知道苟某等人是要去抢劫，他想不去但碍于朋友情面，就跟着去了抢劫现场。实施抢劫时，蒋某站在边上看，苟某叫蒋某帮忙搜一下受害人的身，蒋某就上前搜了受害人的身并将搜到的钱全部交给苟某。案发后，由于受害人及时报案，公安机关很快将苟某及其朋友还有蒋某一并抓获，蒋某归案后一直辩解说他并不想抢别人的钱，他觉得很冤枉。但是法律规定：帮助他人以非法占有为目的，实施强行劫取公民财物的行为同样构成抢劫罪。蒋某最后被判处有期徒刑一年。

蒋某受到刑事处罚是由于自己“反引诱”能力较弱、应对犯罪的自我防范意识不强所致。

《预防未成年人犯罪法》第四十条规定：“未成年人应当遵守法律、法规及社会公共道德规范，树立自尊、自律、自强意识，增强辨别是非和自我保护的能力，自觉抵制各种不良行为及违法犯罪行为的引诱和侵害。”本条是关于未成年人应对犯罪加强自我防范的总的规定。

本条从总体上明确提出了未成年人应当“自觉抵制各种不良行为及违法犯罪行为的引诱和侵害”这一原则性要求，其立法宗旨是促进未成年人加强对犯罪行为进行两个方面的防范：一是“反引诱”，以防止自己违法犯罪；二是“反侵害”，以防范违法犯罪行为对自己的侵害。为达到上述目的，未成年人应做到以下几个方面。

（1）未成年人应当遵守法律、法规及社会公共道德规范。未成年人要有效地防止自己走上违法犯罪道路，就必须认真学法，提高识别违法犯罪行为的能力，及时消除违法犯罪的心理，增强法制观念，提高法律意识，自觉遵守各项法律、法规。未成年人要有效地防范违法犯罪行为对自己的侵害，积极同违法犯罪行为作斗争，同样要在自觉遵守法律、法规的基础上，善于用法，及时运用法律武器，通过合法途径，正确行使法律、法规所赋予的各项正当权利，而不能违反法律、法规，使用事后报复等违法手段，使自己从违法犯罪行为的被害人转化为违法犯罪人。未成年人还应当自觉遵守社会公共道德规范，这既是社会主义精神文明建设中的一项基本要求，也是未成年人对违法犯罪行为加强自我防范的一项根本措施。大量事实证明，一切违法犯罪行为，首先都是从违反社会公共道德规范开始的，社会公共道德规范是预防违法犯罪行为的一道极为重要的堤坝。

（2）未成年人应当树立自尊、自律、自强意识。所谓“自尊”，即尊重自己，不向别人卑躬屈膝，不做人格低下的事，也不允许别人歧视、侮辱自己。所谓“自律”，主要是指个人自觉地进行自我监督、自我约束、自我调节和自我控制，以达到严格要求自己的目的。所谓“自强”，即自己努力向上、奋发图强。

（3）未成年人应当增强辨别是非和自我保护的能力。首先，未成年人应当增强辨别是非的能力，以有效地预防自己违法犯罪。国家、社会、学校、家庭等应大力加强法制教育、道德教育，增强其辨别是非的能力，使其能自觉地抵制各种不良行为和违法犯罪行为的引诱，有效地预防未成年人跌入违法犯罪的泥潭。其次，未成年人应当增强自我保护的能力，以便有效防范违法犯罪行为对自身的侵害。国家、社会、学校、家庭应对未成年人加强有关被侵害预防方面的教育，提高未成年人的防范能力。

（4）未成年人应当自觉抵制各种不良行为及违法犯罪行为的引诱和侵害。大量事实证明，“不良行为—违法行为—犯罪行为”往往是违法犯罪者所经历的“三步曲”。因此，未成年人要有效地对违法犯罪行为进行自我防范，就必须做到两个方面：一是“反引诱”，即未成年人应当自觉抵制各种不良行为及违法犯罪行为的引诱，以免误入歧途，走上违法犯罪之路；二是“反侵害”，即未成年人应当自觉抵制各种不良行为及违法犯罪行为的侵害，以有效地预防、避免、减少被害，降低被害程度。未成年人只有全面完成了上述“反引诱”“反侵害”的双重任务，才能谈得上较好地对犯罪进行了自我防范，缺少其中一个方面，其自我防范均是不完整的。

未成年人如碰到类似蒋某这样的“朋友”一起干坏事的情况，一定要保持清醒的头脑。首先，应辨别是非，顶得住引诱，违法犯罪的事情决不能做；其次，有能力制止他人的违法犯罪行为时要制止，无力制止时千万不要参与，以免惹祸上身。如果自身遇上不法侵害时，不要害怕，一定要沉着、冷静，机智勇敢，要敢于检举揭发，积极同违法犯罪行为作斗争，我们要坚信邪不压正的道理。

# 若被父母遗弃虐待　少年有权请求保护

## ——关于被遗弃、被虐待的未成年人行使请求保护权的规定

贵州金沙县石场乡的11岁女孩小丽，在长达五年多时间里，被亲生父亲用开水烫头、鱼线缝嘴、跪碎玻璃、针扎手指……小丽全身伤痕累累，裸露的头皮没有一块好肉。长期的虐待也导致其精神恍惚。虽然村民曾经告诫过其父母，但是没有用，村民也认为是其“家务事”不再多管。直到2013年5月8日，路过该村的一位路人看见这个女孩，愤慨地向警方报案，女孩才被当地安排进入医院救治。警察之后控制其父亲，将根据案件进展情况对其惩处。据报道当地乡政府对女孩的后续安置计划是女孩出院后和年迈的奶奶生活。实际上，懂法的未成年人自己便有权向有关部门和组织请求保护。

《预防未成年人犯罪法》第四十一条规定：“被父母或者其他监护人遗弃、虐待的未成年人，有权向公安机关、民政部门、共产主义青年团、妇女联合会、未成年人保护组织或者学校、城市居民委员会、农村村民委员会请求保护。被请求的上述部门和组织都应当接受，根据情况需要采取救助措施的，应当先采取救助措施。”本条是关于被遗弃、被虐待的未成年人行使请求保护权及其权利保障措施、救助措施等方面的规定。

本条所指的“遗弃”，主要是指父母或者其他监护人对于未成年人负有抚养或者监护义务而拒绝履行义务的行为。如果父母或者其他监护人不履行自己的法定义务，致使未成年人得不到经济上的保障，得不到生活上的必要照顾和帮助，生命和健康受到较为严重的威胁和损害，就构成了本条所指的“遗弃”行为。

本条所指的“虐待”，主要是指父母或者其他监护人对于由其抚养或者监护的未成年人所实施的经常性的虐待行为，具体即经常以打骂、冻饿、捆绑、强迫超体力劳动、限制人身自由、凌辱人格等种种手段，从肉体、精神上迫害、折磨未成年人的行为。虐待行为往往具有经常性、连续性和一惯性，不同于偶尔的打骂或偶尔的体罚行为。父母或者其他监护人对由其抚养或监护的未成年人实施经常性的虐待行为，将严重危害未成年人的身心健康，影响未成年

人健康成长，情节恶劣的将构成虐待罪。

本条明文授予被遗弃、被虐待的未成年人有请求保护的权利，即“有权”向有关部门和组织请求保护。接受请求、提供保护，是相关部门和组织的法定义务，应当认真履行。

本条在授权请求保护的同时，还明文规定了被请求的法定部门和组织，具体即“公安机关、民政部门、共产主义青年团、妇女联合会、未成年人保护组织或者学校、城市居民委员会、农村村民委员会”。

本条所指“请求保护”，主要是指被遗弃、被虐待的未成年人向上述法定的被请求部门和组织陈述自己被遗弃、被虐待的情节和程度，请求给予帮助，消除生命和健康正在遭受的实际威胁和损害，使自己摆脱被遗弃、被虐待的不法侵害。“请求保护”的方式，既包括口头请求、书面请求，也包括特殊情况下委托第三人转达保护请求，如被遗弃、被虐待的未成年人身患重病、身负重伤、被剥夺人身自由等情况下，无法直接向法定部门提出保护请求，此时，也可以委托第三人代为转达要求保护的请求。

此外，本条还进一步明确规定，对于被遗弃、被虐待的未成年人的保护请求，“被请求的上述部门和组织都应当接受，根据情况需要采取救助措施的，应当先采取救助措施”。这就实际上为被请求的法定部门和组织设定了“应当接受”“应当先采取救助措施”的法定义务，不得推诿，否则将视为违法，从而为被遗弃、被虐待的未成年人行使请求保护权提供了强有力的法律保障措施。

所谓“都应当接受”，即公安机关、民政部门、共产主义青年团、妇女联合会、未成年人保护组织、学校、城市居民委员会、农村村民委员会中的任何一个部门和组织，当接到被遗弃、被虐待的未成年人的保护请求时，均不得以任何借口推诿，而应该不折不扣地以本部门、本组织的名义亲自接受该保护请求，并相应地采取必要的措施，给其以必要的帮助和保护。“应当接受”不等于“可以接受”，“应当接受”意味着理所当然、毫无疑问地加以接受，不接受就是玩忽职守、未履行法律明文规定的法定义务，将承担违反法律的后果；“可以接受”则意味着既可以接受，也可以不接受，存在着选择的余地，接受了更好，但不接受也不违法。

所谓“需要采取救助措施”，主要是指情势危急情况下的救助，应以一般正常人的判断、认识标准来衡量，具体情况则应因情而定。

由此可见，未成年人若受到父母或者其他监护人遗弃、虐待，依法完全有权向有关部门和组织请求保护，有关部门和组织都应当接受，并根据情况需要先采取救助措施。

# 发现犯罪立即报告　受理机关及时查处

## ——举报违法犯罪案件

2013年5月26日下午5时左右，某中学高一年级寄宿学生周少刚在家度过周末，带着父母给他的下个月的生活费700元去学校，途经一个较偏僻路段时，突然从路边冲上两个20岁左右的男人，一左一右将他夹在中间，左边的那个人手里拿着一把水果刀在周少刚眼前晃来晃去，右边的那个说，“把你身上的钱借给我们用用”，说完就在周少刚身上搜钱，搜到钱后，左边的那个人说：“走吧，不准报警，否则下次我们不会放过你。”不等周少刚走开，这两个人自己马上就跑了。周少刚立即到附近的派出所报了案。公安机关根据周少刚提供的线索，很快将实施抢劫的那两个人抓获。

《预防未成年人犯罪法》第四十二条规定：“未成年人发现任何人对自己或者对其他未成年人实施本法第三章规定不得实施的行为或者犯罪行为，可以通过所在学校、其父母或者其他监护人向公安机关或者政府有关主管部门报告，也可以自己向上述机关报告。受理报告的机关应当及时依法查处。”本条是关于未成年人如何就自己所发现的违法犯罪案件及时举报以及举报的效力等方面的规定。

1. 举报范围

本条所指“未成年人发现”的违法犯罪行为，主要是指由该未成年人所亲眼目睹的、针对未成年人所实施的违法犯罪行为，其中当然也包括违法犯罪人对该未成年人本人所实施的违法犯罪行为。作此规定，旨在提高举报的及时性和准确性，防止因道听途说而误报、错报，防止因恶作剧而谎报，防止因受人教唆而诬告他人。当然，此规定并不排斥如实地把自己听到的事关破案的重大线索及时地向有关机关反映，也并不排斥鼓励、动员、陪伴现场目击者至有关机关如实提供线索。

未成年人所举报的违法犯罪行为，在本法中主要是指“对自己或者对其他未成年人实施”的违法犯罪行为。作此规定，主要是立足于未成年人对违法犯罪的自我防范，使自己或者其他未成年人避免被害、减少被害、降低被害的程度。

未成年人所举报的违法犯罪行为，在本法中主要是指对未成年人实施的“本法第三章规定不得实施的行为或者犯罪行为”。对于这些明文规定“不得实施的”行为，未成年人均可向有关机关举报。

2. 举报方法

考虑到未成年人年龄较小，心理尚不成熟，社会经验缺乏，对举报机关不太了解，有些未成年人因遭违法犯罪行为侵害而极度恐慌、身负重伤甚至神志不清，有些未成年人对强奸罪、猥亵儿童罪，以及卖淫犯罪、淫秽物品犯罪等往往羞于举报，因此，根据未成年人大都在学校就读，长期和父母或者其他监护人生活在一起等特点，本条首先规定未成年人“可以通过所在学校、其父母或者其他监护人”就违法犯罪行为进行举报。

同时，考虑到有的违法犯罪案件情势比较危急，有的违法犯罪现场离举报机关较近，有的未成年人对举报机关较为了解，学校对有不良行为的未成年人加以歧视等行为不便通过“所在学校”举报，虐待行为、遗弃行为等不便通过“父母或者其他监护人”举报，因此，本条同时又规定，未成年人也可以自己向有关机关直接举报。

3. 举报受理机关

未成年人发现任何人对自己或者对其他未成年人实施违法犯罪行为时，凡涉及治安、保卫、刑事犯罪等方面的案件，均可向公安机关举报，包括向当地的公安局、公安分局、公安派出所乃至治安民警、巡警等报告。

此外，未成年人发现任何人对自己或者对其他未成年人实施“本法第三章规定不得实施的行为或者犯罪行为”时，除向公安机关报告外，还可向政府有关主管部门报告。例如，对于任何经营场所向未成年人出售烟酒的行为，在中小学校附近开办营业性歌舞厅、营业性电子游戏场所以及其他未成年人不适宜进入的场所的行为，营业性电子游戏场所在国家法定节假日外允许未成年人进入的行为等，未成年人一旦发现，均可同时向当地工商行政管理部门报告。

4. 举报效力

受理举报的公安机关或者政府有关主管部门，应当认真听取举报内容，及时组织人员依法查处，以有力打击违法犯罪行为，保护未成年人的合法权益。受理报告的机关不能敷衍应付，拖延时日，甚至互相推诿。对于那些因未成年人认识错误而导致的误报、错报，受理报告的机关应对该未成年人进行法制宣传教育；对于那些因未成年人恶作剧而导致的谎报，受理报告的机关应对其进行严肃的批评教育，情节恶劣者可给予必要的行政处罚；对于那些因未成年人受他人教唆而导致的诬告，受理报告的机关应严肃处理，除严肃批评该未成年人外，还应对教唆者严加查办，直至追究刑事责任。

本案受害人未成年学生周少刚对他人对自己实施的犯罪及时报案，公安机关对周少刚的报案及时查处，是值得赞扬的。

# 同犯罪行为斗争　应不受打击报复

## ——保障同犯罪行为作斗争的未成年人不受打击报复

2013 年 3 月 21 日，某中学高一年级学生郑义在放学回家的路上，看见邻居赖某伙同另一个不认识的人，撬开山坡下一住户家窗户的防盗网，偷出一包贵重物品正要运走。赖某当时也看见了郑义，跑到郑义跟前狠狠地对他说，如果你把今天的事情说出去，我就打死你。第二天回到学校后郑义将此事告诉班主任老师，老师鼓励郑义报案，郑义报案后公安机关为其保密，学校和家庭也对其采取了适当的保护措施，防止赖某及其同伙打击报复。公安机关及时对赖某刑事拘留，最终赖某受到了应有的刑事处罚。

《预防未成年人犯罪法》第四十三条规定：“对同犯罪行为作斗争以及举报犯罪行为的未成年人，司法机关、学校、社会应当加强保护，保障其不受打击报复。”本条是关于保障同犯罪行为作斗争以及举报犯罪行为的未成年人不受打击报复的规定。

本条所指未成年人“同犯罪行为作斗争”的行为，主要是指未成年人为了使国家利益、公共利益、本人或者他人的人身、财产和其他权利免受犯罪行为的侵害，勇于揭露、制止犯罪行为的实施，勇于同犯罪分子作斗争，及时报案，如实作证等行为。犯罪行为既可以是针对自身所实施的，也可以是针对其他公民、法人或其他组织、公共利益或国家利益所实施的。那些在犯罪行为实施之前及时加以揭露、制止的行为，在犯罪实施现场见义勇为的行为，在自身遭受犯罪行为侵害时的正当防卫行为，以及在犯罪行为实施后及时报案、提供破案或追捕线索的行为，在刑事诉讼过程中如实作证的行为等，均属于“同犯罪行为作斗争”的行为。

本条所指未成年人“举报犯罪行为”的行为，主要是指在犯罪行为实施之前、实施之时、实施之后，未成年人及时向司法机关及有关部门检举、揭发、控告犯罪人及犯罪行为的行为。所指“犯罪行为”，同样既包括针对本人所实施的，也包括针对其他公民、法人或其他组织、公共利益或国家利益所实施的。举报的方式既可以是口头的，也可以是书面的。

未成年人勇于同犯罪行为作斗争，勇于举报犯罪行为，是一种合法、正义的行为，有利于预防犯罪、控制犯罪，减小犯罪行为所造成的损害，因而应当受到表彰和保护。为此，本条明文规定，对同犯罪行为作斗争以及举报犯罪行为的未成年人，“司法机关、学校、社会应当加强保护，保障其不受打击报复”。具体应履行以下几项职责。

（1）司法机关应当履行其保护职责。司法机关在保护同犯罪行为作斗争以及举报犯罪行为的未成年人方面，具有特殊作用。司法机关应采取必要的措施，防范罪犯实施打击报复行为，一旦发现其有打击报复的迹象，司法机关应及时采取相应的措施，并同时加强对相关未成年人的保护，保障其不受打击报复。

（2）学校应当履行其保护职责。同犯罪行为作斗争以及举报犯罪行为的未成年人，大都在中小学校就读，因此，学校在对该未成年人加强保护、保障其不受打击报复方面，具有特殊的地位和作用。学校一旦发现有打击报复的迹象，应迅速与公安机关取得联系，对具有打击报复故意的要严加控制，同时切实做好对该未成年人的保护工作，及时与该未成年人的父母或者其他监护人取得联系，共同做好保护工作。

（3）社会应当履行其保护职责。本条所指的“社会”，是一个极为广泛的概念，它由每个社会成员（即各个公民）、家庭、法人及其他组织，包括各级党团组织、其他群众性团体乃至国家机关等组成。犯罪是一种具有严重社会危害性的反社会行为，社会在积极开展同犯罪行为作斗争的同时，也理所当然地应当对与犯罪分子作斗争的未成年人切实加强保护，保障其不受打击报复。在加强保护同犯罪行为作斗争以及举报犯罪行为的未成年人时，作为社会一员的每个公民、作为社会细胞的每个家庭，以及每个法人及其他组织，包括党的各级组织、共产主义青年团、妇女联合会、未成年人保护组织、民政部门、城市居民委员会、农村村民委员会等，均应尽可能地发挥作用，使打击报复的犯罪行为、不法行为无法得逞，从而切实保障那些富有正义感的未成年人不受打击报复，鼓励其继续同犯罪行为作斗争，继续举报犯罪行为，狠狠地打击犯罪分子的嚣张气焰，以维护社会秩序，树立一代新风。

# 判决生效以前　不得取消学籍

## ——学校应妥善处理未成年学生的学籍

某中学高一年级两名学生平时学习不认真，不尊敬老师，也不团结同学，两人经常一起欺负初中的同学，最近因盗窃一辆摩托车而被刑事拘留，学校因此立即作出取消这两名学生学籍的处分决定。

《预防未成年人犯罪法》第四十四条第三款规定：“对于被采取刑事强制措施的未成年学生，在人民法院的判决生效以前，不得取消其学籍。”因此，该学校的处分是不正确的。

本条所指的“刑事强制措施”，是指公安机关、人民检察院和人民法院在刑事诉讼过程中，依法对犯罪嫌疑人、被告人或现行犯的人身自由强行剥夺或者加以一定限制的方法。我国《刑事诉讼法》规定的刑事强制措施主要有五种，即拘传、取保候审、监视居住、拘留和逮捕。刑事强制措施通常是在立案后，到人民法院作出判决以前采取的，旨在保障侦查和审判的顺利进行，防止被适用者继续危害社会。被采取刑事强制措施者最终并不一概被人民法院判决为有罪，因此，不能把“被采取刑事强制措施的未成年学生”等同于犯罪的未成年人，其最终是否确已构成犯罪，还有待于进一步侦查和审判。刑事强制措施不同于刑罚，“被采取刑事强制措施”不同于被执行刑罚。

本处所指“人民法院的判决生效”，主要是指下列情形：一是人民法院的一审判决作出后，当事人未在法定期限内提出上诉，人民检察院也未在法定期限内提出抗诉，该一审判决即告生效。二是由于当事人一方或双方的上诉，或者人民检察院的抗诉，案件因而转入上一级人民法院的二审程序，根据我国实行的两审终审制规定，上一级人民法院作出的二审判决为终审判决，不得上诉与抗诉，必须执行。如果确有错误，也只能在执行的同时依法通过申诉程序解决，因此，上一级人民法院的二审判决一旦作出，即告生效。三是直接由最高人民法院作出的一审判决，是实际上的终审判决，不存在上诉与抗诉问题，因而自作出判决之日起即告生效，即使确有错误，也只能在执行过程中通过申诉等审判监督程序解决。

由此可见，在人民法院的判决生效以前，对于被采取刑事强制措施的未成年学生来说，谁都无权确认其已构成犯罪，谁都无法肯定其最终必然被处以刑罚。因此，在人民法院的判决生效以前，被采取刑事强制措施的未成年学生所在学校，应当为该学生保留学籍，学校不得因嫌弃、厌恶、歧视该未成年学生而取消其学籍，以充分保护该未成年学生在校学习、接受文化知识教育的资格。即使该未成年学生被采取了拘留、逮捕等较为严厉的刑事强制措施，在人民法院的判决生效以前，也不能确认其确已构成犯罪、必将被处以刑罚，所在学校也应当为其保留学籍，不得借故开除，否则将被视为违法和侵权。

某中学对于被采取拘留的刑事强制措施的两名学生，在人民法院的判决生效以前，取消其学籍的做法是不正确的，是违反《预防未成年人犯罪法》规定的。

# 后　记

百余年前，清末著名思想家梁启超（1873—1929年）在其传世名篇《少年中国说》中写道："少年智则国智，少年富则国富，少年强则国强，少年独立则国独立，少年自由则国自由，少年进步则国进步，少年胜于欧洲则国胜于欧洲，少年雄于地球则国雄于地球。"先哲至理名言字字珠玑，历久弥新，提醒我们须时刻关注未成年人事业。

今天的中国，已经进入全面推进依法治国、建设中国特色社会主义法治体系、建设社会主义法治国家的新时代。法律的权威源自人民的内心拥护和真诚信仰。人民权益要靠法律保障，未成年人是法治中国的未来，他们的权益更要靠法律保障。这就是本书书名"法佑少年"的由来。

在这个走向法治的时代里，社会生活的各个方面的秩序都要靠法律来确认和维护，法律知识是人们幸福快乐人生的保障。渊博的学识来自不断的积累，从容的智慧来自日常的培养。学法、知法、守法、用法是每一个公民终生的课题，也是我们人格自我完善的途径。

如果说，2011年6月出版发行的"远宏说法"系列第一本《百姓与法》可以作为一名党员律师献给中国共产党九十华诞的礼物，2013年1月出版发行的"远宏说法"系列第二本《有法有天》可以作为一个出生于1954年——新中国第一部《中华人民共和国宪法》诞生之年的中国公民献给现行宪法颁布三十周年的礼物，那么，2016年出版发行的"远宏说法"系列第三本即本书《法佑少年》，可以视为一位年逾花甲的老人献给广大未成年人的一份薄礼。

近年来，我在青少年普法和依法维护未成年人权益方面做了一些事情，除了在《城市周刊·远宏说法》栏目发表有关未成年人法律保护的文章百余篇并汇集成本书外，常奔波于学校、幼儿园及乡村宣讲《中华人民共和国未成年人保护法》和《预防未成年人犯罪法》，还以律师身份为未成年犯罪嫌疑人辩护，以中国青少年研究会会员、"江西共青团和青年工作理论研究会"副会长的身份参与共青团和青年工作理论研究，以法制副校长的身份履行指导和帮助学校开展法治教育等职责，以民间热心普法者的身份支持帮助萍乡市《青少年学法用法》栏目在《城市周刊》上创办。

“远宏说法”系列丛书及本书的出版得到了各方面的支持和帮助。萍乡市司法局党组书记、局长胡自国同志曾鼓励我向国家级出版社投稿出版“远宏说法”丛书，江西省司法厅党组书记、厅长马承祖同志曾为“远宏说法”丛书第一本《百姓与法》作序，全国普法办副主任、司法部副部长张苏军同志曾为“远宏说法”丛书第二本《有法有天》作序，共青团萍乡市市委书记何超同志曾建议并鼓励本律师撰写本书，中国民主法制出版社法律图书出版分社社长庞从容同志为“远宏说法”系列丛书及本书的出版担任责编工作。在各级领导同志和广大读者的鼓励和帮助下，“远宏说法”作为发源江西的一个栏目，早已成为走向全国的一套丛书、面向世界的一个网站。为适应广大读者特别是青少年读者对新媒体的使用习惯，远宏说法公众微信号（YHshuofa）也已开通。可以说，今天的“远宏说法”正在报纸、丛书、互联网、公众微信“四轮驱动”下，以以案释法的方式义务普法。

在普法中收获快乐，仍然是我晚年生活的重要组成部分。我将继续以我的方式为法治中国的建设添砖加瓦，奉献个人的微薄之力。

**胡远宏**

2016年春于黄浦江畔正午时分